作者简介

杨雨，字涵青，华东师范大学文学博士，中南大学中文系教授、博士生导师，兼任中南大学中华经典吟唱研究与传播基地主任、国家语言文字推广基地执行主任，中国词学会常务理事，华东师范大学中国智慧研究院研究员等。

教育部“新世纪优秀人才”，2023 年度“芙蓉计划”湖南省文化领军人才。主持国家级一流本科课程。著有《大宋词坛》《屈原传》《李清照传》等三十余部作品，合著《诗话桥》《金粉传奇——粉末冶金与人类文明》《物语诗心——从诗词到物理的思维旅行》等跨学科著作，发表论文四十多篇。央视《百家讲坛》主讲人，《平“语”近人——习近平喜欢的典故》《中国诗词大会》《宗师列传》等节目常驻文化嘉宾。

作曲者简介

宋明，古琴演奏家，湖南省高校国学联合会指导老师。祖籍湘潭，定居长沙。古琴初识于四川音乐学院曾成伟教授，启蒙于潇湘琴社熊开华社长，后受教于天津音乐学院李凤云，中央音乐学院李祥霆、赵家珍，沈阳音乐学院顾泽长、朱默涵等当代大家。

曾担任国家级大型歌舞音乐剧首席古琴主演。于长沙音乐厅受邀举办“卧水行云”宋明古琴独奏音乐会。曾为多部影视作品、网络游戏配乐。

积极鼓励推动古琴艺术与当代文化形态结合，致力于古琴艺术传承和古琴人才培养，是一位以古琴教育、研究、传承为终身职业的琴人。

作者简介

杨雨，字涵青，华东师范大学文学博士，中南大学中文系教授，博士生导师，兼任中南大学中华经典吟唱研究与传播基地主任，国家语言文字推广基地执行主任，中国词学会常务理事，华东师范大学中国智慧研究院研究员等。

教育部"新世纪优秀人才"，2023年度"芙蓉计划"湖南省文化领军人才。主持国家级一流本科课程。著有《大宋词坛》《屈原传》《李清照传》等三十余部作品，合著《诗话桥》《金粉传奇——粉末冶金与人类文明》《物语诗心——从诗词到物理的思维旅行》等跨学科著作，发表论文四十多篇。央视《百家讲坛》主讲人，《平"语"近人——习近平喜欢的典故》《中国诗词大会》《宗师列传》等节目常驻文化嘉宾。

作曲者简介

宋明，古琴演奏家，湖南省高校国学联合会指导老师。祖籍湘潭，定居长沙。古琴初识于四川音乐学院曾成伟教授，启蒙于潇湘琴社熊开华社长，后受教于天津音乐学院李凤云，中央音乐学院李祥霆，赵家珍，沈阳音乐学院顾泽长，朱默涵等当代大家。曾担任国家级大型歌舞音乐剧首席古琴主演。于长沙音乐厅受邀举办"卧水行云"宋明古琴独奏音乐会。曾为多部影视作品，网络游戏配乐。积极鼓励推动古琴艺术与当代文化形态结合，致力于古琴艺术传承和古琴人才培养，是一位以古琴教育，研究，传承为终身职业的琴人。

唱出来的文学史

宋卷

成娟阳　杨雨　主编

杨雨——著

宋明○作曲并编指

湖南教育出版社

·长沙·

总序

2019年10月16日，我应杨雨教授之请，赴长沙中南大学主讲“百家讲坛进中南”第二讲《王国维与陈寅恪》，当晚在著名的“文和友”与古代文学同人七八人小聚，以白酒下小龙虾的神奇方式“研讨”了近两个小时。其间，成娟阳博士告诉我，她与杨雨教授拟主编一套《唱出来的文学史》，希望我能写一篇序。我一听书名，就觉得这应该是一套回到文学史原初位置的教材，或许因为对这个选题过于激动，我一时竟忘了写序的艰难，满口应承下来。

现在读了书稿，面对这个“唱”字，面对书稿中开卷可见的歌谱，才觉得我其实难以胜任。我多年前为广州演钦、婧羽伉俪大著《先生归来——新文人画传》写过一篇文言序，其中有云：“余幼习书，长而习琴，然性疏懒，不耐深沉之思，复因循杂事，用志多分，故皆愧然无成。”这注定了我的音乐修养极为有限，而且这极有限的音乐修养也如风过耳，遗忘殆尽。但我既不愿意失信，也就没有了藏拙的空间，好在我虽然疏离了音乐，但身边还有文学。

从十九世纪末至今，林林总总的文学史教材堪称巨量。我有一次在北京香山参加教材建设工作会议，曾经直言：“我读过的文学史真不算少，但留给我印象最深的教材只有两种：一种是刘师培的《中国中古文学史》；一种是刘永济的《十四朝文学要略》。”前一种以多量的材料与精准的结论令我叹服，但老实说，读着书中层层叠叠的材料，不免辛苦异常，因为从材料到结论之间的关系，刘师培十分高冷，不予理会，尚需读者去细心含玩，若悟性不够，未免感到枯燥沉闷，而鲜有豁然贯通之趣；后一种材料不多但极为精要，解说直接原典和性灵，贯通无碍，仿佛是闲坐烹茶，重回十四朝文学现场，领略扑面而来的鲜活文学。前一种见著者之博大精赅和精狠眼力，后一种见著者深潜在学养中、温暖在你面前的性情。如果有一种文学史能兼具这两种特点，那当然是最理想的。

我们平时听多了“中国是一个诗歌的国度”这句话，其实还有一句话“中国是一个音乐的国度”。后者同样重要——甚至更重要，因为后一句触及中国韵文的本质和灵魂。昔《墨子》即有“诵诗三百，弦诗三百，歌诗三百，舞诗三百”的说法，不遑说先秦诗、乐、舞三位一体的文体共生现实，即便是后来的唐声诗、宋曲子词、元曲，其文体也都发端于音乐，音乐实际上成为文学的底蕴和生命所在。换言之，不讲究乐感和律动的文学，难免有数典忘祖之嫌。职是之故，声诗、倚声等作为一种保留了较多文体早期特征的概念也得以长期流行，这是韵文发展的初始形态，绵延而强悍地主宰着文体的发展方向。即使一种文体的音乐特征在后世呈现出递减的现象，但格律、韵脚也还是渗透在字里行间，这同样是一种对音乐的坚守和信仰。诗歌是文学的巅峰，而音乐则是诗歌的底蕴。

这套文学史分先秦（成娟阳）、汉魏六朝（常恒畅）、唐五代（习婷）、宋（杨雨）、元明和清（晏选军）六卷，每卷若干讲，每讲之下大致分文本赏读、经典吟唱、文史知识、拓展阅读四个部分。这一以经典文本绾合文学史发展的结构，无疑抓住了文学史的核心要义。“文本赏读”前附作者小传，以作知人论世之资。各卷各讲所选文本率为经典，诗文文本赏读务求切要，不为支离，戏曲、小说文本则兼重故事性和情景再现，以此构成文学史的经典主干。“拓展阅读”则旁涉同类同时相关作品，略作申说，以羽翼主干。“文史知识”结合作品背景和历代评价之精要者，稍作诠释，上承经典之义，下合“拓展阅读”文本之方向，从而形成历史脉络点线面结合、经典作品与文学史结合、文学性与故事性结合的基本格局。

然而，这套文学史的最大特色还在于文学与音乐的结合，丛书之所以冠名《唱出来的文学史》，其学理依据亦在此。其实，一直以来关于文学经典的吟诵或吟唱活动虽有盛衰，却未曾停息，相关的专书也所在多有。风雅斯文，这股吟诵、吟唱文学经典的风气，在一定程度上也唤醒了当代读者和听众的古典情怀。但是将这种吟诵、吟唱涵盖各体经典系统融入整个的文学史，却是我至今未见的尝试，这也是我认为这套丛书的创意之处。与此前类似《中国音乐文学史》等著述侧重从理论上梳理总结文学与音乐的源流关系不同，这套文学史更强调从吟唱、吟诵角度解读文学的现场感和实践性，唱响文学，便是作者们共同努力的方向。

“经典吟唱”部分，为每一经典配有曲谱，或有曲谱说明，这些曲谱有的是原创，有的来自各种吟诵调，也有一些是在古谱基础上改编而成。如李白的《夜宿山寺》一诗歌谱，即以张大春演唱曲谱为主，由曹玲玉改编而来。此曲以“高”字为核心，先以一个八度音程呈现“危楼高百尺，手可摘星辰”的巍峨感，继而采用十六分音符加休止符，表达了担忧惊到天上神仙，“不敢高声语”的独特趣味。作者对曲谱解释说：“演唱八度音程要准备好气息，演唱‘不敢’二字时，字头要清晰，音量要恰到好处。”（注：书出版时，此曲已换为《将进酒》）曲谱说明结合文本来分析其中节奏、旋律和情感抑扬顿挫之间的关系，侧重以乐感的方式导入文学，与文本赏析部分也可对勘。如此，一部充满着乐感和律动的文学史便应运而生了。

据娟阳博士说，这套丛书面向的读者以中小学生为主，兼及对此有兴趣的一般读者。但我觉得，他们的这种尝试其实也可扩大到高等院校的中文系学生。在传统文学史的理论性和逻辑性之外，多几部这样具有实践性和体验式的文学史，显然能更加丰富文学史的研究和书写格局。行走在文学史的音乐现场，用声音去感受文学之美，不是一件更为美好的事情吗？

彭玉平

目录

/ 绪论 /

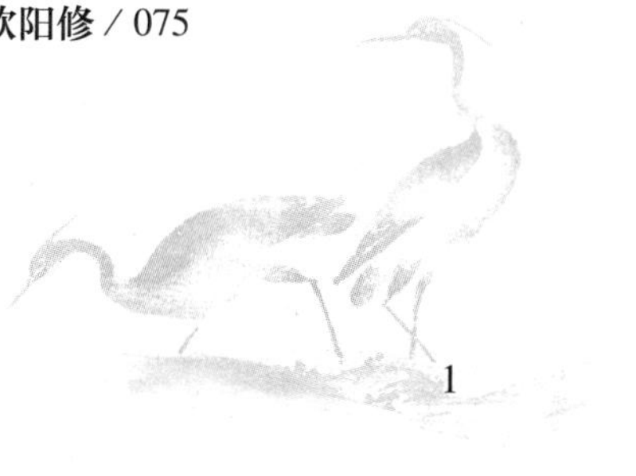

绪论

文学的发展于外在形式上往往表现为文体的嬗变，而影响文学发展的动因一方面来自文学的内在规律，另一方面则来自社会文化背景的变迁。本卷梳理宋代文学史亦秉承这一思路，既揭示文学在这一时期发展的必然趋势，也尝试挖掘这一时代的文化特质对文学产生的重要影响。

首先，从“唱出来的文学史”这一角度出发，词作为一种新兴的诗歌体式，同时也是一种新兴的音乐文学形式，萌芽于唐，成熟于晚唐五代，并最终在宋朝达到高潮，成为宋代“一代之文学”的代表。宋词，集文学性与音乐性于一体，是音乐文学发展的又一个高潮，其与前朝性质相近的诗歌如《诗经》、楚歌、汉乐府、唐代声诗不一样的特点有三：其一，词所依附的音乐形式不同，从唐代新兴的燕乐到宋代的大晟乐和文人自度曲是唐宋词发展的音乐基础；其二，词在宋代的传播主要依靠女性歌手，“独重女音”是其重要特色，这与前代男女歌手并重大异其趣；其三，由宋词的上述创作与传播特点，决定了宋词的题材大多以艳情为主，整体风貌以柔美为本色，豪放则为变调，“男子而作闺音”、女性化的阴柔之美几乎成了宋词的“标签”。正如钱锺书先生在《宋诗选注》中所说的那样：“据唐宋两代的诗词看来，也许可以说，爱情，尤其是在封建礼教眼开眼闭的监视之下那种公然走私的爱情，从古体诗里差不多全部撤退到近体诗里，又从近体诗里大部分迁移到词里。”

其次，从文体之辨的角度来看，宋诗则与宋词走上了不同的发展道路。鉴于唐诗达到的高度，宋代诗人不得不另辟蹊径、独树一帜，与唐诗重风骨、重兴象、重气韵不同的是，宋诗形成了重思理、重学问、重议论的特点。这固然与江西诗派的主张有关，也与宋代理学对待文学的总体态度有关，也是诗歌发展到宋朝需要在唐诗已有的高度上寻求突破创新的表现。至此，文以载道、诗以言志、词以缘情的文体功能之辨几成定局。诗庄词媚既然成为时代的共识，则同一诗人在诗和词这两种不同诗歌体式中进行选择创作的时候，就不约而同遵循了这样的共识。因此我们可以在宋代文坛上饶有兴味地看到这样的现象：江西诗派的“旗手”黄庭坚写起小词来却被法秀禅师批评为“以笔墨劝淫”；而在诗中“豪隽慷慨”“强志盛气”的秦观在词中表现出凄婉清丽的一面，被视为婉约正宗；即便是女性词人李清照，在诗中也挥洒出了“生当作人杰，死亦为鬼雄”的男子汉气概。

此外，值得一提的是，唐诗入乐相当普遍，例如我们熟悉的《相思》（红豆生南国）、《送元二使安西》等同时也是广为传唱的流行歌曲；到了宋代，宋诗集体撤出了流行音乐的领域，宋词在宋代歌坛一枝独秀。

基于此，《唱出来的文学史》（宋卷）自然而然偏重在宋代文坛上独领风骚的词，重要的词人词作更是本卷的“重头戏”。

再来看宋代散文。沿着唐代韩柳的古文运动继续往前，宋代散文在欧阳修、苏轼等大文豪的推动下，文道并重，摒弃浮华的形式，平易晓畅的文风成为宋代散文家的一致追求。

政治、经济、思想无疑也是影响文学走向的重要因素。宋代影响文人与文学最重要的政治风向莫过于重文轻武，自宋太祖赵匡胤“杯酒释兵权”之后，“崇尚斯文”遂成为终宋一朝的国策。宋朝科举增加录取名额，采用糊名和誊抄制度，只看文章不重门第的做法更给士人尤其是贫寒士人晋升进阶提供了较多的机会。“状元登第，虽将兵数十万，恢复幽蓟，逐强虏于穷漠，凯歌劳还，献捷太庙，其荣亦不可及也。”（田况《儒林公议》）范仲淹晚年曾以自身经历为范，寄诗告诫其乡人曰：“长白一寒儒，登荣三纪余。百花春满地，二麦雨随车。鼓吹前迎道，烟霞指旧庐。乡人莫相羡，教子苦诗书。”（王辟之《渑水燕谈录》）此诗明白道出一介寒儒一旦擢第后位登人臣的荣耀和辉煌，“教子苦诗书”正是摆脱贫寒困顿，享受尊荣富贵的最佳途径。宋朝的文化遂通过文人地位的提高达到了空前的繁荣，“词臣”亦获得“神仙之职”的美名，恩宠殊遇前所未及。当然，片面重文轻武之利弊在宋朝体现得十分明显，其弊显然在于宋朝国防军事力量的相对薄弱；其利亦十分明显："华夏民族之文化，历数千年之演进，造极于赵宋之世。"（陈寅恪《邓广铭〈宋史职官志考证〉序》）传统文化在宋朝达到极盛，与文人地位的提高、文臣及文史之道受到极度重视有着直接的因果关系。

重文轻武的基本国策虽然导致了宋朝在外交、国防上的软弱，却也赢得了数百年文化经济在相对和平稳定环境中的极大发展，其中一个重要表现就是城市经济与娱乐业的空前繁荣，而这恰恰也是宋词创作与传播的最佳土壤。没有城市经济对于市民娱乐的强大需求，就不会有宋词"有声有色"的普及流行，柳永《望海潮》（东南形胜）词对杭州城市风光的描写，以及"凡有井水饮处即能歌柳词"的现象均为其明证。即便经历了靖康之难，南宋的经济与文化依然在偏安一隅的局面下稳步发展，且宋词由北宋的雅俗共赏开始走向文人的精益求精，词的雅化势不可当，以姜夔、吴文英等为代表，南宋词人对于声律的讲究也臻于极致。

印刷术的飞跃与书院文化的勃兴亦是宋朝值得重点关注的文化现象。印刷术的发展满足了出版业的庞大需求，更易获得的文献资源成为文化、文学广为普及的直接动因。一方面，科举应试需要大量类似于当代"教材""教辅"类的读物；另一方面，各种思想流派、文学流派也要借助更多的出版物来传播自己的思想、文学主张。理学在宋代快速发展、书院文化空前繁荣、江西诗派席卷整个宋代诗坛等文化现象的产生，印刷出版业都在其中扮演了“功臣”的重要角色。文人著书立说、传播传承思想相对更为容易，诗话、词话等新型的文学理论批评形式也在这一时代蔚然成风，并且成为其后古代文学理论的主流形式。

总而言之，宋代文学形成了与唐代文学迥异的美学风貌，诚如李泽厚《美的历程》所说：“时代精神已不在马上，而在闺房；不在世间，而在心境。”“人的心情意绪成了艺术和美学的主题。”李泽厚此处所论虽是针对晚唐文学艺术而言，但其实已指明了此为唐型文化向宋型文化的过渡，“在词里面，中、晚唐以来的这种时代心理终于找到了它的最合适的归宿”。与盛唐诗歌的开阔刚健相比，作为宋“一代之文学”的词“在闺房”“在心境”，文人化的高雅、唯美、精致成为这一时代的美学主流，诉诸音乐被广为传唱的宋词正是这一美学主流的典型反映。

“自在飞花轻似梦，无边丝雨细如愁”，宋代文学的天空流光溢彩，而其中最美的旋律，是飞花与丝雨交织而成的悠悠情韵，是琵琶弦上轻轻流淌的无尽相思，是在低吟浅唱中“回首烟波十四桥”的深深凝眸……

第一讲

唐风余音与宋初诗坛

王禹偁小传

王禹偁（954—1001），字元之，济州钜野（今山东巨野）人，世为农家，九岁能文。宋太宗太平兴国八年（983）进士，历任右拾遗、礼部员外郎等职，至道元年（995），召入翰林为学士。宋真宗咸平初年（998），撰修《太祖实录》，因直书其事，引起宰相不满，出知黄州，故人称“王黄州”。王禹偁词学敏赡，遇事敢言，喜臧否人物，以直躬行道为己任。其为人著书，多涉规讽，以是颇为流俗所不容，故屡见摈斥。著有《小畜集》等。

王禹偁《清明》

无花无酒过清明，兴味都来似野僧。

昨日邻家乞新火，晓窗分与读书灯。

在公元962年左右，济州钜野有一位神童的名气被传得越来越响亮。

如果是一个书香门第或者官宦世家的孩子也就罢了，毕竟有家学渊源，能够接受比一般人更优良的教育，这种家庭出来的孩子往往自带“神童”潜质。可令人不敢相信的是，这位闻名遐迩的小神童却出身农家。俗话说得好，穷人的孩子早当家，这孩子年纪不过七八岁，不仅能够帮着父母干农活养活家人，居然还能出口成章。

因为神童的名气传得越来越玄乎，当时的济州郡从事毕士安也坐不住了，要知道这位毕士安后来官至宰相，连北宋名相寇准都是他大力举荐的。抱着将信将疑的心理，毕士安专程去了神童家里探望。

到神童家里的时候，毕士安看到一个七八岁的小孩子正在磨面，虽然干的是粗活，可小孩的眼神却显得很清澈机灵，毕士安想：这大概就是那个传说中的神童吧。

于是他对小孩说："你磨面磨得这么好，那能不能就以磨面为题目吟一首诗出来啊?"小孩毫不怯场，不假思索地吟出了一首《磨诗》："但存心里正，无愁眼下迟。若人轻着力，便是转身时。"毕士安一听，大为惊讶，这个小孩真是了不得，看上去最普通的磨面的农活儿，却被小孩赋予了正直的人格特征：只要内心刚正，就不怕没有建功立业之时，只要稍有机会，准备充分的人就能在转身之际成就一番大事业。

毕士安一眼看出，这个小孩如果好好培养的话，前途不可限量，于是将他送进学校，让他接受全面系统的教育。这个被毕士安慧眼识珠的神童就是北宋初年的著名诗人王禹偁。

有一次，毕士安家举行宴会，当地太守即席出了一句上联"鹦鹉能言争似凤"，席上的宾客没有一人能对得出下联。毕士安将上联写在屏间，小王禹偁很快就在对应的位置写出了下联“蜘蛛虽巧不如蚕”。蜘蛛和蚕虽然都能吐丝结网，可是蚕丝却能给人类带来福利，下联不仅对得工整，寓意也相当高远。毕士安见了，不由得再次感叹：“这孩子，将来真是国家的‘经纶之才’啊！”从此，毕士安视王禹偁为忘年好友，称呼他为“小友”。后来果然在太平兴国八年（983），王禹偁高中进士，一直官至翰林学士知制诰，是北宋初年著名的直臣、能臣，也是著名的诗人。

苏轼是王禹偁的资深“粉丝”，苏轼盛赞他“以雄文直道，独立当世”，“耿然如秋霜夏日，不可狎玩”，对王禹偁的人格与文坛地位给予了高度评价，甚至苏轼在见到王禹偁画像的时候，不由得发自内心的感慨：“想其遗风余烈，愿为执鞭而不可得。”（《王元之画像赞并叙》）苏轼恨不得穿越回去，给王禹偁当一个持鞭驾车的车夫，亲身感受王禹偁的人格魅力。

“王禹偁经常被认为是第一位‘宋代诗人’，因为他努力恢复一种日常的严肃感，以及将儒家信仰融合进诗歌技巧中。”① 王禹偁关注民生疾苦与国家命运，在文学上追求平易朴实的风格，反对晚唐五代浮艳绮靡的文风，提倡诗文要

① 梅维恒．哥伦比亚中国文学史：上卷［M］．马小悟，张治，刘文楠，译．北京：新星出版社，2016：375.

言之有物，通达晓畅。他的《清明》诗写得就很清淡朴素：

无花无酒过清明，兴味都来似野僧。
昨日邻家乞新火，晓窗分与读书灯。

清明时节，本应是春雨纷纷、春暖花开的季节，一家人团聚在一起，或是郊外祭扫，或是野炊踏青，可是诗人的清明节却是“宅”在家里，既没有踏春赏花，也没有和朋友雅集畅饮。他就像遗世独立的山野僧人一样，清心寡欲，差点都没感受到季节的变化。要不是昨天邻居过来讨要新火，他大概还不知道清明已近，春天快要接近尾声了呢。

“乞新火”是古代过清明节的一种传统节俗，唐宋时期一般以夏历冬至以后第一百零五天为寒食节，寒食节后第三天便是清明节，两节相连，差不多可以放假七天，这可是宋代“公务员”难得享受到的假期黄金周。寒食节这一天举国上下要举行祭祀活动并且严禁烟火，将上一年传下来的旧火种全部熄灭。所以寒食也称为禁烟节或禁火节，不能开火只能吃冷食——寒食节是中国传统节日中唯一一个以饮食风俗来命名的节日。旧火种禁灭之后第三天，要重新钻燧获取新火种，象征着新的一年耕作和生活的开始，这个仪式称为“钻燧改火”或者“请新火”，新火种多从榆木、柳树钻取得来。唐宋时候，寒食禁旧火，寒食之后第三天也就是清明节改用新火的习俗依然盛行。唐代诗人韩翃著名的《寒食》诗描绘的就是这一重要节俗：“春城无处不飞花，寒食东风御柳斜。日暮汉宫传蜡烛，轻烟散入五侯家。”

“昨日邻家乞新火，晓窗分与读书灯。”这么盛大的节日，诗人为什么却兴味索然呢？原来他读书太入迷了，他徜徉在书香世界里，掌灯夜读，不知不觉就读到了黎明时分，拂晓的天色破窗而入，与窗内的灯光交相辉映，映照出一位读书人的勤奋身影。

王禹偁为官刚直不阿，敢于直言进谏，不惜冒犯权贵，也因此而多次被贬，但他“兴味都来似野僧”，山野之间闲情逸趣的感受，赋予了他更丰富的人生经历，也给他的诗文增添了平淡却不并枯寂的抒情意味。

山园小梅

正调 1＝F

定弦 5 6 1 2 3 5 6

林逋 词

宋明 曲并指

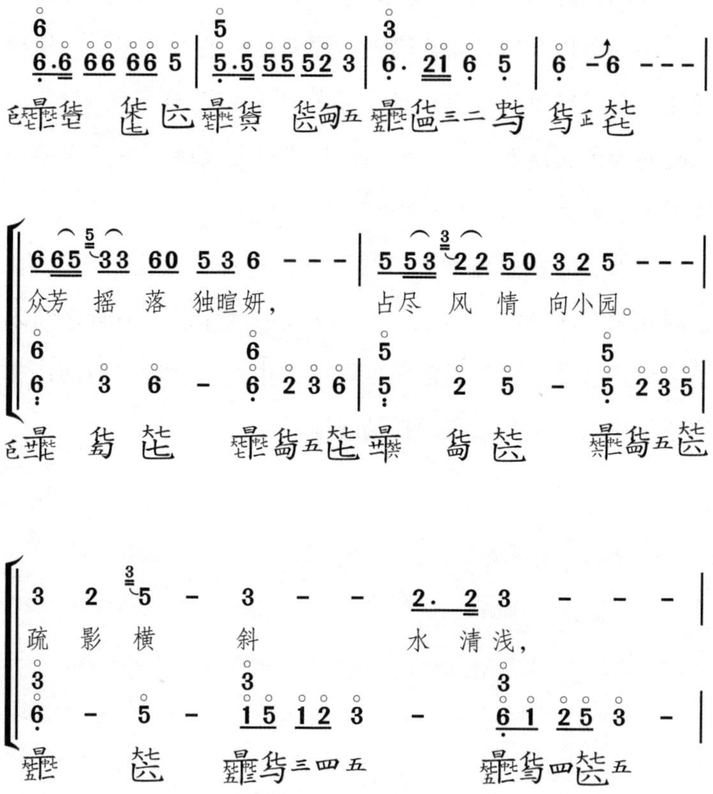

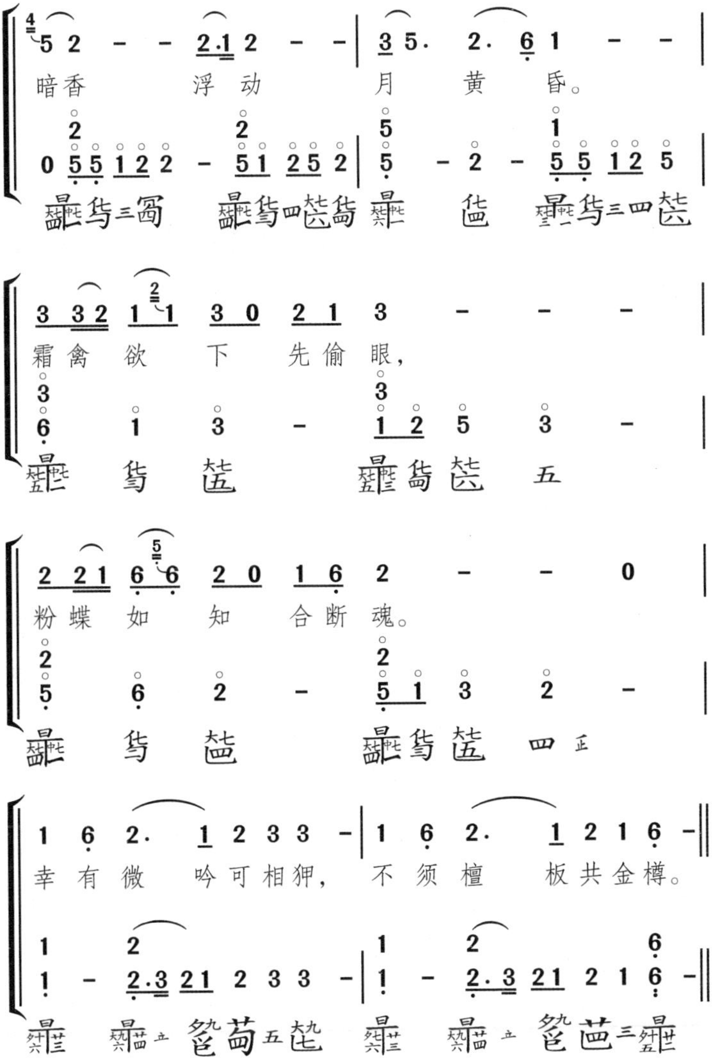

（即兴创作，实际以录音为准）

宋初诗坛三大流派

宋代文学是从反思唐代文学，在此基础上传承并且寻求突破创新开始的。

宋初诗坛大致分为三大流派，一派学习中唐白居易，被称为“白体”诗人，王禹偁、徐铉等人是这一派的代表。白居易诗风通俗平易，既有关注民生疾苦如《卖炭翁》这样的新乐府诗和《观刈麦》这样的讽喻之作，也有吟咏性情表达淡泊心态的闲适之作。宋初“白体”诗人继承了白居易诗风，兼具淡泊闲适情调与忧国忧民情怀，语言朴实晓畅，情感深挚真诚。

一派专门学习贾岛、姚合等唐代诗人，被称为“晚唐体”诗人，这一派诗人多为僧人，其中最著名的有九位僧人，号为“九僧”。九僧中成就最高的当属惠崇。惠崇既是诗人也是画家，苏轼那首著名的“竹外桃花三两枝，春江水暖鸭先知。蒌蒿满地芦芽短，正是河豚欲上时”就是为惠崇的画作《春江晚景》题的诗。这一派诗人不仅学习贾岛的苦吟作风，诗歌内容也多描写幽邃静谧的山林环境。

晚唐体诗人中也包括一部分隐士，隐士诗人群体中名气最大的当然是林逋（967—1028）了。林逋是北宋著名的学者、书画家、诗人，中年以后隐居杭州西湖的孤山，不慕荣华富贵，不逐名利虚荣，与他来往的是高僧诗友，与他朝夕相处的是他亲手在孤山种植的梅花与他养的鹤。他经常独自一人泛舟西湖，若有客人来访，他的书童便会放飞白鹤，林逋见到鹤就知道家中有事，便会掉转船头，飘然而归。林逋未曾娶妻，自称以梅为妻、以鹤为子，人称“梅妻鹤子”。

《林逋携鹤图》

归隐于西湖的林逋并未完全忘怀世事，比他小二十多岁的范仲淹曾多次去西湖拜访他、求教于他，并称他为“山中宰相”，对林逋的政治智慧与人格魅力相当钦佩。林逋也曾自言：“逋世间事皆能之，唯不能担粪与著棋。”（沈括《梦溪笔谈》）他自称除了挑粪与下棋之外，其他世间万事没有他不能做、没有他做不好的。林逋虽然自己超然世外，但对年轻人建功立业的支持、鼓励却也不遗余力，范仲淹、梅尧臣等后辈贤俊都得到过他的指点。

在宋初三派诗人中，声势最为浩大的当属“西昆体”诗人。这一派诗人以唱和诗集《西昆酬唱集》而得名，该诗集由宋初杨亿编纂，包括了十七位诗人的诗，以杨亿（974—1020）、钱惟演（977—1034）、刘筠（970—1030）等人的诗为代表。诗集收诗近250首，这三人的诗就超过总数的五分之四。

景德二年（1005）九月，宋真宗诏命编撰《历代君臣事迹》一书，该书历时三年，至大中祥符元年（1008）完成，最终定名为《册府元龟》。馆阁文士们在工作之余自然要赋诗酬唱一番（包括一部分未参加修书的人），一来二去，唱和诗居然颇成规模，于是杨亿将这些唱和诗编为一集——《西昆酬唱集》。

为什么以“西昆”为名呢？因编书和酬唱的地方主要是在宋代的皇家图书馆“秘阁”里，《山海经》里说昆仑之西有玉山，乃西王母的居所，《穆天子传》则说群玉之山是古代天子藏书的册府，所以这本唱和诗集就定名为《西昆酬唱集》了。

西昆体诗人大多是官至高位的上层人物，不少还是皇帝身边的文学侍从，社会地位很高，例如钱惟演就做到了枢密使，属于国家最高军事长官；再比如丁谓也做了宰相，封晋国公。西昆体诗人既然大多地位高、影响力大，故而一时跟随者众，西昆体成为宋初最为风行的诗歌流派。

西昆体诗人标榜学习晚唐李商隐，崇尚李商隐诗歌的文辞华美、意象密丽、用典深雅、音节铿锵和谐，与宋初诗坛

"白体"的通俗直白、"晚唐体"的枯寂淡泊形成鲜明对照。

然而一味地模仿终究会陷入窘境：片面追崇李商隐而缺乏推陈出新，其末流往往只能模仿李商隐华美艳丽的辞藻，终乏神韵。甚而至于后来有优伶故意穿着破破烂烂的衣裳扮演成李商隐，有人问他："前辈您怎么穿得这么褴褛？您的衣服呢?"优伶扮成的李商隐可怜巴巴地回答："我的衣服被馆中诸位学士扫将去也!"观众无不哈哈大笑。这就是讽刺西昆体诗人末流徒学李商隐之形而无李商隐之神的弊病了。等到欧阳修、梅尧臣等重量级诗人相继登上宋代文坛，大力革新诗坛浮华风气，西昆体也就从此一蹶不振。

柳开《塞上》

柳开（947—1000）被视为宋代古文运动的先驱，他推崇韩愈的文章，又有继承先祖柳宗元文脉的志向，他反对浮艳的文风，认为文章只是彰显“道”的工具，开启了宋代文学重道轻文的先声。不过柳开的这首《塞上》诗却充满诗情画意，宛若一帧被摄影师意外抢拍下来的珍贵照片：

鸣骹直上一千尺，天静无风声更干。
碧眼胡儿三百骑，尽提金勒向云看。

这张“照片”抢拍的或许是塞外打猎的一幕场景：吸引“摄影师”注意力的是一支射向半空的箭——“骹”，古同“髇”，即响箭。随着这支箭呼啸着射向千尺高空，那迅疾的速度、那骄人的气势，仿佛整个世界都为之凝固了：万里无云的天空，连风仿佛都静止了下来，同时被吸引、被震撼的还不止画面外的“摄影师”一人，还有“碧眼胡儿三百骑”，马队中的数百胡人不约而同勒住马，停下脚步，碧绿的眼睛齐刷刷地看向那支直冲云霄的箭：“尽提金勒向云看。”“勒”是指有嚼口的马络头。读完整首诗才明白：原来那支响箭还只是一个“引子”。这个画面中最精彩最高潮的部分定格在了诗的最后两句：一队碧眼的骑兵因为突然听到一声响箭，全都拉紧了缰绳，几百匹马同时停住脚步，所有的眼睛同时看向一个方向，那是何等奇特、何等壮观的一个画面。

这四句诗看上去只描写了一个画面，但仔细品味会发现“画外之意”非常丰富，读者完全可以由此想象：那位射手的箭术是何等高超，而素来擅长骑射的胡人对高明的射手又是何等欣赏敬佩，那几百双看向同一个方向的“碧眼”里又闪耀着何等惊奇又崇拜的光芒，人物特写与画面的背景——那延伸至远方的苍茫无垠的大漠与天空又是何等奇异壮美的组合，甚至诗人自己也就是“摄影师”在“摁下快门”的一刹那内心涌动着何等豪迈的情绪……这一切诗人并没有写出来，可是诗人描绘出来的画面却可以激发读者无穷的想象。言有尽而意无穷，这便是诗人的高明之处，也正是诗的魅力所在。

第二講

晏殊与宋初词坛的贵族气韵

晏殊小传

晏殊，字同叔，谥元献，抚州临川（今江西抚州）人，生于宋太宗淳化二年（991），真宗景德二年（1005）十五岁即赐同进士出身，授秘书省正字，累官至同中书门下平章事兼枢密使，卒于仁宗至和二年（1055）。晏殊任职期间唯贤才是举，范仲淹、韩琦、欧阳修、王安石等一大批名臣都出自晏殊门下或由他推荐提拔。晏殊同时还是北宋词坛领袖，被誉为“北宋倚声家初祖”，“倚声家”即词人之意。词集名《珠玉集》，一名《珠玉词》，存词130余首。

晏殊《浣溪沙》

北宋景德元年（1004），年仅十四岁的“少年天才”晏殊被家乡江西的长官以神童的名义推荐参加全国最高级别的人才选拔考试。第二年，也就是景德二年（1005），晏殊到京城汴京（今河南开封）参加考试的最后一关——皇帝亲自主持的殿试。十五岁的晏殊一举高中，赐同进士出身，从此进入仕途，后来更是成为北宋初年的一代名相。

少年早贵，薪水优厚，晏殊基本上没尝过贫穷的味道，前人评价晏殊，说他“文章富贵，出于天然”，他文字中流淌着的那种贵族气韵，绝对不是靠华丽的辞藻堆砌出来的，而是自然而然散发的雍容典雅，是一种“低调的奢华”。试看其经典名作《浣溪沙》：

一曲新词酒一杯，去年天气旧亭台。夕阳西下几时回？

无可奈何花落去，似曾相识燕归来。小园香径独徘徊。

首句“一曲新词酒一杯”貌似很直白，翻译成大白话也很简单：我一边喝着酒，一边吟唱着新写的曲词。然而这看上去毫无文采的七个字，恰恰就已经蕴含着晏殊“低调的奢华”了。这种奢华包含着两个层面的意思：一层是物质层面的奢华，另一层是精神层面的奢华。“一曲新词”指的是精神层面的奢华。晏殊吟唱的新词，不是随随便便的一首流行歌曲，而是他自己原创的新词。晏殊是欧阳修之前北宋初期的文坛领袖，在词坛的地位更是崇高，被誉为“北宋倚声家初祖”，意思就是北宋词坛第一人。所以他貌似轻松的“一曲新词”，其实很可能就是左右北宋初期词坛审美倾向的“风向标”。

“酒一杯”指的就是物质层面的奢华了。晏殊生活中的“酒一杯”绝非平常人家的一杯酒。晏殊虽然位高权重，但他自己的日常生活颇为节俭，并不喜欢奢华铺张。不过晏殊又相当好客，平时只要有客人来访，他一定要留客人吃饭，如果事先并没有预备酒菜，就临时吩咐家人赶紧准备。晏殊则一边和客人谈笑风生，一边请出家中的乐手歌女演唱助兴，丰盛的酒菜也就渐次端上来了。每次吃完饭必定有一个保留节目，那就是主人和客人一起填词唱和。晏殊总是说："歌女们的才艺已经展示完了，现在该轮到我们展示一下才艺了吧。"于是，主人客人轮流即席创作，再将新写的歌词交给歌女们即兴演唱。就这样，主客一起吟咏唱和成了每一次聚会的最高潮。

普通的"酒一杯"也许只是为了满足口腹之欲，而晏殊的"酒一杯"总是伴随着"一曲新词"，也成了高雅的精神享受。

当然，再热闹的歌筵酒席，也会有曲终人散的时候。在"一曲新词酒一杯"的富贵风流之后，紧接着一句"去年天气旧亭台"就转向了内在心灵的自省。当繁华落尽，宾客们一一散去，欢歌笑语终究归于宁静，词人最终要面对的，还是自己的内心。直到这个时候，词人才可以安静下来，静静审视夕阳余晖下的亭台楼阁，他才发现，此时此刻的情景，和去年的"此时此刻"是何等相似！还是一样精致华美的亭台楼阁，还是一样温暖的春天，还是一样静谧的夕阳斜照。如果不是刚喝过美酒、唱过新词，他可能还意识不到，在日复一日的庸常生活中，流年早已暗中偷换。而这一年的时光，对于自己来说，到底又有什么价值呢？

"一曲新词酒一杯，去年天气旧亭台。夕阳西下几时回？"看上去简简单单的几句词，真是包含着让人悚然而惊的反问与自省。时光之于我们，到底有什么意义呢？有时候，对于时光的警醒，并不一定要经历大悲大喜、大起大落的大事件。当你突然醒悟到：原来你正在经历的每一天，都不过是对前一天的重复，日复一日的平庸与无聊，难道不更让人恐惧吗？

或许晏殊也是从这种庸常的生活中感到了一种恐慌。当然，晏殊的恐慌不会仅仅停留在情绪的波动，而是将灵魂的触角深入到更深刻的哲理层面，赋予了这首小令以耐人寻味的哲学内涵。“无可奈何花落去，似曾相识燕归来”是千古传诵的名句，对仗十分工整。“无可奈何花落去”凸显了时光流逝的匆匆与无情，让人徒增无奈；“似曾相识燕归来”又流露出双燕归来的亲切与温情，让人心生眷恋。从这两句词当中，我们既感受到了人与自然相处的默契与和谐，又分明触摸到了人与自然永恒的矛盾：变化的自然，不变的情怀；无情的自然，有情的人心；无限的自然，有限的人生；有常的自然，无常的生命……看上去毫不刻意的两句词，却呈现出这世间既矛盾又恒久的自然规律，包含着对宇宙、对时间的深刻思考。

“无可奈何花落去，似曾相识燕归来”是浑成天然的佳对，意蕴深远，音调婉谐，也难怪连晏殊自己都将这两句词视若珍宝了。除了这首《浣溪沙》之外，晏殊在另外一首七律中将这两句作为颈联：

元巳清明假未开，小园幽径独徘徊。
春寒不定斑斑雨，宿醉难禁滟滟杯。
无可奈何花落去，似曾相识燕归来。
游梁赋客多风味，莫惜青钱万选才。
（《假中示判官张寺丞、王校勘》）

在“无可奈何”和“似曾相识”的天然佳对之后，全词以“小园香径独徘徊”收束，又将对世界矛盾的哲学反思回归到了情景交融的本体上来。曲径通幽处，落花满地，散发出似有若无的幽香，好像与屋檐下呢喃的燕语暗相呼应。视觉、听觉、嗅觉在那一刻浑然交融，那是夜幕降临前最宁静的风景，我们仿佛能够看到夕阳余晖下词人独自沉吟、久久徘徊的孤独身影……

对宇宙和时光的考问，真是文学与哲学永恒的命题。在晏殊这里，词不仅仅是写景，也不仅仅是抒情，它还可以是一个智者对于人世的深沉反思，我们可以聆听到他在时光流逝中轻微的灵魂悸动，也可以触摸到他参悟人生时的理性与优雅。但我们必须注意，晏殊并没有把理性的思考提炼成哲学的理论，也没有把优雅的情绪挥洒成豪迈的人生宣言。这正是因为晏殊深谙并坚守了词体本色：词是有自己独特体性的，它不应该等同于载道之文，也不应该与言志之诗混淆，词的本色应该是含蓄委婉的抒情文体。因此，晏殊的词包含着理性的哲学思考，却绝不是枯燥而深奥的理论说教；包含着对时代与个体生活的自信，却绝不是浮夸浅薄的炫耀与沾沾自喜。他的词，总是徜徉在悲喜之间、情理之间，呈现出圆融的理性与含蓄的优雅，这正是贵族的气质，也是以晏殊为领袖的北宋初期词坛的整体气质。我不妨再举一个例子来说明一下这种气质。

晏殊曾经读到一位诗人写的诗句，里面又是金又是玉的，“轴装曲谱金书字，树记花名玉篆牌”，晏殊很看不起这样庸俗的文字，堆金砌玉，浑身上下都是亮闪闪的“奢侈品牌”，好像生怕别人不知道他是“土豪”。晏殊说，这种诗句表面看上去富丽堂皇，其实骨子里一副乞丐相，是穷人想象中的富豪生活。

于是有人就不服气地问他了：“那您认为，真正有贵族气质的诗句应该是什么样子的呢？”

晏殊回答：像“楼台侧畔杨花过，帘幕中间燕子飞”“梨花院落溶溶月，柳絮池塘淡淡风”这类诗句才是真正富贵人家的气象，完全不说什么金玉锦绣，可是自然洋溢着一种优雅淡远的神韵，那才是真正的“低调奢华有内涵”。

举完这些例子，晏殊还反问别人一句：“你说，穷人家能有这样的景致吗？”

可见，晏殊心目中的富贵气象，不是“暴发户”似的金玉满堂，而更像是名门贵族的私家园林，我们只要联想一下《红楼梦》里的大观园，大概就能明白晏殊所说的贵族气象了：那是潇湘馆中“几竿竹子隐着一道曲栏”的幽雅疏淡，是“一带清流从花木深处曲折泻于石隙之下”的天然灵动，是稻香村“几百株杏花，如喷火蒸霞一般。里面数楹茅屋。外面却是桑榆槿柘，各色树稚新条，随其曲折，编就两溜青篱”的大巧若拙……总之一句话：“果然不落富丽俗套。”

以晏殊为领袖的北宋初期词坛就洋溢着如此独特的富贵闲雅的气质，通俗地说，这种贵族气质反映到词当中，最重要的两大表现就是低调含蓄的精神奢华与耐人寻味的哲学内涵，从而营造出一种悠远雅致的意境。

浣溪沙

$1={}^{\flat}B$

紧五定弦 2 3 5 6 1 2 3

晏殊 词

宋明 曲并指

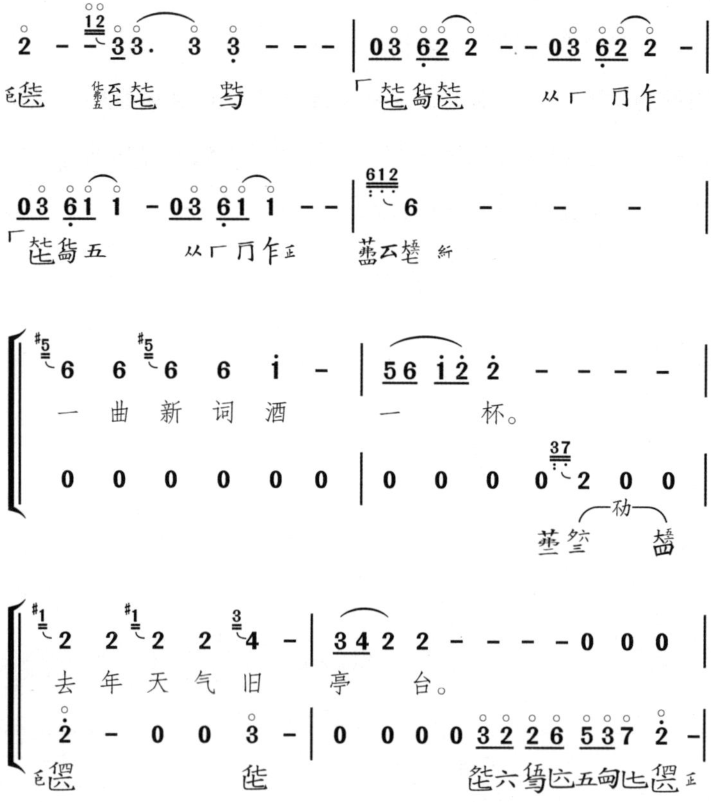

夕 阳 西 下 几 时 回？

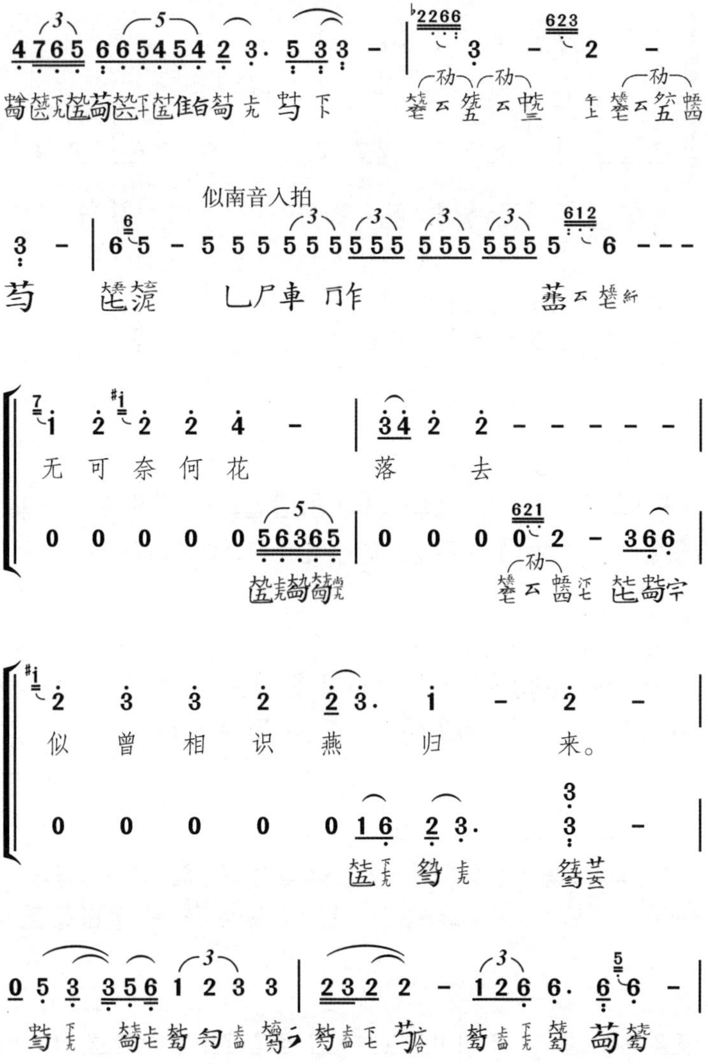
似南音入拍
无可奈何花落去
似曾相识燕归来。

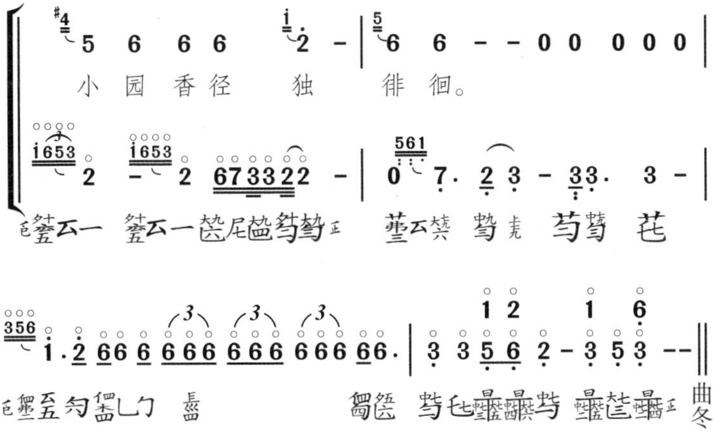

（即兴创作，实际以录音为准）

词的音乐性及五代词风对北宋初年词坛的影响

根据敦煌莫高窟鸣沙山藏经洞里出土的珍贵的古籍文献，学者推测，最晚在武则天时代，词的创作与演唱、传播就已经开始普及了。

所谓“词”，其实就是歌词，唐宋词也就是唐宋时代流行歌曲的歌词，因此词还拥有很多与音乐相关的别名，例如“曲子词”“歌曲”“乐章”“乐府”等。词在发展初期，主要是用于配合唐代流行的燕乐进行演唱。词的创作过程称为“填词”，也就是往既定的曲调里面填上合适的歌词，形成了“调有定句，句有定字，字有定声”的特点，即每个词调的句数是确定的，每一句词中字数是确定的，而每个字的声调也是确定的，不能随意变动。我们熟悉的词牌名如《水调歌头》《念奴娇》《浣溪沙》《如梦令》等，其实本来都是调名。可以这么说，音乐性，是唐宋词的首要属性；音乐美，是唐宋词一种非常独特的美。

王国维曾说：“凡一代有一代之文学：楚之骚，汉之赋，六代之骈语，唐之诗，宋之词，元之曲，皆所谓一代之文学，而后世莫能继焉者也。”从漫长的中国古代文学发展史上来看，每个朝代的确都有各自最具魅力的、最具代表性的文体，这种文体从某种意义上来说反映了一个朝代的文化气质。词则一直被视为宋代最具代表性、最具魅力的一种诗歌文体。

词从唐代开始萌芽，到宋代达到巅峰，其间经历过若干关键性的转折。

词起源于唐代的民间，其兴起的土壤应是当时的流行音乐——燕乐。《旧唐书·音乐志》即云："自开元以来，歌者杂用胡夷里巷之曲。""胡夷"当指少数民族，"里巷"则是指民间，当时流行的音乐应该就是二者互相影响、彼此交融的结果。

敦煌曲子词的发现也证实了词起源的民间性，其中《云谣集》极有可能是中国文学史上第一部词集，集中所录三十首词，绝大多数都是抒写情爱之作，其吟咏对象大多来自社会底层，风格偏向通俗直率，较少含蓄之趣。

唐代较早关注填词的文人有李白、张志和、白居易、刘禹锡等，他们从不同程度上推动了文人词的发展，而真正致力于填词，并且被奉为文人词鼻祖的则是晚唐温庭筠。

晚唐五代是文人词发展的第一个黄金时期。其中五代词坛主要以后蜀与南唐为两大中心，后蜀词坛的代表性成果就是由赵崇祚编辑的《花间集》。《花间集》收录了十八位词人（除温庭筠、皇甫松、和凝外，其余均为后蜀词人）的词作，凡500首，相当于当时的流行歌曲总集，其中绝大多数作品都是描写女性容貌、服饰、姿态、起居环境以及与此相关的男女情爱的，“儿女情多，风云气少”是《花间集》的主要特色。欧阳炯在为《花间集》所作的序言中，道出了词为“艳科”的特征，不仅揭举出了当时词坛的创作趋向和审美风尚，也代表了五代文人对词的一般看法：词的基本性质就是“本欲酒间易晓”（陆游跋《花间集》）的流行歌曲，其创作目的是让歌女能够配合音乐进行演唱，以满足贵族公子、文人士大夫视听享受的娱乐需要。

北宋之前的词总集从民间词集《云谣集》开始，到五代《花间集》《遏云集》等，从集名就可察知这些词集几乎无一例外都是当时流行歌曲的选本。

《花间集》奠定了文人词“侧艳”的基本范式：内容上以爱情为主要题材，风格上以婉约柔媚为主要审美趣尚。北宋词人普遍将《花间集》奉为填词范本，“大抵以《花间集》中所载为宗”，例如“欧阳（修）公虽游戏作小词，亦无愧唐人《花间集》”，秦观词“得《花间》《尊前》遗韵”等。

五代另一个词坛中心则是南唐，代表性词人是南唐中主李璟、后主李煜及南唐宰相冯延巳等。南唐词坛虽然也是以爱情为主要歌咏内容、崇尚婉媚柔美的词风，但正如王国维所说：“词至李后主而眼界始大，感慨遂深，遂变伶工之词而为士大夫之词。”“伶工之词”的时代，词主要是应歌而作，目的是尊前侑觞，以娱乐功能为主，因此就整体而言，花间词人的个性特色并不突出，词的主题、风格等趋于雷同，即便描写爱情也多是身份指称不明显的“泛爱”。然而由于家国动荡、身世飘零，南唐君臣词人对忧患安乐之思、黍离麦秀之悲等种种生命之观感，皆有不同程度的触及，词发展至此，方始呈现出沉挚、阔大的要素。尤其是李煜的亡国经历及其入宋之后的悲惨生活让他的感慨变得更为深沉、更具个性化，是推动词从“泛爱”、游戏娱乐一变而为士大夫情志抒发的转折性词人。进入“士大夫之词”的阶段以后，作为“艳科”之词逐渐从仅仅以资娱乐的功用上升到言士大夫之身世、家国之感慨，词的地位无疑得到了质的提升，也逐渐走上“雅化”的发展道路。

北宋初年以晏殊、晏几道父子及欧阳修、张先等为代表的词人主要汲取了花间词人与南唐词人的“营养”，既坚守词应歌而作、含蓄婉约的审美本色，又赋予了词人自己的抒情个性，使词的情感含量更为深邃、丰富。北宋的承平气象也成为造就词坛富贵气质的文化土壤，不仅滋养了以晏殊为代表的一批精英贵族词人，亦为北宋词坛即将到来的全面繁荣奠定了基础。

例如欧阳修就将南唐词人冯延巳作为自己学习填词的典范：他常常先抄下喜欢的冯延巳词，再把自己模仿填写的词作抄在下面，两相比较，看看自己与“偶像”的差距到底有多大。甚而至于后人在汇集欧阳修的手稿时，常常分辨不清哪些词作是冯延巳所写，哪些词作是欧阳修所填，因此两人词集中互相混杂的现象很严重。当然，这样的学习成效也是极其显著的，清代学者刘熙载就曾经评论说：“冯延巳词，晏同叔（晏殊）得其俊，欧阳永叔（欧阳修）得其深。”这就是说，晏殊与欧阳修都继承了冯延巳词的部分特质，并且还进一步形成了自己的个性色彩。

北宋前期，统治词坛的多为名臣显贵，晏殊、欧阳修、范仲淹、宋祁等人或早或晚都曾担任重要官职，他们的共同点在于：不仅在政治上大有作为，而且在学问上也是领一代之风气。如范仲淹虽出身贫寒，却也出将入相，功业彪炳；欧阳修在经学、史学、文学、政论等方面均达到很高的造诣，是北宋古文运动的领袖人物，有“一代儒宗”之称；宋祁与欧阳修一起重编《唐书》，也是风流一时的名臣……这批政坛、文坛的风云人物在创作曲子词时还有一个共同点：并未曾专心留意于“小词”，他们视传统诗文为正统，而视词为“小道”，仅仅以游戏笔墨的心态偶尔涉足其间，工作之余唱唱“流行歌曲”而已。只是因为这些文人学养深厚，才情横溢，即使是偶以余力填词，也能卓然名家。

在时代大风气的影响下，北宋初年名臣词人并不像沉沦于社会底层的失意文人那样一味哀叹不得志的苦闷，而是气度从容，心胸开阔，笔调雍容闲雅（除了范仲淹因有“出将”的特殊经历而形成了激昂沉雄的风格之外）。他们在词从五代向北宋转型的过程中起着承上启下的推动作用，推动了词以流连花间酒边的“俗”转向士大夫文人言情抒怀的“雅”。他们既是营造文质彬彬的时代氛围的文化功臣，也是促进词由俗向雅转型的词坛功臣。

晏几道《临江仙》

晏几道，字叔原，号小山，晏殊第七子，有《小山词》传世，存词约260首左右。作为相门公子，晏几道年少时生活在一个充满贵族气韵的家庭环境中。前人曾经评价小山词“如金陵王、谢子弟，秀气胜韵，得之天然”（王灼《碧鸡漫志》），这就是说晏几道好比东晋时期的世家大族王导、谢安两家的子弟，身上的贵族气质是“得之天然”，与生俱来的。

晏殊、晏几道是北宋少有的父子齐名的词人，合称“二晏”，世人以“大晏”“小晏”区分之，并将其与南唐中主李璟、后主李煜父子二人并称，可见“二晏”父子在词坛地位的重要性。这首《临江仙》即为晏几道的代表作：

梦后楼台高锁，酒醒帘幕低垂。去年春恨却来时。落花人独立，微雨燕双飞。

记得小蘋初见，两重心字罗衣。琵琶弦上说相思。当时明月在，曾照彩云归。

这是一首以追忆和梦境为两大线索的词。起首“梦后”“酒醒”两句是为互文，都只是为了说明一个现象：无论是从梦中醒来，还是从宿醉中醒来，都是从迷离恍惚的状态中突然被拉回到清醒的现实——门窗紧闭的楼台，静静低垂的帘幕。这里似乎有两层意义的指向：一层是实指，说明这处楼台不是那种宾客盈门、充满欢歌笑语的热闹场所；另一层是虚指，人迹罕至只是表象，其实质则是这座楼台的主人内心的孤独寂静——不是没人进入这座楼，而是没人能够进入他的心。

词人在长夜梦醒的孤独中经历着一年一度“春恨”的煎熬，他信步走入庭院，想要从这种煎熬中解脱出来，然而“落花人独立，微雨燕双飞”的凄美景致或许只能让他更添伤感吧。

“落花人独立，微雨燕双飞。”这两句词历来被认为是千古名句，只不过，其原创者并非晏几道。五代诗人翁宏的《宫词》（一作《春残》）云：“又是春残也，如何出翠帏。落花人独立，微雨燕双飞。寓目魂将断，经年梦亦非。那堪向愁夕，萧飒暮蝉辉。”翁宏诗的艺术价值较为平庸，其中的“落花人独立，微雨燕双飞”也被埋没在平庸中鲜为人知。而晏几道仿佛有一根“点铁成金”的魔法棒，一经他的点化，在翁宏诗中埋没光彩的句子在《临江仙》词中就点染出一幅凄美绝伦的图画：孤独的人，伫立在暮春飘零的落花中，蒙蒙细雨中依稀看到燕子双双归来。相偎相依的“双飞燕”，更反衬出“人独立”的寂寞凄凉。

上片写孤清的现实，下片则转入温馨的追忆。“记得小蘋初见，两重心字罗衣。”“小蘋”是这首词全部追忆的核心。显然，在词人的记忆里，小蘋是占据他情感世界的一个重要女子。不过，多年之后，当晏几道回忆起他与小蘋的“初见”，他并没有铺张笔墨去描述她的美貌，只是淡淡地说了一句“两重心字罗衣”。他们相见的那一天，小蘋穿着的是一件薄薄的罗衫，衣服的领口处还绣着双重的“心”字——那就是心心相印的意思了。

在初次见面的那个时刻，也许小蘋穿上一件绣着“心”字的罗衣只不过是一个偶然，但正是这样的偶然开启了一次意料之外的一见钟情和一场注定要心心相印的长久爱恋。为了这场爱恋，晏几道几乎要付出一生的时间去追忆。“两重心字罗衣”，是追忆中的视觉形象，“琵琶弦上说相思”，是追忆中的听觉感受。词人的视觉和听觉都停留在那个初见的美丽时刻，他多么希望，那最美的一刻能凝固成永恒。

可是，人生到底有什么是能够永恒的呢？初唐诗人张若虚在他的名篇《春江花月夜》中说：“人生代代无穷已，江月年年望相似。”永恒的是明月，人事却永远都在变化。“当时明月在，曾照彩云归。”词人和小蘋的那一次初见，就是在明月如水的夜晚。当年的明月曾经照耀着小蘋归去的倩影，而今明月依旧，那位像彩云一样美丽的女子小蘋，却再也找不到了。

一首短短的小词，从现实的梦后酒醒，到追忆中的人生初见，再到现实与追忆交错的彩云飘散、明月依旧，我们跟着晏几道一起，完成了一次飘渺幽远的时空之旅。

这就是追忆的力量。而晏几道，就是一个总是生活在追忆中的词人。他之所以执拗地生活在过去，是因为世事皆归于幻灭，唯有痴情不灭。这样痴情的人，注定是伤心的人，注定比一般人要品尝更多更深的痛苦。“小山，古之伤心人也。”（《宋六十一家词选·例言》）清代词学家冯煦应该算得上是晏几道的隔代知音了。

第三講

城市经济的繁荣与北宋词坛转折的代表人物柳永

柳永小传

柳永，原名三变，字景庄，后改名永，字耆卿，排行第七，人称“柳七”，崇安（今福建武夷山）人。柳永与其兄三复、三接都有才名，时人合称“柳氏三绝”。柳永于宋仁宗景祐元年（1034）进士及第，释褐为睦州团练推官，官至屯田员外郎，世称“柳屯田”，著有《乐章集》，存词 200 余首。

柳永《雨霖铃》

在北宋前期词坛上叱咤风云的人物，除了以晏殊为代表的精英派“贵族”词人之外，还有一派词人则更具有市井气息，在平民百姓中受到更为普遍的追捧。这一派词人以柳永为代表，其最为人所熟知的作品之一即为《雨霖铃》：

寒蝉凄切，对长亭晚，骤雨初歇。都门帐饮无绪，留恋处、兰舟催发。执手相看泪眼，竟无语凝噎。念去去、千里烟波，暮霭沉沉楚天阔。

多情自古伤离别，更那堪、冷落清秋节！今宵酒醒何处？杨柳岸、晓风残月。此去经年，应是良辰好景虚设。便纵有、千种风情，更与何人说？

相传，《雨霖铃》这个曲调的创制始于唐玄宗。安史之乱爆发后，唐玄宗仓皇逃往蜀地，逃难途中心爱的杨贵妃在兵变中被赐死。后来太子李亨即位，尊玄宗为太上皇，随着洛阳、长安相继被收复，唐玄宗终于可以从成都返回长安。当时正逢雨季，返程途中雨淅淅沥沥下个不停，风雨敲打在车架的铜铃上，与山间的风雨声遥相呼应，丁丁零零，断断续续，仿佛是凄凄切切地诉说着什么。玄宗坐在车中，这一路的颠沛流离、担惊受怕，还有痛失贵妃的哀伤一齐涌上心头，一首哀婉忧伤的乐曲流淌过玄宗备受摧残的内心，于是，著名的乐曲《雨淋铃》就这样诞生了。

后来，《雨淋铃》成为重要的词牌名，又被称作《雨霖铃》，这个曲调常常用来表达离别相思之情，旋律的凄婉忧伤是可以想见的。而所有以《雨霖铃》为调名的词作中，柳永的作品是最杰出、最被人所熟悉的一首。归纳起来，柳永的《雨霖铃》有三大特点：其一，忧伤婉转的曲调旋律；其二，萧瑟凄美的清秋景致；其三，依依不舍的离情别绪。

在告别的长亭里，听寒蝉悲鸣，看秋雨零落，饮离别苦酒，离情别绪已经浓烈得让人难以承受了，可是就在此时，催促启程的吆喝声再一次毫不留情地响起：“都门帐饮无绪，留恋处、兰舟催发。”都门是指都城汴京的城门，古人往往在城郊张设帷帐，宴饮饯别，这里当然是指长亭送别。柳永即将告别京城，也告别他所爱的人，再丰盛的宴席，再香醇的美酒，也不可能让他像往常一样豪兴满怀，因为他所有的情绪此刻全部倾注于他的恋人身上了。

“执手相看泪眼，竟无语凝噎。”这是伤感到极致之后的至情至性之语。真正的伤心，也许并不是捶胸顿足，并不是号啕大哭，并不是喋喋不休的诉说，而只是泪眼相看，无语凝噎。黯然神伤，有千言万语想要倾诉，但所有的语言全挤在嗓子眼，想争先恐后地全都蹦出来，最终，却是一个字也说不出来，那才是真正伤心到了极致。

当“相看泪眼”“无语凝噎”将离别的情绪直接推送到最高点的时候，柳永却忽然宕开一笔，上片以风景作结：“念去去、千里烟波，暮霭沉沉楚天阔。”远行的船只渐行渐远，终究消失在黄昏的沉沉云雾中，而伫立在长亭边的送行人孤独的身影也终究被隐没在越来越浓的夜色之中了。

上片是直写离别，离别的场景写到这里，该说的话也都说尽了。下片则另辟蹊径，才刚刚离别，又开始推想离别之后的相思苦恨了。

“多情自古伤离别，更那堪、冷落清秋节！”离别之情自古就有，并非“我”所独有；清秋时节自古堪悲，也并非唯“我”独悲。甚至古人还说：“秋之为言愁也。”（《礼记·乡饮酒义》）还有人将“愁”字拆分开来解释，愁者，秋心也。看来悲秋之愁几乎是中国古典诗词逃不过的宿命了。

既然悲秋与离别之愁非“我”独有，那属于“我”的独特感触又在哪里呢？“今宵酒醒何处？杨柳岸、晓风残月。”这两句就是柳永的妙笔独创了。以设想“今宵酒醒何处？”的问句激起情绪，而以“杨柳岸、晓风残月”的实景作为回答，一虚一实之间，又遥遥呼应了上片写离别之时“都门帐饮”的意脉，章法结构浑然天成。当词人今夜酒醒梦回之时，不知身在何方——没有了爱人的温暖陪伴，无论船儿漂到哪里他都毫不关心了。他只能看到依依的杨柳，清寒的晓风，孤悬空中的一弯残月，却独独少了他最留恋的身影——景色的清冷交织着相思的愁绪，真令人愁肠百结。

正是这种无从排遣的愁绪，才顺理成章推出了最后几句至情之语：“此去经年，应是良辰好景虚设。便纵有、千种风情，更与何人说？”经年就是多年的意思。从此一别，年复一年，美景依旧，可是没有你，风景再美，对“我”又有何意义？“我”又能与谁分享？

一曲忧伤的《雨霖铃》就这样被柳永演绎得荡气回肠，从离别之前的依依不舍，写到离别之时的痛断肝肠，再写到离别之后的后会无期、孤独凄凉，一场景，一段情，人生如醒醒醉醉，情景是虚虚实实，声情逼人，余味无穷。

这首《雨霖铃》表达的正是柳永最为擅长的主题之一——因为羁旅行役而导致的离别相思。晏殊、欧阳修等位极人臣，其词也洋溢着雍容典雅的贵族气质，柳永与此不同，他长期四处飘零，虽也曾入仕，却总是辗转在低微的地方官任上。他的词多表达孤独失意的羁旅之情，又因长期沦落下僚，与市井歌女关系密切，其词风往往浅白通俗，故而能够被广为传唱。

当然，严格说来，柳永本来也应该算是士大夫精英中的一员。关于柳永的家世、生平资料，史书记载非常有限。他大致生活在宋太宗雍熙四年（987）至仁宗皇祐五年（1053）之间。父亲柳宜原是南唐监察御史，入宋以后累官至工部侍郎，所以柳永的出身也算得上是官宦之家。然而，命运对于柳永而言有太多的“意外”。

柳永一生中的最重要的一个“意外”就是他年轻时考进士受挫。柳永第一次考进士具体是哪一年已经不得而知，可以肯定的是，他考了不止一次。直到景祐元年（1034），柳永最终考中进士，这一年他已是将近五十岁的人了。

年轻孟浪的柳永因为考场失意而一度沉迷于烟花巷陌，在醇酒妇人中麻醉自己，就像他自己在词中宣称的那样：

> 黄金榜上，偶失龙头望。明代暂遗贤，如何向？未遂风云便，争不恣狂荡！何须论得丧？才子词人，自是白衣卿相。
>
> 烟花巷陌，依约丹青屏障。幸有意中人，堪寻访。且恁偎红倚翠，风流事、平生畅。青春都一饷。忍把浮名，换了浅斟低唱。

词的大意是说：我考试落榜了。如此圣明的时代，却还让我这样的贤士才子遗落民间，虽然现在我还只是一身白衣的平民，可我具有卿相的大才，你们真是没眼光啊！不过你们看不上我没关系，幸好我还有自己的意中人，能够懂我惜我怜我，可以陪着我挥霍青春。既然你们不要我，那我也不要这“浮名”了，还不如陪着心爱的女子喝喝酒唱唱歌来得痛快呢！

这首《鹤冲天》应该就是写于他第一次科举考试失败之后，从此他的人生方向发生了计划之外的转折。青年柳永在考场上不得志，在音乐圈却是声名鹊起，他没有按照原本的理想成为一名优秀的“公务员”，却成了北宋词坛名气最响亮的“音乐制作人”“职业词人”。他的名字还跨越了当时的国界传到了国外，成了名副其实的“国际柳”，以至于“凡有井水饮处，即能歌柳词”：再偏僻的地方，只要有人居住，就能听到有人在唱柳永的词。甚至直到清朝，朝鲜人第一次见到清代才子纳兰性德等人的词，非常惊喜，他们夸奖道：没想到这么多年之后，还能见到写词写得像柳永一样好的词人——“谁料晓风残月后，而今重见柳屯田”。

词坛“国际巨星”柳永的名字在中原大地上更是家喻户晓，他既是音乐家又是词人，既能填词又能谱曲，对流行歌坛的风向把握十分精准。活跃在流行歌坛上的歌手们，疯狂地追逐着柳永，想尽办法要打听到柳永的行踪，希望能够求得他原创的词、曲，因为只要是柳永写的词或者谱的曲，“一经品题，声价十倍”，歌手们为了提高自己的身价，都千方百计要成为柳永作品的“原唱歌手”。直到柳永去世之后，每年的清明节，歌女们都会成群结队地去给柳永扫墓，在他墓前唱他写的歌，这种一年一度的春季“露天演唱会”被美名为“吊柳会”。

在官场上的失意，在歌坛全都赢了回来，柳永完全可以说是另类的成功。

然而，正是因为柳永在流行歌坛的巨大成功，反而成了他跻身于精英士大夫阶层的主要障碍。以晏殊为代表的政坛、文坛精英明确表示了对柳永的“不接受”，有一个小故事很能说明士大夫与大众对待柳永截然不同的态度。

北宋末年有一位叫作刘季高的侍郎，有一次吃饭的时候和朋友偶然谈起流行歌曲，自然要说到巨星级人物柳永。刘季高显然是很看不起柳永的，“力诋柳氏”，拼命诋毁柳永，“旁若无人”。这时候有一位老人家实在是听不下去了，默默地起身，去拿了纸和笔过来，坐在刘季高面前说：“先生说柳永的词写得那么差，那么，能否请您自己写一首给我们看看呢?”刘季高无言以对，这才醒悟过来：如果在大庭广众之下说柳永的坏话一定要慎重，一个不留神就有可能自取其辱。

柳永的词即被前人评价为“骫骳从俗”，骫骳，本义为胫骨，引申为屈曲，也引申为作品曲意迎合读者或观众（听众），格调不高。柳永词之俗大致表现为三个方面：一是内容俗，其词大多表现男欢女爱的内容，而且风格颇为香艳。二是语言俗，为了迎合普通大众的审美趣味，柳永大量使用俚语俗语，通俗直白，与文人崇尚的含蓄典雅形成鲜明对比。三是创作目的俗。士大夫文人虽然也会为歌女写词，但并不以谋取商业利益为目的，但柳永从某种意义上说具有一定的“职业词人”的性质。他在仕途上长期不得志，生活也较为窘迫，有时候甚至要靠为歌女写词来谋取生活费，他填词作曲有相当一部分是带着商业性质的，目的是要赢得更多的“文化消费者”。清代词学家周济说：“耆卿乐府多，故恶滥可笑者多，使能珍重下笔，则北宋高手也。”（《介存斋论词杂著》）这个评价从精英知识分子的角度来说还算是中肯的：柳永因为要迎合大众的审美趣味填词作曲，所以“恶滥可笑”的作品就多了，其实以他的才华，如果能“珍重下笔”，那肯定就是北宋词坛的一流高手。

“俗”是词坛对柳永词的总体评价，但柳永并非不能写“雅”词，事实上，柳永词流传至今最有名的还是那些颇为婉约清雅的作品。就连很鄙视柳永的苏轼，也不得不承认：“世言柳耆卿曲俗，非也。如《八声甘州》云：‘霜风凄紧，关河冷落，残照当楼。’此语于诗句，不减唐人高处。”（宋赵令畤《侯鲭录》引）《八声甘州》是如此，《雨霖铃》更是堪称其词集中“雅词”的代表作，而《蝶恋花》中的“衣带渐宽终不悔，为伊消得人憔悴”直到现在依然是我们表达对爱情、对理想执着追求的经典名句。

雨霖铃

正调定弦 1=$^\flat$B　5 6 1 2 3 5 6
转借正调　2 3 5 6 $^\flat$7 2 3

柳　永　词
宋　明　曲并指

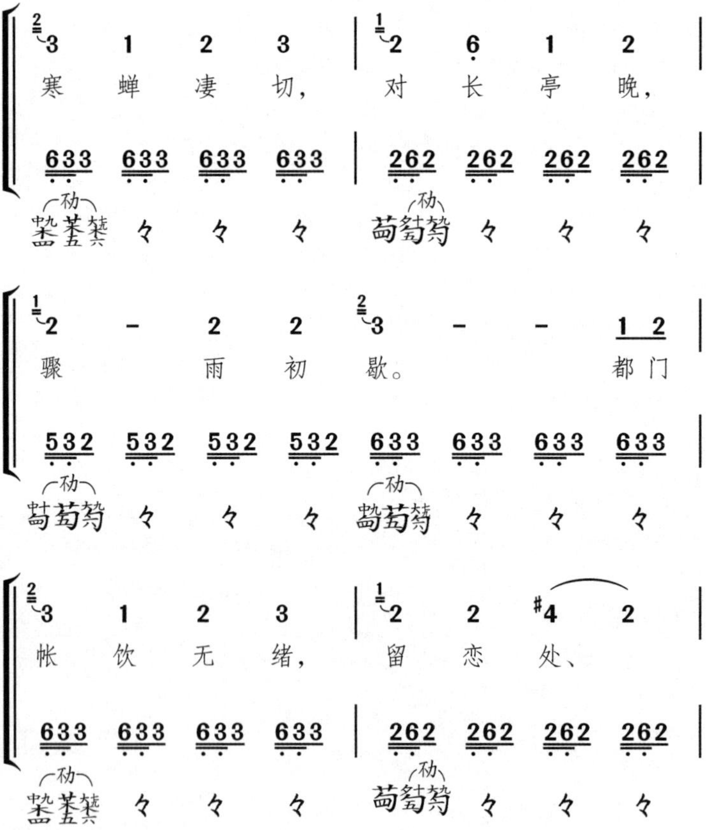

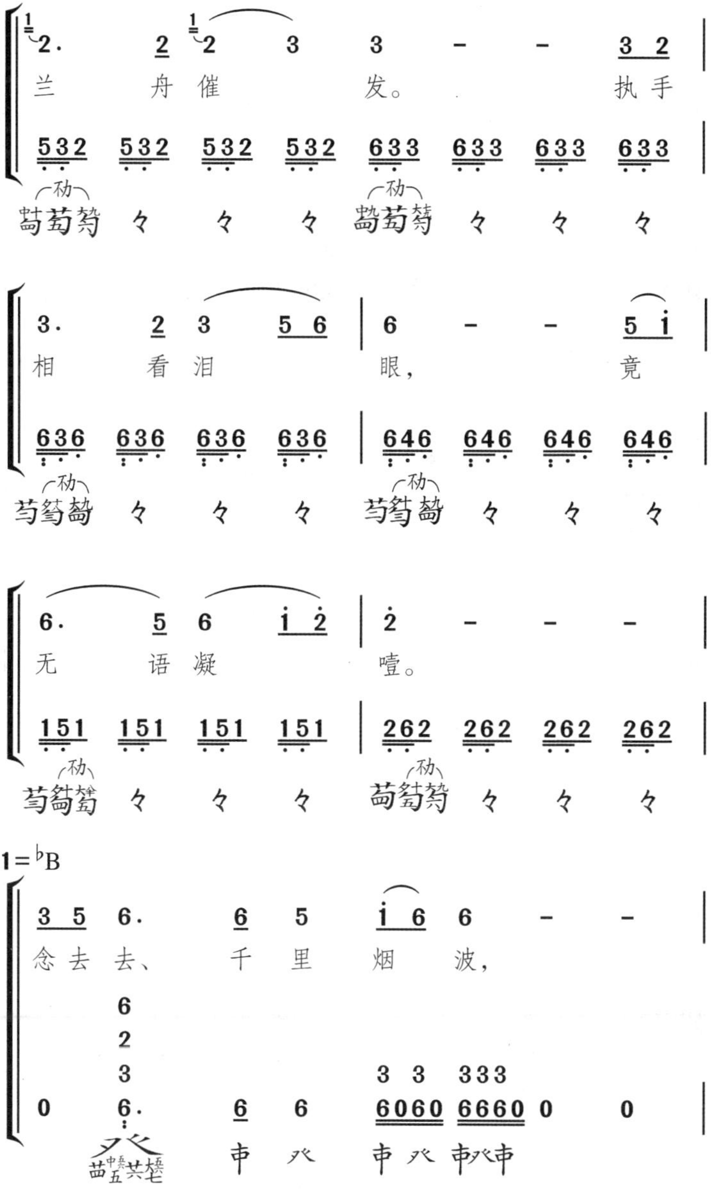
兰舟催发。执手
相看泪眼，竟
无语凝噎。
1=♭B
念去去、千里烟波，

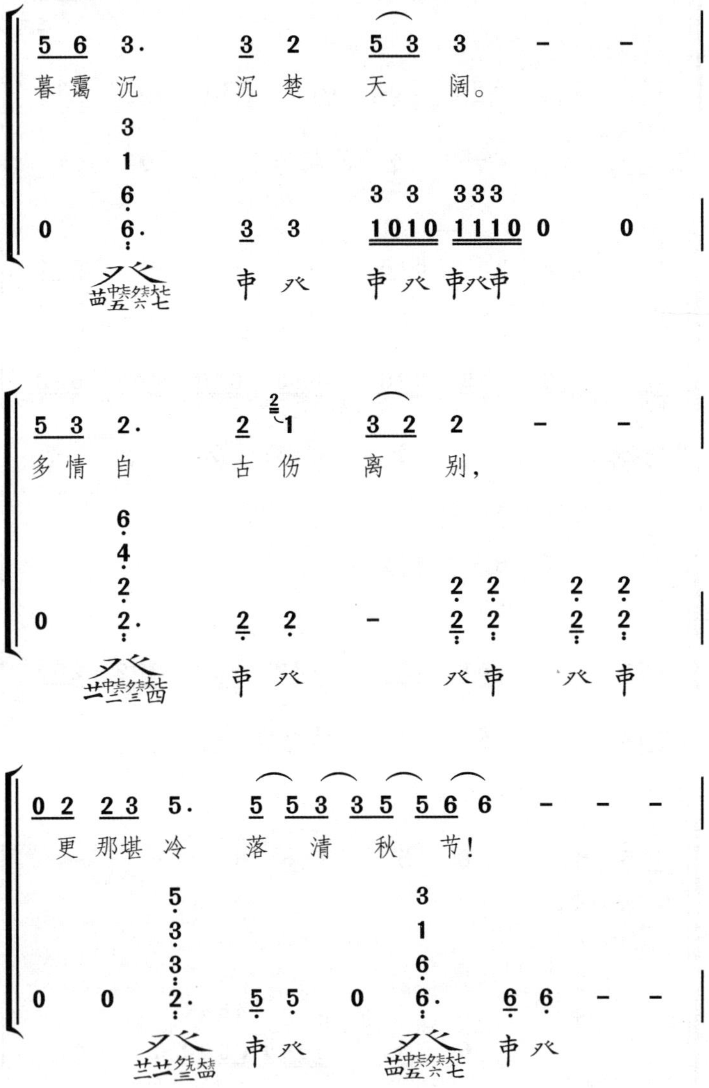
暮霭沉 沉楚 天 阔。
多情自 古伤 离 别，
更那堪冷 落 清 秋 节！

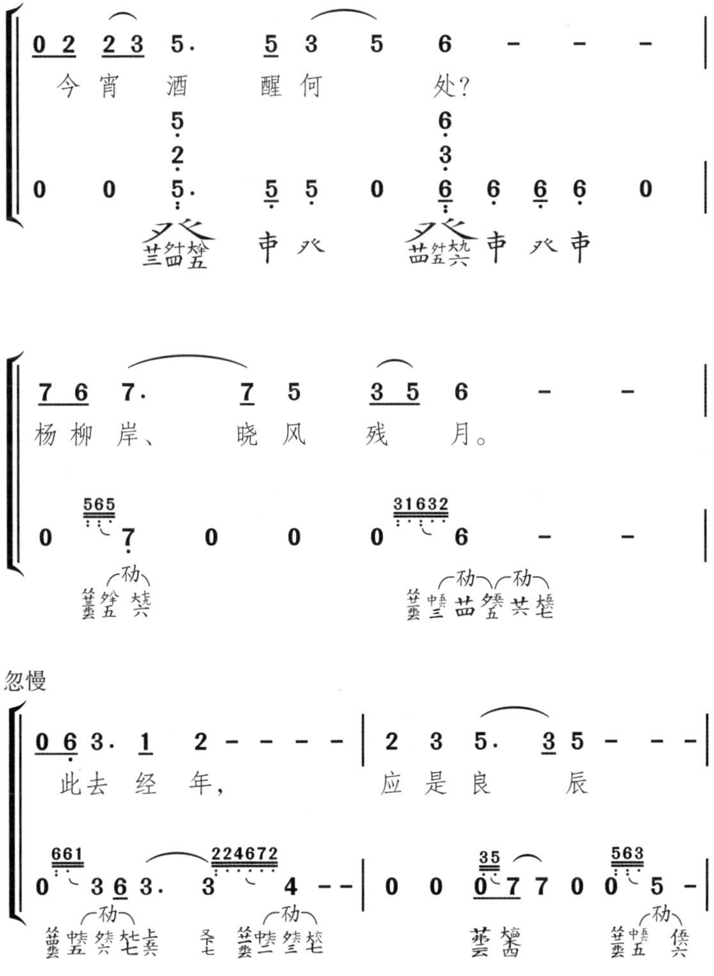
今宵酒醒何处？
杨柳岸、晓风残月。
忽慢
此去经年，应是良辰

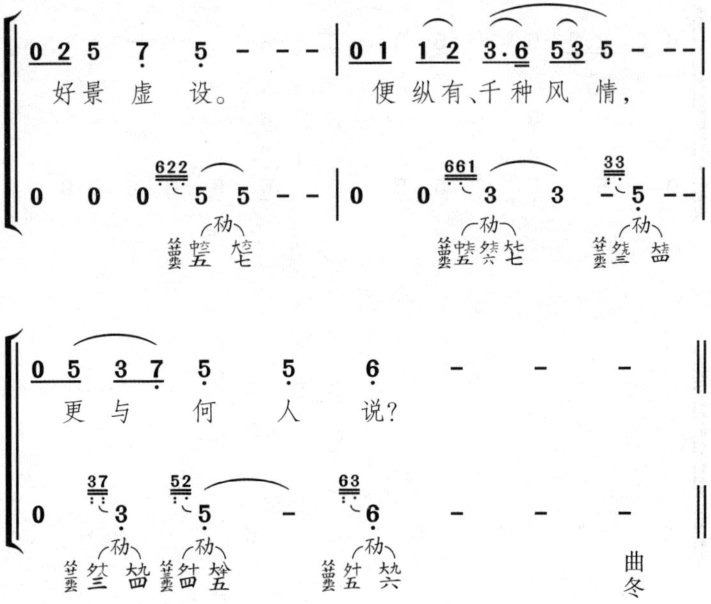

（2023 年 11 月 13 日即兴，实际以录音为准）

城市经济与市民文化的繁荣对宋词发展的影响

词的发展从唐到北宋经历了三次大的变化，其间出现了三个标志性的人物：第一次变化从晚唐开始，文人开始大量涉足词创作领域，以温庭筠为代表，晚唐五代成为词的第一次快速发展时期，《花间集》可视为这一阶段文人词发展的标志性成果；第二次变化以南唐后主李煜为代表，“伶工之词”变为“士大夫之词”，词除以应歌为主的娱乐功能外开始被士大夫赋予言志抒怀的功能，北宋初年晏殊、欧阳修等人主要是沿着这一条路线往前发展；第三次变化即以柳永为代表。柳永对宋词的发展有三大标志性的贡献。

第一，改变了此前文人词创作小令一统天下的局面，大力创作长调慢词。通常而言，字句不多的小调短曲为“令曲”，如《浣溪沙》《如梦令》等；字数多、体制长、节奏比较缓慢的则为长调慢词，如《雨霖铃》《八声甘州》等。前人曾从字数来区分词，如 58 字以内为小令，59～90 字为中调，91 字以上为长调，但这样的区分并不严谨，仅可供参考而已。柳永大量创作长调慢词，“铺叙展衍，备足无余”，并且从他以后，长调慢词成了宋词的一个主要发展方向。

第二，羁旅行役、城市风光等题材被柳永引入词中，进一步扩大了词的境界。例如前述《雨霖铃》即是与羁旅行役相关的离别之词，这也是柳永词的主要题材之一。再如被苏轼高度评价的《八声甘州》也是感叹羁旅的孤独艰辛与对恋人的苦苦相思。

第三，继承了民间文学善于叙事的创作方式。在士大夫文人笔下，词通常是用来抒情的，而且通常是婉约含蓄的抒情。可是因为柳永大量创作长调慢词，词的容量更大，且柳永词的“消费对象”包括了大量市民百姓，而市民百姓的审美趣味通常倾向于“听故事”，于是他的词经常一边讲故事一边抒发感情。例如《定风波·自春来》等词就呈现出鲜明的叙事性：有人物言行，有心理活动的变化，有情节的波澜起伏等，这样抒情性和叙事性结合的作品显然更能迎合市民娱乐文化消费的需求。

如果说晏殊等贵族派词人崇尚高雅，代表了士大夫文化的审美情趣，那么柳永等市井派词人不避通俗，代表了市民文化的审美情趣。必须强调的是，晏殊、欧阳修、苏轼等人的文学才华与创作精力主要集中于诗文，他们只是在业余时间以游戏的心态、以余力作词，词只是他们文学生活中的些微点缀而已；而柳永作为“职业词人”，其文学才华充分展现在词创作中，甚至还成为其重要的经济来源。可以说，“职业词人”柳永的出现，标志着宋词发展迎来了一个新的高峰。

柳永的出现并非词坛的偶然性事件，而是社会文化发展的必然趋势。词早在初唐就已萌芽，可为何在长达几百年的发展之后，直到北宋才终于迎来真正的高潮并成为“一代之文学”呢？这与宋代城市制度的变化与经济、娱乐文化的繁荣是分不开的。

与言志之诗、载道之文不同，词一开始仅仅是以“流行歌曲”的姿态作为娱乐文化的代表登上文学舞台的，虽然唐朝人也需要娱乐，也有“流行歌曲”，但因为城市规划的限制，其娱乐功能的发展相当有限。

首先，唐朝城市实行坊市制，坊是居民区，市是商业区。以都城长安为例，在地理位置上，以城市北部中央的宫城和皇城为中心，朱雀大街向南一直延伸将整个城市划分为东西对称的两个区域，这两个区域又被相对均匀地分为108个坊和东市、西市两个市。所有的商品交易活动必须在东西两市进行，居民的生活区与商业活动区是完全分隔开来的，这显然是对商业发展的一种限制。

其次，唐朝实行宵禁制度，城门、坊门早晚定时开关，且以击鼓为号，称为“街鼓”，宵禁之后街上禁止行人夜行，违者按《唐律》要严惩：“诸犯夜者，笞二十。”晚唐词人温庭筠就曾因为醉酒犯夜被巡逻的士卒打折了牙齿。熟悉当代城市生活的人都知道，夜市是否繁荣有时候是一个城市经济是否繁荣的标志之一，而唐朝严格的宵禁制度限制了商业与娱乐业的发展。

宋代商品种类和数量都更加丰富，商业活动日趋活跃，原来的坊市制与宵禁制度越来越掣肘城市经济的发展，延续数百年的制度终于在北宋被完全打破。宋仁宗登基以后，允许市民破墙开店，默许了坊市制的废除，事实上打破了居民生活区与商业区的界限，人们的商品交易活动更为自由；宋仁宗还彻底废除了街鼓制度，东京开封出现了繁华的夜市，灯火通明，吃喝玩乐，应有尽有。

坊市制与宵禁制度的废除，标志着商业活动与娱乐活动在空间和时间的双重限制都被打破，这显然为城市经济的繁荣创造了有利条件。张择端的《清明上河图》就充分展现了北宋京城开封的热闹与繁华，而在宋代文献中记载的著名消费娱乐场所如“樊楼”（开封最大的酒楼）、“清风楼酒店”等直到现在还经常出现在以宋代为历史背景的影视剧中。

《清明上河图》（局部）

“东京的夜市在我国城市经济发展史上具有重要意义，它为商品交换开创了新路子，增加了时间，扩大了交易量，促进了城市经济的发展。同时也丰富人们生活、娱乐，改变了城市夜间的面貌，是东京城市发展的重要表现之一。”①

历史学者通常认为坊市制的城市具有中古时期的特征，而北宋开封城的出现则标志着一种带有近代色彩的新型城市的出现。

与夜市繁荣相应的是娱乐业的发展。即以宋词传播的主要场所而言，东京开封遍布着数以万计的秦楼楚馆，宋人孟元老的《东京梦华录》记载：“所谓花阵酒池，香山药海。别有幽坊小巷，燕馆歌楼，举之万数，不欲繁碎。”在东京从业的歌女更是超过十万。柳永就是这个城市经济与娱乐文化变迁时代的见证者与亲历者，繁荣的城市风光也是他词作的主要题材之一。北方的开封、江南的杭州都曾是他着意描绘的对象。例如柳永《看花回》一词描写的就是东京夜市的繁华胜景：

玉城金阶舞舜干，朝野多欢。九衢三市风光丽，正万家、急管繁弦。凤楼临绮陌，嘉气非烟。

雅俗熙熙物态妍，忍负芳年。笑筵歌席连昏昼，任旗亭、斗酒十千。赏心何处好，惟有尊前。

① 周宝珠．宋代东京研究［M］．开封：河南大学出版社，1992：257.

“九衢三市”“凤楼临绮陌”描绘开封城四通八达的道路和遍布大街小巷的酒楼歌肆；“正万家、急管繁弦”形容京城极度繁荣发达的娱乐业；“笑筵歌席连昏昼”形容城市通宵达旦、笙歌燕舞的夜市风光……各地美食齐聚东京，四海珍奇都在这里交易，空气中飘荡着美酒的醇香、美女的幽香、美食的浓香，那真是一个富贵无极的太平盛世。就城市繁荣程度而言，当时欧洲的中心城市，如巴黎、伦敦等，都无法望北宋都城之项背。

正是高度发达的城市经济推动着宋代流行歌曲——词的创作与传播走向高潮。无疑，宋词的高度繁荣正是市民消费需求高涨的产物，而柳永作为市民娱乐消费的“流行歌坛形象代言人”，其词“骫骳从俗”，被广为传唱。

他以一人的失意落魄，见证了一个时代的盛世风华。

秦观《鹊桥仙》

秦观像

秦观（1049—1100），字少游，一字太虚，别号淮海居士、邗沟居士，高邮（今江苏扬州）人。秦观是北宋词坛最重要的词人之一，被认为是“有小晏之妍，其幽趣则过之”（刘熙载《艺概》），在词坛的地位更在晏几道之上，历来被视为婉约之正宗。甚至还有人认为他是“宋一代词人之冠”（李调元《雨村词话》）。秦观还是“苏门四学士”之一，是苏轼最得意的弟子，文风与苏轼较为相近。然而在词坛上，秦观却往往与柳永并称，作为婉约派的代表；而且秦观词获得的历史评价要高于柳永，也高于他的老师苏轼：“子瞻（苏轼）辞胜乎情，耆卿（柳永）情胜乎辞；辞情相称者，唯少游而已。”（蔡伯世语）

苏轼曾经颇不服气地拿着自己的词给另外两位学生张耒、晁补之看，还一定要请学生“裁判”一下，自己的词和秦观的词相比，谁写得更好。苏轼是何等自信的人啊！他这样做分明是带着自负的心态炫耀自己的作品，但对学生来说这就是个大大的难题了，学生哪敢随便批评老师呢?！张耒和晁补之只好顾左右而言他，避重就轻地回答说："少游诗似小词，先生小词似诗。"这两名学生真够"狡猾"的！他们不敢直接回答苏轼的词是好还是不好，只是说："秦观的诗写得像小词，老师您的小词写得像诗。"可谓之为"婉讽"。

学生们虽然狡猾，但苏轼是聪明的，他当然能够听得出学生们的言外之意：秦观的诗虽然柔媚了点，他的词可确实是当之无愧的当行本色；而苏轼的词呢，却写得词不像词、诗不像诗，不伦不类了。学生的这类回答其实代表了时人对待词的普遍态度：地道的词就应该像秦观词那样情致缠绵、婉娈摇曳。而苏轼的词实在是太豪放不羁了，连后来李清照都批评苏轼的词是"句读不葺之诗"，他以为把整齐的诗"削"成长短不一的句子就叫作词了吗？根本就是外行嘛！

苏轼的词之所以被批评，其原因主要有二：其一是忽视了词的音乐属性，就像陆游所说的那样："世言东坡不能歌，故所作乐府词多不协。"这里乐府就是指宋代合乐而歌的词。陆游的意思是：大家都说苏轼唱歌老跑调，所以他写的词有很多也是不合音律的。其二是苏轼词的题材与风格更为阔大豪放，与崇尚艳情、提倡婉约词风的词坛主流背道而驰。而词坛主流的代表就是像秦观这样的"婉约正宗"。

在秦观的所有作品中，流传最广、最深入人心的当属他的《鹊桥仙》：

纤云弄巧，飞星传恨，银汉迢迢暗度。金风玉露一相逢，便胜却、人间无数。

柔情似水，佳期如梦，忍顾鹊桥归路。两情若是久长时，又岂在、朝朝暮暮！

这是一首吟咏七夕的词。自古以来吟咏七夕的诗词非常之多，但是没有哪一首的名气能比得上秦观的这首《鹊桥仙》。传说七夕是牛郎织女一年一度相会的日子，可是人们往往将心比心地想象：一年才能见一次面，和 360 多天漫长的等待相比，一夜的相聚是多么的短暂！正因为别长聚短，所以绝大多数吟咏七夕的词重点都落在了对牛郎织女的同情上，又由对牛郎织女的同情转而同情人间的痴男怨女。例如欧阳修《渔家傲》咏七夕词云："别恨长长欢计短，疏钟促漏真堪怨。"晏几道《蝶恋花》也说："路隔银河犹可惜，世间离恨何年罢。"

不过，和大多数诗人词人不同的是，秦观在这首《鹊桥仙》中为牛郎织女安排了一个更温暖、更值得期待的命运。这首词的特点可以用三个"最"来概括：最浪漫的相逢、最温柔的相守、最美丽的相思。

上阕描写的是最浪漫的相逢。纤细的云丝被织女的一双巧手织成了最巧妙的花样，首句“纤云弄巧”就点明了七夕乞巧节的主旨。“飞星传恨”这一句又烘托出了织女亮相的盛大场面，飞星就是流星，流星划过夜空，飞越银河，好像就是织女派出的信使，为牛郎织女传递着刻骨的离愁别恨。“金风玉露一相逢，便胜却、人间无数。”金风就是秋风，古人认为西方为秋而主金，所以秋风又称金风；玉露则是晶莹的露珠。唐代李商隐写过一首《辛未七夕》诗：“由来碧落银河畔，可要金风玉露时。”七月七日正是孟秋时节，金风送爽，玉露晶莹，在最美的季节和最美的你相会，这就是最浪漫的爱情吧。即使相聚太短暂，但只要感情是纯真美好的，那种短暂相逢呈现出的极致的美，也远远胜过人间无数美丽的风景。

上阕重点写牛郎织女最浪漫的相逢，下阕就转入了最温柔的相守。“柔情似水，佳期如梦，忍顾鹊桥归路。”即使只有一夜的相拥，也要在记忆中留下你最柔美的模样。尽管欢会的美好时刻如同做了一场梦一样短暂，甚至再次离别时都不忍心回头看喜鹊临时搭建的那座桥梁。可是柔情不会随着离别而消逝，牛郎织女的爱情如同流水般源源不断，没有尽头。

正因为相聚太温馨，离别才显得更加残酷。“忍顾鹊桥归路”，一个“忍”字其实表达的是一种反问的语气：怎么忍心回头去看归去时踏过的鹊桥呢?！我们平时形容离别时的依依不舍，总是喜欢说“一步三回头”，而不忍回头才是更深的痛吧！

也许，再美的爱情到最后都只有一种结局——分离，但无论是生离，还是死别，真正的爱情可以超越肉体的耳鬓厮磨，在精神的彼此吸引和信赖上达到天长地久的永恒：“两情若是久长时，又岂在、朝朝暮暮！”这两句正是秦观比其他写七夕的诗人词人更高明的地方：他完全跳出了时空的局限，将爱情升华为超越时空的精神之爱。

仅仅停留在朝欢暮爱的生理激情，是一定会随着时间的流逝或空间的阻隔而褪色、消逝的，只有以精神为底色的爱情，才有可能天长地久。

难怪后人在读到秦观的《鹊桥仙》的时候，会为他拍案叫绝：“七夕歌以双星会少别多为恨，少游此词谓两情若是久长不在朝朝暮暮，所谓化臭腐为神奇，宁不醒人心目?”

“两情若是久长时，又岂在、朝朝暮暮！”经得起天荒地老的考验，才不负你我苦苦的相思与相守。因为爱情的永恒，才会让原本痛苦的相思都染上了温柔的色彩。

“金风玉露一相逢，便胜却、人间无数。”这是最浪漫的相逢。

“柔情似水，佳期如梦。”这是最温柔的相守。

“两情若是久长时，又岂在、朝朝暮暮！”这是最美丽的相思。

乔笙巢如是评价秦观："他人之词，词才也；少游，词心也。"以心为词，专主情致，一往而深，凄婉动人，正是秦观词千百年来动人心魄的魅力所在。

第四講

宋初诗文革新与文坛盟主欧阳修

宋

欧阳修小传

欧阳修（1007—1072），字永叔，号醉翁，又号六一居士，谥文忠，吉州庐陵（今江西吉安）人。天圣八年（1030）进士，历任翰林学士、枢密副使、参知政事等。

欧阳修是北宋诗文革新运动的领袖，“唐宋八大家”之一。苏轼评论他的作品说：“论大道似韩愈，论事似陆贽，记事似司马迁，诗赋似李白。”（《宋史·欧阳修传》）欧阳修在文学、经学、史学、政论等方面都取得了巨大成就，有“一代儒宗”之称。

欧阳修《醉翁亭记》

宋仁宗年间，北宋经济文化的繁荣达到了新的高峰，但在繁华的表象下却也掩藏着内忧外患：外有边境上西夏和辽的不断侵扰，内则贪污腐败、冗兵冗员冗费现象日益严重。

这些问题若任其蔓延泛滥，必将侵蚀整个国家的肌体。出于对国家前途的忧患意识与使命感，以范仲淹为核心的包括欧阳修、韩琦、富弼等在内的改革派力倡政治改革。范仲淹认为改革势在必行："历代之政，久皆有弊，弊而不救，祸乱必生。"希望能够通过改革达到"法制有立，纲纪再振"的目标，并且提出了十项具体的改革措施，内容涉及官员考核制度和恩荫制度、科举制度以及均公田、厚农桑、修武备、减徭役等方面。然而这样大规模的、雷厉风行的改革必然会对保守派的既得利益形成威胁，且重视所谓祖宗家法的宋仁宗改革意志并不坚定，因此新政仅颁行一年左右便在反对派的干扰下宣告失败。

庆历五年（1045）正月，范仲淹罢参知政事，以资政殿学士知邠州（今陕西彬县），兼陕西四路宣抚使。韩琦、富弼等相继被罢。在风声鹤唳的政治形势下，别人唯恐牵连到自己，欧阳修却挺身而出，仗义执言，上书为范仲淹等人辩解，再一次触动了反对派敏感的“神经”。为了罗织欧阳修的“罪名”，他们甚至不惜编造出一个极为荒唐的故事：欧阳修和他的外甥女关系暧昧。欧阳修身正不怕影子斜，朝廷再三调查，自然知道这是无中生有的恶意中伤。此案的事实是：欧阳修有一个妹妹嫁给张龟正续弦，张龟正前妻留下了一个女儿（姑且称其为张氏）。可是欧阳修妹妹嫁过去之后不久张龟正去世，欧阳修出于对妹妹的关爱，将妹妹及其继女张氏都接到自己家里来生活。张氏成年后，又由欧阳修做主将他嫁给了自己的侄子欧阳晟。可是谁料想，张氏居然和欧阳晟的一个男仆私通。本来此事与欧阳修毫不相关，可是欧阳晟将此案告到了开封府，开封府尹杨日严曾经因贪污渎职被欧阳修弹劾一直怀恨在心，于是想借机报复欧阳修。杨日严严刑拷打张氏，逼着张氏将欧阳修拉扯了进来，试图以通奸案的罪名让欧阳修身败名裂。这就是所谓的“张甥案”。

荒谬的故事当然经不起事实的考验，“张甥案”中通奸罪不成立，但朝廷仍然找了一个别的理由将欧阳修贬往滁州。庆历五年十月，欧阳修来到了滁州，第二年，散文名篇《醉翁亭记》横空出世：

环滁皆山也。其西南诸峰，林壑尤美，望之蔚然而深秀者，琅琊也。山行六七里，渐闻水声潺潺，而泻出于两峰之间者，酿泉也。峰回路转，有亭翼然临于泉上者，醉翁亭也。作亭者谁？山之僧曰智仙也。名之者谁？太守自谓也。太守与客来饮于此，饮少辄醉，而年又最高，故自号曰醉翁也。醉翁之意不在酒，在乎山水之间也。山水之乐，得之心而寓之酒也。

若夫日出而林霏开，云归而岩穴暝，晦明变化者，山间之朝暮也。野芳发而幽香，佳木秀而繁阴，风霜高洁，水落而石出者，山间之四时也。朝而往，暮而归，四时之景不同，而乐亦无穷也。

至于负者歌于途，行者休于树，前者呼，后者应，伛偻提携，往来而不绝者，滁人游也。临溪而渔，溪深而鱼肥；酿泉为酒，泉香而酒洌。山肴野蔌，杂然而前陈者，太守宴也。宴酣之乐，非丝非竹，射者中，弈者胜，觥筹交错，起坐而喧哗者，众宾欢也。苍颜白发，颓然乎其间者，太守醉也。

已而夕阳在山，人影散乱，太守归而宾客从也。树林阴翳，鸣声上下，游人去而禽鸟乐也。然而禽鸟知山林之乐，而不知人之乐；人知从太守游而乐，而不知太守之乐其乐也。醉能同其乐，醒能述以文者，太守也。太守谓谁？庐陵欧阳修也。

“记”这种文体本以叙事为主，“记者，记事之文也”（潘昂霄《金石例》）。但欧阳修打破了“记”体的惯例，杂用赋体，《醉翁亭记》被认为是以赋体作记，“因为它用铺陈的手法来抒写情志，正是赋‘铺采摛文，体物写志’的方法”①。此文一出，“天下莫不传诵，家至户到，当时为之纸贵”。（朱弁《曲洧旧闻》卷三）

读《醉翁亭记》，应当把握两个关键字，一曰“醉”，一曰“乐”。

醉翁亭在滁州西南六七里处，是一位名叫智仙的僧人所建，然而将其命名为“醉翁亭”者则是欧阳修。其实欧阳修写《醉翁亭记》时不过四十岁，称“翁”似乎太早了些。然而古人对于年寿的认识显然不同于今人，故我们经常可以看到古人在三四十岁的年纪即感叹衰老，如苏轼在四十来岁的时候也自称“老夫”了。何况，四十岁的欧阳修已经经历了国事风云、仕途沉浮，在锐意改革的热情中骤然被冤贬谪，心态的失落、“苍老”可以想见。

---

① 吴承学. 中国古代文体形态研究［M］. 广州：中山大学出版社，2000：354.

欧阳修石刻像

欧阳修为人疏阔豪俊，好与朋友相聚畅饮却酒量不大，“饮少辄醉”，虽然自号“醉翁”，却又声明“醉翁之意不在酒，在乎山水之间也”。滁州的琅琊山幽深秀美，清澈的酿泉潺潺流淌于山峰之间，无论朝暮，无论寒暑，四季风景不同，赏心悦目的感受却是相同的。山水的天然纯净，与朝堂的人事纷争形成了鲜明对比，在政治斗争中“受伤”的欧阳修，却在山水之美中安顿了自己的心灵世界。所以醉翁之“醉”，不是醉于美酒的醇香，而是醉于纵情山水之中的那份洒脱与自在。

欧阳修的醉，是因为发自内心的“乐”。他虽然遭遇贬谪，却依旧能坦然享受悠游山水的快乐——“四时之景不同，而乐亦无穷也”、高朋欢聚的快乐——“起坐而喧哗者，众宾欢也”、与民同乐而怡然自得的快乐——“人知从太守游而乐，而不知太守之乐其乐也”……在《醉翁亭记》中，除了山水之乐与宴酣之乐外，还有一“乐”尤其值得我们注意：“至于负者歌于途，行者休于树，前者呼，后者应，伛偻提携，往来而不绝者，滁人游也。”滁州太守欧阳修在携友同游的路上邂逅了其他的游客，游人们哼着歌儿，前呼后应，大人牵着孩子，老人弯着腰不疾不徐地走着……这是一派天然和谐的画面。作为一州之知州，还有什么比看到治下的百姓生活安然、情绪恬然更快乐的呢！

在《醉翁亭记》中，太守因“乐”而“醉”，却又不因“醉”而忘其“乐”之根本——与民同乐。若要深入理解体会这种乐，还可以对比阅读欧阳修同在滁州写的另外一篇散文《丰乐亭记》。

《丰乐亭记》写于庆历六年（1046），也就是欧阳修知滁州的第二年，他在城南丰山幽谷泉上建丰乐亭，并撰《丰乐亭记》。在这篇记中，他以更为严肃的笔墨倾诉了其“乐”的根源：滁州不仅有山水林泉之美，更兼民俗安闲，衣食丰足，“其民乐其岁物之丰成”，因而喜欢与欧阳太守同游。“因为本其山川，道其风俗之美，使民知所以安此丰年之乐者，幸生无事之时也。”老百姓之所以能够丰衣足食安居乐业，与太平无事的时代背景息息相关。“夫宣上恩德以与民同乐，刺史之事也”，作为一州之长官，欧阳修认为自己有责任宣扬君王恩德，彰显与民同乐的盛世风光。

在丰乐亭往东几百步的山高之处，欧阳修又筑一亭，名为“醒心亭”，并命他的得意门生曾巩作《醒心亭记》。曾巩说，他的老师欧阳修每次与滁州的宾客一起出游，一定会在丰乐亭相聚欢饮，酒酣或疲劳之时一定要再登上醒心亭极目远望，让无穷之旷野山林淘洗他的精神，“则其心洒然而醒”也。如此看来，欧阳修的“醉”并非百无聊赖的自我麻醉，欧阳修的“乐”亦非浅薄的游山玩水之乐，正如曾巩所言：“公之乐……吾君优游而无为于上，吾民给足而无憾于下，天下学者皆为材且良，夷狄鸟兽草木之生者皆得其宜，公乐也。”令欧阳修醉心的快乐是上有贤明仁爱的君王，下有生活富足无憾的人民，中有才德双全的国家栋梁，国家边境和平安宁，生态环境优美，万物生生不息。文中描绘的这一派太平气象不正是人民理想的社会状态吗？

醉翁亭、丰乐亭、醒心亭，滁州三亭记载了欧阳修为政为文为人的魅力。《醉翁亭记》是欧阳修“游戏于文”之作，其以赋为记、以论为记的特点也被人认为是打破了文章常理。然大家作文，往往不循常理，欧阳修作文，胸中之“气”恣情倾吐而出，不拘一格，富于创新精神。此外，《醉翁亭记》一文通篇频频出现语气助词“也”，亦使文气更为疏放，尽显纡徐不迫、平易晓畅的大家风范。其人其文正如富弼《寄欧阳公》一诗所称道的那样：“滁州太守文章公，谪官来此称醉翁。醉翁醉道不醉酒，陶然岂有迁客容。公年四十号翁早，有德亦与耆年同。意古直出茫昧始，气豪一吐阊阖风。”

岳阳楼记

正调定弦 1=F
5·6·1·2·3·5·6

范仲淹 词
宋 明 曲并指

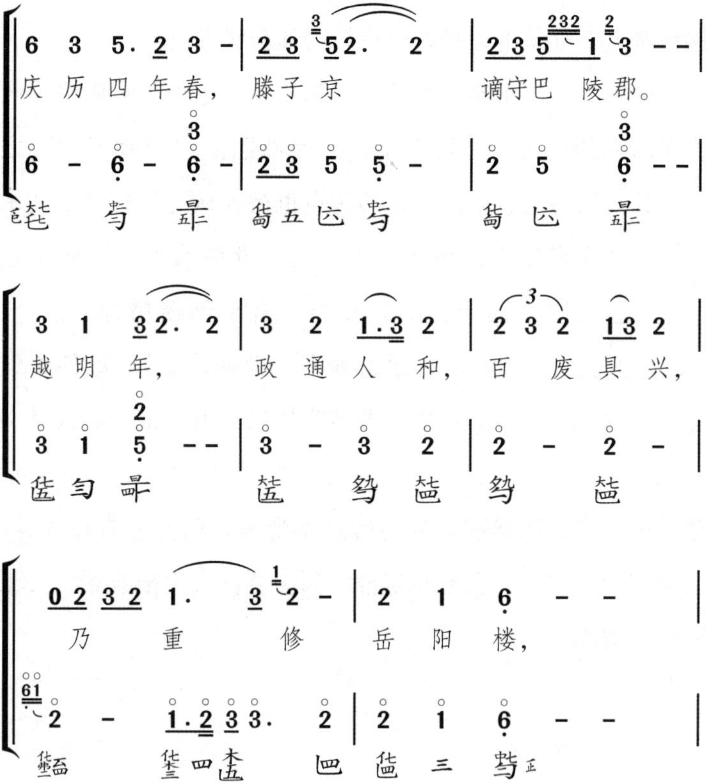

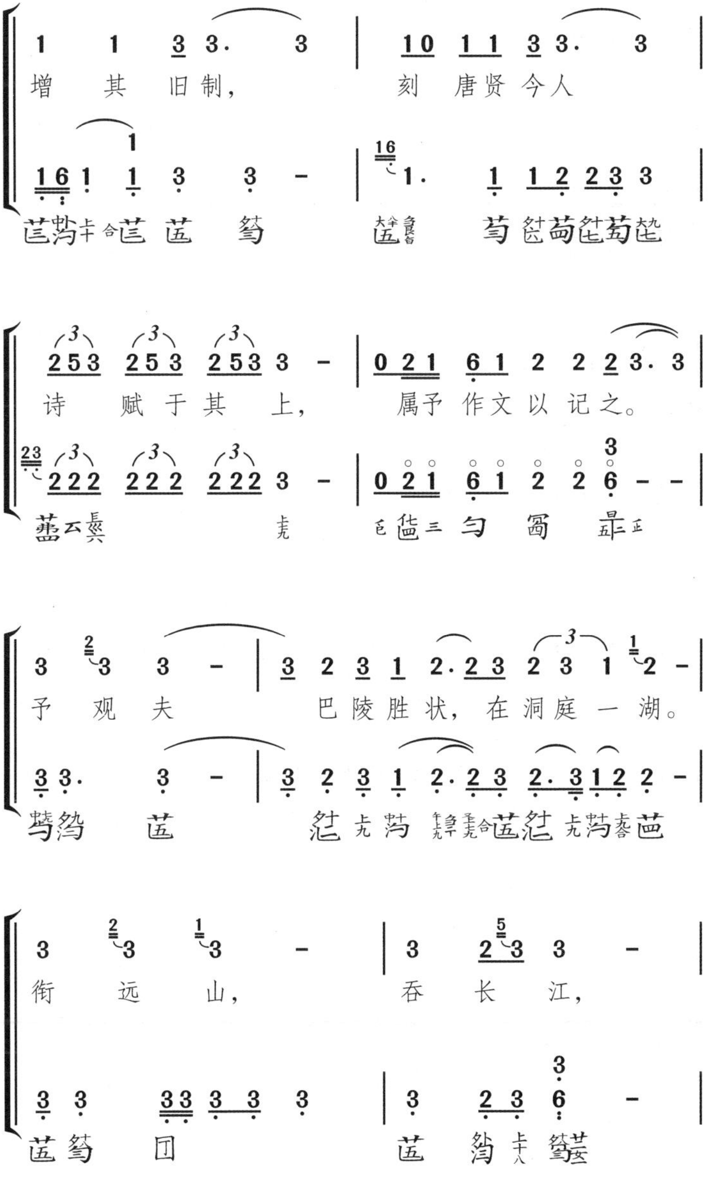
增其旧制，刻唐贤今人
诗赋于其上，属予作文以记之。
予观夫巴陵胜状，在洞庭一湖。
衔远山，吞长江，

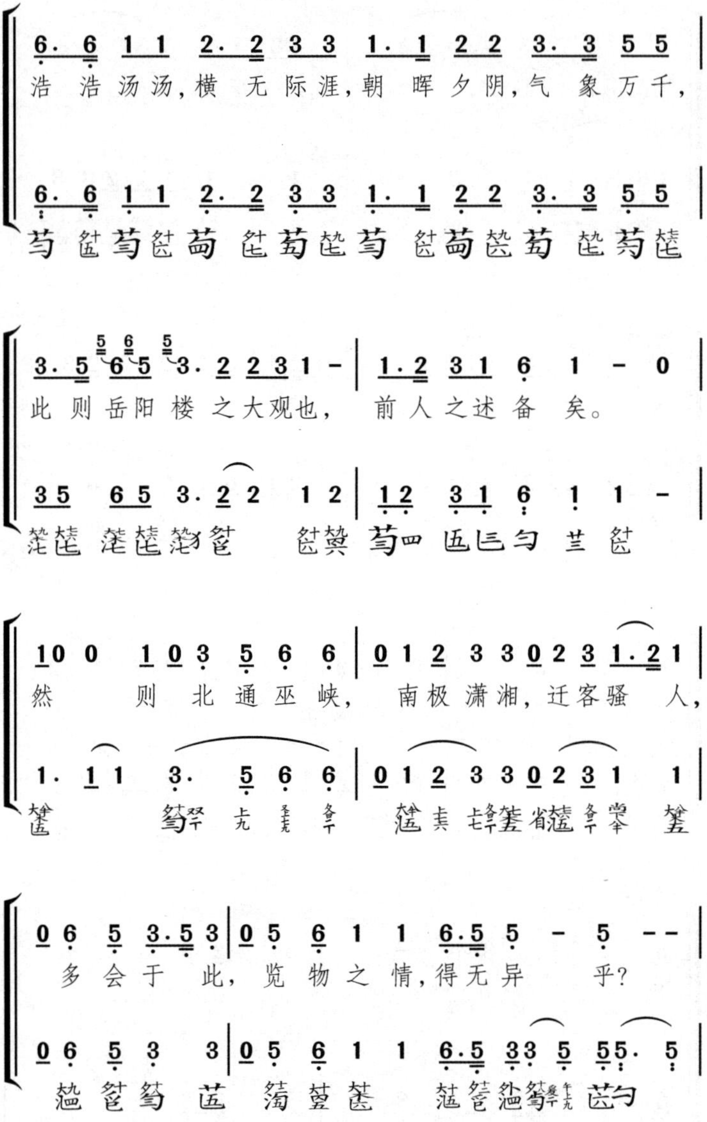
浩浩汤汤，横无际涯，朝晖夕阴，气象万千，
此则岳阳楼之大观也，前人之述备矣。
然则北通巫峡，南极潇湘，迁客骚人，
多会于此，览物之情，得无异乎？

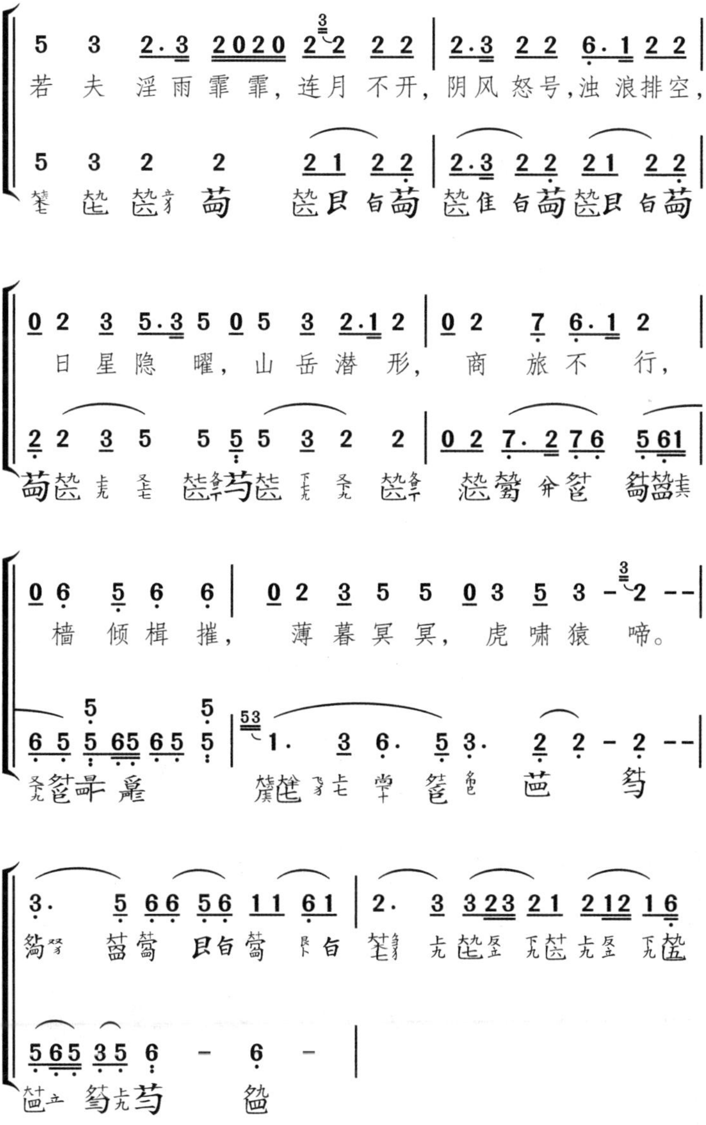
若 夫 淫 雨 霏 霏，连 月 不 开，阴 风 怒 号，浊 浪 排 空，
日 星 隐 曜，山 岳 潜 形，商 旅 不 行，
樯 倾 楫 摧，薄 暮 冥 冥，虎 啸 猿 啼。

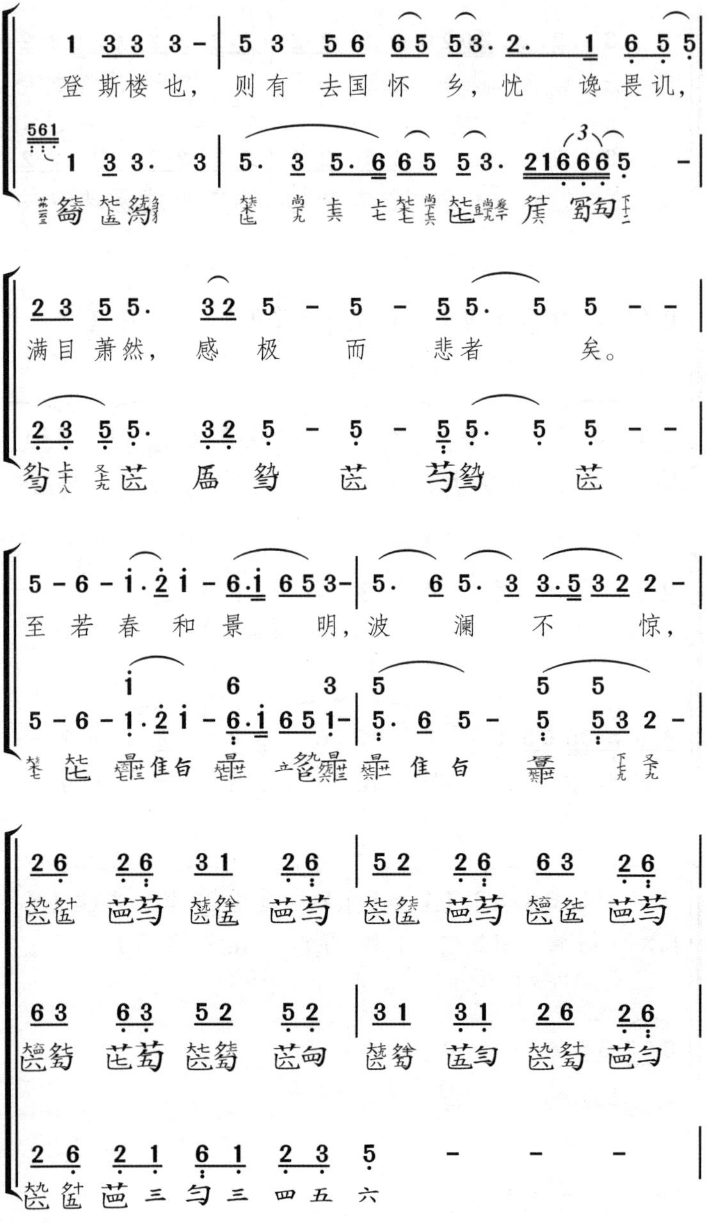
登斯楼也，则有去国怀乡，忧谗畏讥，
满目萧然，感极而悲者矣。
至若春和景明，波澜不惊，

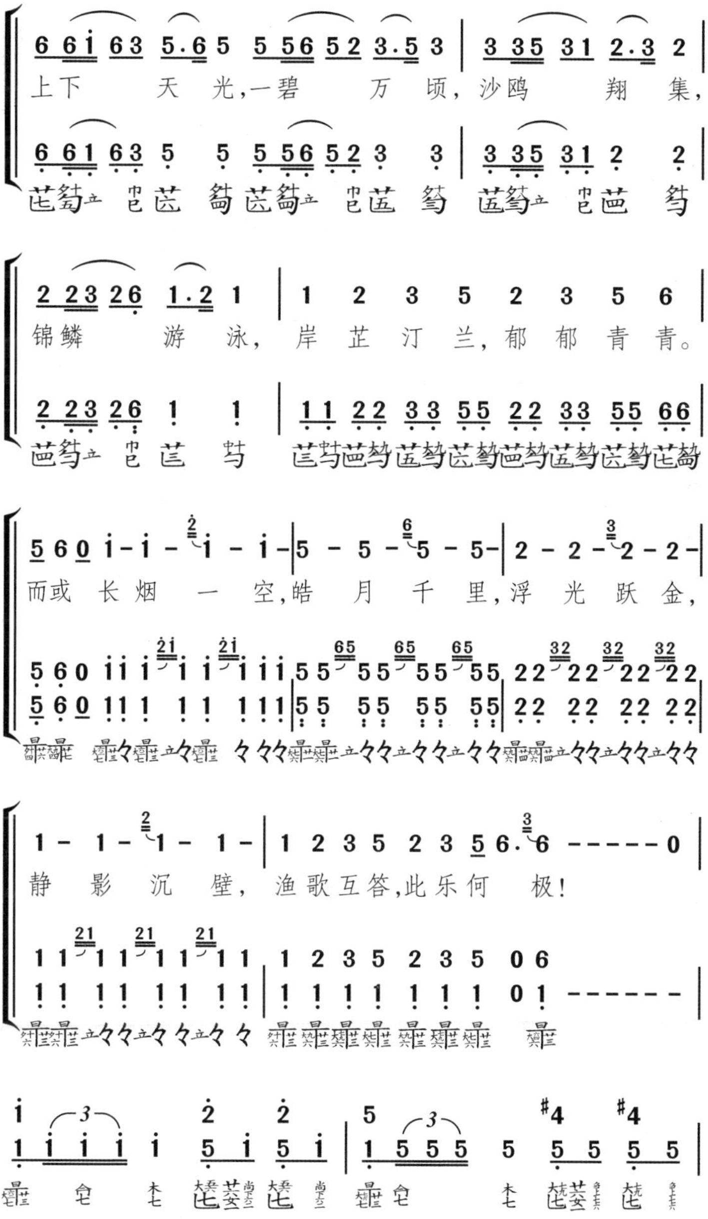
上下 天 光,一碧 万 顷,沙鸥 翔 集,
锦鳞 游 泳, 岸 芷 汀 兰,郁 郁 青 青。
而或 长烟 一 空,皓 月 千 里,浮 光 跃 金,
静 影 沉 壁, 渔 歌 互 答,此 乐 何 极!

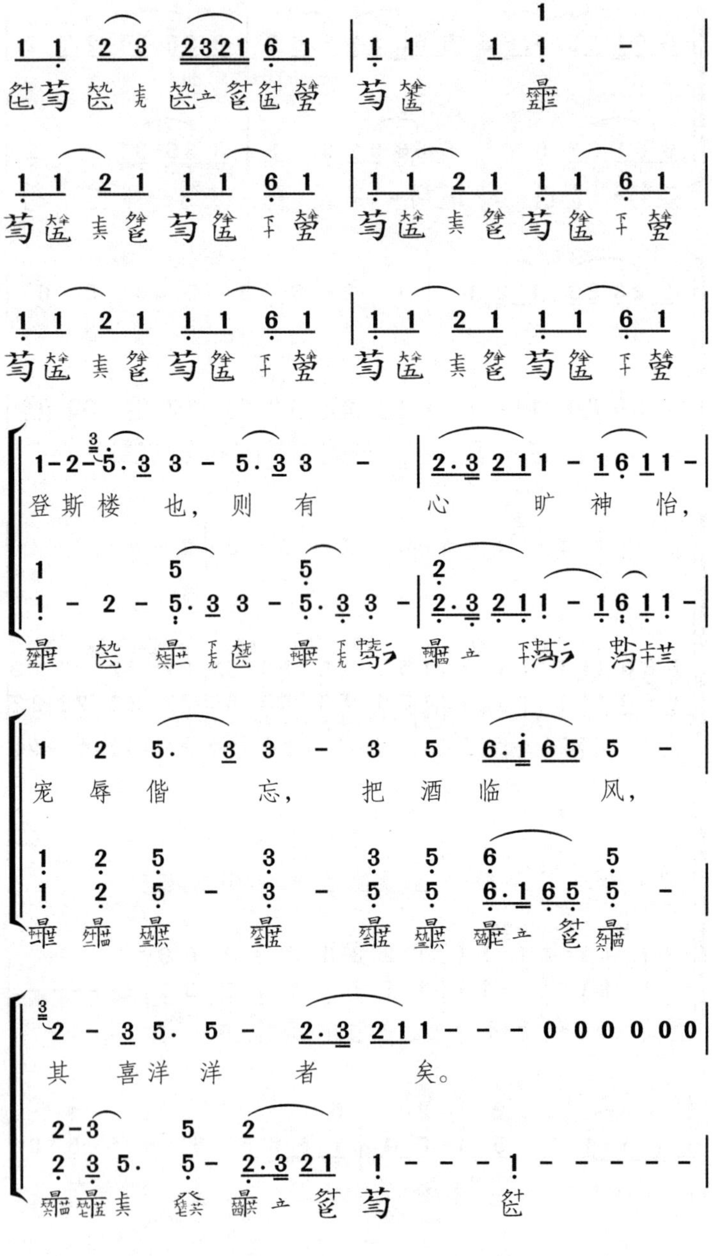
登斯楼也，则有心旷神怡，
宠辱偕忘，把酒临风，
其喜洋洋者矣。

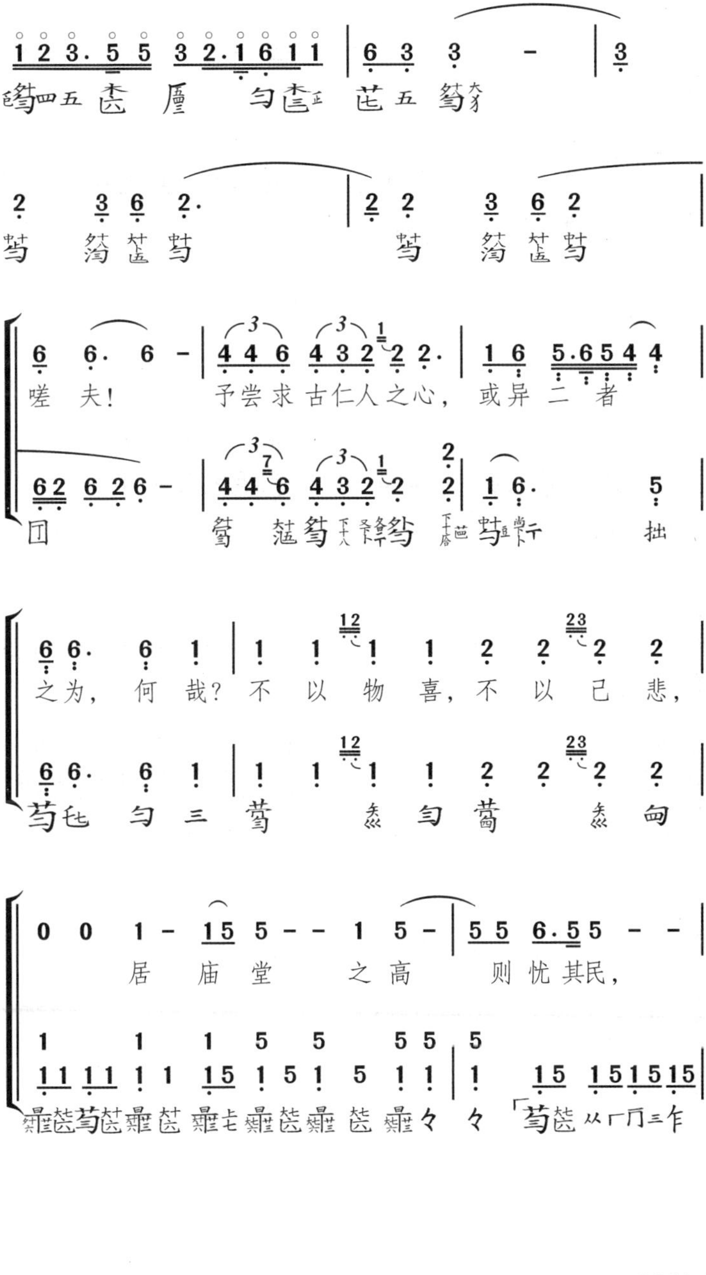
嗟夫！
予尝求古仁人之心，或异二者
之为，何哉？不以物喜，不以己悲，
居庙堂之高则忧其民，

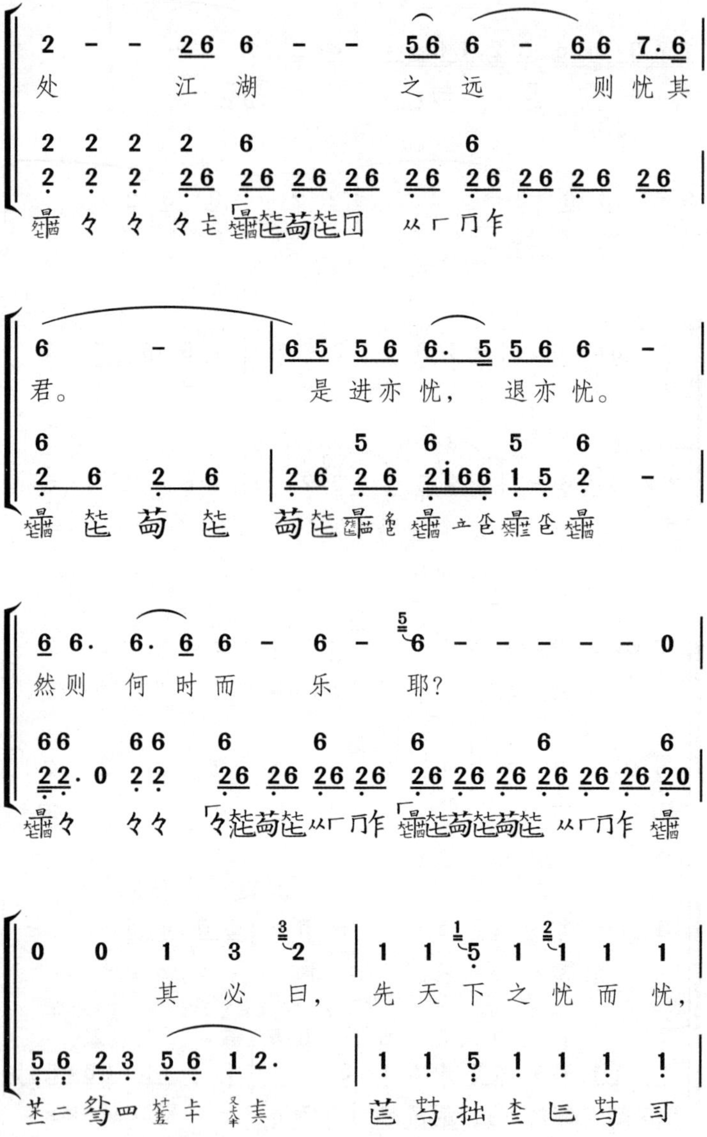
处 江 湖 之 远 则忧其
君。 是进亦忧， 退亦忧。
然则 何 时 而 乐 耶？
其 必 曰， 先 天 下 之 忧 而 忧，

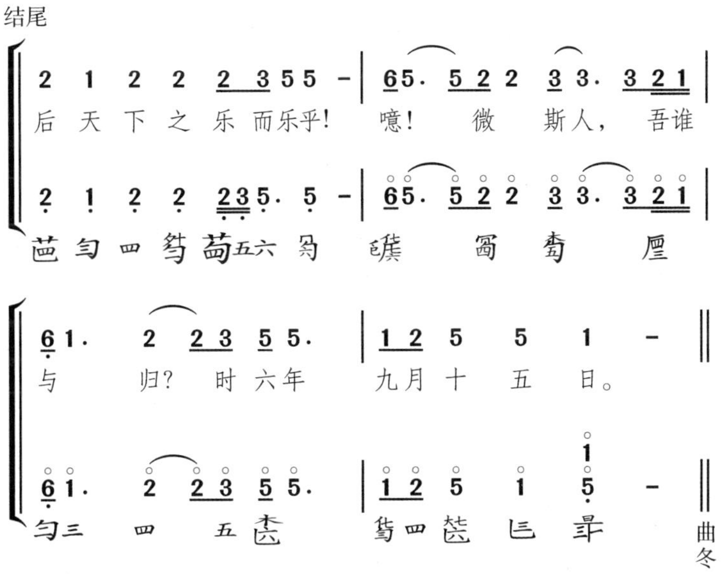

（壬寅暮秋于岳阳楼作，实际以录音为准）

北宋诗文革新运动与文道并重的文学发展方向

北宋诗文革新运动，继唐代古文运动而起，反对晚唐五代以来的浮靡文风，主张诗文革新，其历时之长，参加人数之众，影响之深远，为我国文学史上所罕见。在引领宋代文学新风尚的重要人物之中，欧阳修是当之无愧的文坛盟主。说到欧阳修对宋代文坛风气的重塑，有两次重要的文人相聚尤为值得注意。

第一次重要的相聚发生在天圣九年（1031），故事的主角是欧阳修与梅尧臣（字圣俞，1002—1060）。

天圣八年三月，二十多岁的欧阳修高中进士，五月即释褐为西京留守推官，开始了他的仕途生涯。第二年三月，二十五岁的欧阳修来到了西京（洛阳）。也就是说，洛阳是欧阳修仕宦生涯开始的地方，也是欧阳修跻身文坛中心的一个重要起点。

在欧阳修扬帆起航的洛阳，他遇见了后来相知一生的至交密友——梅尧臣。

天圣九年三月三日上巳节，欧阳修和梅尧臣本来是不约而同都要去拜见顶头上司钱惟演，可就在半路上，他俩第一次相遇于伊水河畔。两人简直是相见恨晚，立刻结伴而行，一边走一边聊，共同的话题一个接一个，说都说不完。于是梅尧臣建议说：“干脆咱们去游香山吧。”香山就在伊水不远处，当年白居易曾经在这里隐居过，还自号香山居士。欧阳修一听，正中下怀，便满口答应："好，咱们今天先同游香山，改日再去拜见留守大人吧。"两个一见如故的好朋友就这样来了一场说走就走的旅行，要拜见顶头上司的主要目的，反倒被他们抛到九霄云外去了。

好在他们的顶头上司——西京留守钱惟演也是一个特别风雅、特别宽容大度的文人，并不介意他们这样偶尔的任性。钱惟演是五代时吴越国王钱俶的儿子，跟随父亲一起投降了宋朝。因为家学渊源，钱惟演不仅自己博学多才，还特别喜欢招揽天下名士，他的幕下人才济济，欧阳修后来写诗颂扬钱惟演时还说："河南地望雄西京，相公好贤天下称。"（《送徐生之渑池》）正是在这里，欧阳修结识了当时一大批文士，"公与尹师鲁、梅圣俞、杨子聪、张太素、张尧夫、王几道为七友"。这个特殊的洛阳文人圈开启了宋代文坛的新方向，他们受到范仲淹倡导的"古文"的影响，反对浮华骈俪，推崇简洁洗练的文风，认为文章最重要的任务是传递意义，即所谓文以载道。

有意思的是，钱惟演自己是骈文大家，同时也是西昆体诗歌的领袖人物之一，但他却以宽广的胸怀包容了手下这一群青年文人的"逆反"行动。有一次，这群洛阳青年文人开展作文比赛写一篇古文，欧阳修的文字超过了500字，尹洙（字师鲁）只用了380个字。在尹洙的指点下，欧阳修虚心修改、重写之后比尹洙的原文还少20个字，从此欧阳修坚定地走上了古文创作的道路。后来欧阳修和梅尧臣共同倡导了古文运动，力图革新北宋初年浮艳的文风，倡导质朴的文风诗风，两人并称“欧梅”。

欧阳修倡导的古文运动有两个核心主张：首先，倡导形式与内容的高度统一，即文、道并重，文质彬彬，既反对时下流行的浮华文风，也不赞同只重内容而忽视形式，他认为文学形式之美与思想内容之实同等重要。其次，倡导写作古文以唐代散文大家韩愈为学习典范，但也并非一味盲目崇古，拘泥于亦步亦趋的模仿。欧阳修曾说：“孟（郊）、韩（愈）文虽高，不必似之也，取其自然耳。”（曾巩《与王介甫第一书》）“取其自然”应是欧阳修散文观念中的最高法则，他自己的散文创作也实践了他简练灵活、流畅自如、平易近人、文情并茂的风格追求。

在散文领域开展的古文运动也影响到了诗歌领域。与当时流行的西昆体不同，欧阳修及其所在的洛阳文人圈积极创作古体诗，力矫西昆体之华丽侈靡。散文化、议论化、哲理化是宋诗区别于唐诗的显要特征，或者说“以文为诗”“以议论为诗”“以才学为诗”，形成了诗歌中独具特色的“宋调”，这与重视抒情、追求神韵的唐诗风貌形成鲜明反差。梅尧臣在诗歌领域的成就甚至被认为超过了欧阳修，被后人推许为宋代诗歌的“开山祖师”，开一代宋诗之先河。欧阳修著名的诗论观点“诗穷而后工”也和梅尧臣的影响分不开，欧阳修正是感叹于梅尧臣之“不得志”而在《梅圣俞诗集序》里作了如是之感慨：

> 予闻世谓诗人少达而多穷。夫岂然哉？盖世所传诗者，多出于古穷人之辞也。凡士之蕴其所有而不得施于世者，多喜自放于山巅水涯之外，见虫鱼、草木、风烟、鸟兽之状类，往往探其奇怪。内有忧思感愤之郁积，其兴于怨刺，以道羁臣、寡妇之所叹，而写人情之难言，盖愈穷则愈工。然则非诗之能穷人，殆穷者而后工也。

欧阳修认为：诗人只有经历了生活的坎坷磨砺、丰富了人生阅历之后才能有更深邃的思考、更深切的情感体验、更深远的艺术追求，其创作的诗歌才更具有深入人心的情感共鸣。

欧阳修及其所在的洛阳文人圈奠定了北宋诗文革新运动的基本方向，作为文坛领袖与文学改革的代言人，欧阳修是北宋一代新文风的真正开启者。

北宋文坛令人瞩目的第二次文人相聚发生在第一次相聚二十多年后——嘉祐二年（1057）。

嘉祐二年正月，苏轼、苏辙兄弟俩一起参加科举考试，时为翰林学士的欧阳修知贡举，梅尧臣任点检试卷官。梅圣俞在阅卷过程中发现一篇文章《刑赏忠厚之至论》，认为其行文颇有《孟子》之风，大为叹赏，立即兴奋地带着这份试卷向主考官欧阳修隆重推荐。欧阳修一读之下，亦是惊喜莫名，“以为异人”，第一反应就是此文应得第一。可是这一次欧阳修的得意门生曾巩也在考生之列，欧阳修怀疑此文是曾巩所作，若擢为第一，恐人指责其有私心，于是将这份试卷评为第二。待试卷拆封，方知是苏轼所作。此时的欧阳修已经预料到，在自己之后的文坛领袖将非苏轼莫属了。

那么，苏轼的文章为何能得梅尧臣、欧阳修如此之赏识呢？答案从苏轼自己的文字中可以得知，苏轼后来在答谢梅挚（该科考试中梅挚为权同知贡举）的书信中说：“轼长于草野，不学时文，词语甚朴，无所藻饰。意者执事欲抑浮剽之文，故宁取此，以矫其弊。人之幸遇，乃有如此。”（《谢梅龙图书》）

苏轼这段文字说明了三个问题。

第一，他的文章风格与“时文”不同，质朴无华，没有多余的修饰。所谓时文，主要是指以西昆体为代表的浮艳诗风和以时任国子监直讲石介为代表的“太学体”文风，太学体虽然提倡古文反对骈俪，却又走上了追求艰涩险怪的另一个极端。

第二，苏轼非常幸运地遇到了以欧阳修为核心的主考团队。嘉祐二年欧阳修主持贡举的时候，有意识地要为文坛“拨乱反正”“抑浮剽之文”，以矫正西昆体和太学体之流弊。苏轼这匹“千里马”，遇上了欧阳修、梅尧臣这样的“伯乐”，“人之幸遇，乃有如此”。

第三，嘉祐二年的科考不仅仅是改变了苏轼个人的命运，更重要的是，欧阳修通过科举考试向世人昭示了革新文坛的决心与努力，天下士子靡然向风。任何时代，人才选拔与考核制度反映到文坛上，必然引发文学界的变化。科举重诗赋则诗赋繁荣，科举重古文则古文盛行，通过科举考试指引新的文学方向，必然会取得事半功倍的效果——事实也确乎如此：嘉祐二年的科考中，录取的考生全部是以古文写作的，而使用“太学体”和使用骈俪文风的考生全部落榜。虽然有考生愤怒地表达了自己的不满，但这并不能动摇政府和欧阳修推行文学改革的意志。

嘉祐二年欧阳修、梅尧臣与苏轼的这一番师生际遇，正是欧阳修主导的诗文革新运动在新一代青年士子群体中的积极回响，也标志着在欧阳修之后，北宋文坛将由以苏轼为代表的新生代再掀新高潮。

欧阳修《朋党论》

庆历三年（1043）开始的“庆历新政”激起了保守派的强烈反击，他们上书宋仁宗，攻击改革的中坚力量范仲淹、欧阳修、韩琦、富弼等人拉帮结派、结党营私，是祸国殃民的“朋党”。宋朝历代皇帝原本就对“朋党”极为警惕，改革之际，宋仁宗对此更是疑虑重重，生怕朋党势力壮大到一定程度之后威胁到皇权。面对保守派的中伤，改革派当然要回应，先是范仲淹坦承基于正义的君子之朋党一定是有益于国家朝廷和人民的。庆历四年，欧阳修又接着写了著名的《朋党论》，以掷地有声的议论系统回答了朋党的问题：

臣闻朋党之说，自古有之，惟幸人君辨其君子小人而已。大凡君子与君子以同道为朋，小人与小人以同利为朋，此自然之理也。然臣谓小人无朋，惟君子则有之，其故何哉？小人所好者，禄利也；所贪者，财货也。当其同利之时，暂相党引以为朋者，伪也。及其见利而争先，或利尽而交疏，则反相贼害，虽其兄弟亲戚，不能相保。故臣谓小人无朋，其暂为朋者，伪也。君子则不然。所守者道义，所行者忠信，所惜者名节。以之修身，则同道而相益；以之事国，则同心而共济。终始如一，此君子之朋也。故为人君者，但当退小人之伪朋，用君子之真朋，则天下治矣。

尧之时，小人共工、驩兜等四人为一朋，君子八元、八凯十六人为一朋。舜佐尧退四凶小人之朋，而进元、凯君子之朋，尧之天下大治。及舜自为天子，而皋、夔、稷、契等二十二人并列于朝，更相称美，更相推让，凡二十二人为一朋，而舜皆用之，天下亦大治。《书》曰："纣有臣亿万，惟亿万心；周有臣三千，惟一心。"纣之时，亿万人各异心，可谓不为朋矣，然纣以亡国。周武王之臣三千人为一大朋，而周用以兴。后汉献帝时，尽取天下名士囚禁之，目为"党人"。及黄巾贼起，汉室大乱，后方悔悟，尽解党人而释之，然已无救矣。唐之晚年，渐起朋党之论。及昭宗时，尽杀朝之名士，或投之黄河，曰此辈清流，可投浊流，而唐遂亡矣。

夫前世之主，能使人人异心不为朋，莫如纣；能禁绝善人为朋，莫如汉献帝；能诛戮清流之朋，莫如唐昭宗之世。然皆乱亡其国。更相称美推让而不自疑，莫如舜之二十二臣，舜亦不疑，而皆用之；然而后世不诮舜为二十二人朋党所欺，而称舜为聪明之圣者，以辨君子与小人也。周武之世，举其国之臣三千人共为一朋，自古为朋之多且大，莫如周；然周用此以兴者，善人虽多而不厌也。夫兴亡治乱之迹，为人君者可以鉴矣。

此文可视为议论文的典范。文章开门见山，明确提出论点："大凡君子与君子以同道为朋，小人与小人以同利为朋，此自然之理也。"朋党自古有之，但君子之党与小人之党的根本区别在于，君子结为朋党是基于共同的理想与追求，这种朋党之交是牢固的、有益于国家与人民的；小人结为朋党不过是为了暂时的共同利益，这种朋党之交会因为利害关系的变化而变化，一旦发生利益冲突，小人之交不仅会分崩离析，甚至还会因为个人私利而互相打击报复。

亮出论点之后，欧阳修随即以有力论据来充分论证：既有正面论据，如舜帝、周武王任用君子之党而天下大治的史实；亦有反面论据，如纣王国人离心无一朋党而商亡、唐昭宗尽杀朝之名士而唐亡的例证。这些进一步证明了君子之党同心共济以兴国家的观点。

最后，也是本文至关重要的目的：要让皇帝相信并重用君子之朋党。以史为鉴，可以知兴替，"夫兴亡治乱之迹，为人君者可以鉴矣"。宋仁宗之所以疑虑，是因为担心朋党危及皇权，而欧阳修对症下药，反复强调君子有真朋，不但不会威胁皇权，反而是维护皇权强有力的保障——君子利国利民，国泰民安，皇权就自然是稳固长久的。正如前人所说："《朋党论》谓君子有真朋，足以解万世人主之疑。"（黄震《黄氏日抄》）作为议论文，《朋党论》字字切题，通篇无废话，也无任何晦涩生僻的典故辞藻，行文简洁凝练，说理却又层层推进透彻晓畅，正所谓“法至严而语至易。至严，所以别君子小人；至易，所以见忠诚刚正。公之文，前儒所未有也”（张鼐《评选古文正宗》）。

当然，观点明确有力，行文简易晓畅，也并非没有鲜明的个性。其个性就在于，当被人指责结党营私的时候，欧阳修不是躲躲闪闪回避朋党的问题或者辩称自己并未结党，而是直面问题症结迎难而上：你们说我们结党？对的，没错，我们就是结党了，但，我们是君子之党，并未营私！这份勇敢足以证明欧阳修、范仲淹等人的胸襟胆识与正直忠诚。而这，恰恰正是欧阳修行文的出人意料之处，“不说君子无朋，反说君子有朋；不说朋党不可用，反说朋党有可用”，将原来的朋党的论题，巧妙地引到了君子小人之辨上。皇帝原本是要防着他们结党，欧阳修却一针见血地告诉他：您别恼，朋党我们是肯定要结的！但这并不重要，重要的是您一定要明辨哪些人是小人，哪些人是君子！“但问其君子小人，不问其党不党也”（沈德潜语），这才是问题的关键！

这真是一篇奇文：看上去句句都在论说“朋党”，句句不离论题，但一路酣畅读来，谁能发现论题其实已悄然变为“君子小人论”？

概言之，以《朋党论》为范：立论出人意表，行文却又通达晓畅。文章是如此，更关键的是，正是作文之人内心的坦荡与光明，才让文章如此畅通无碍理直气壮，才让论述一针见血直击人心！欧阳修以自己为人为文的理论与实践，向我们展现了文学形式与思想境界的完美统一。

第五講

熙宁变法与王安石的诗文

宋

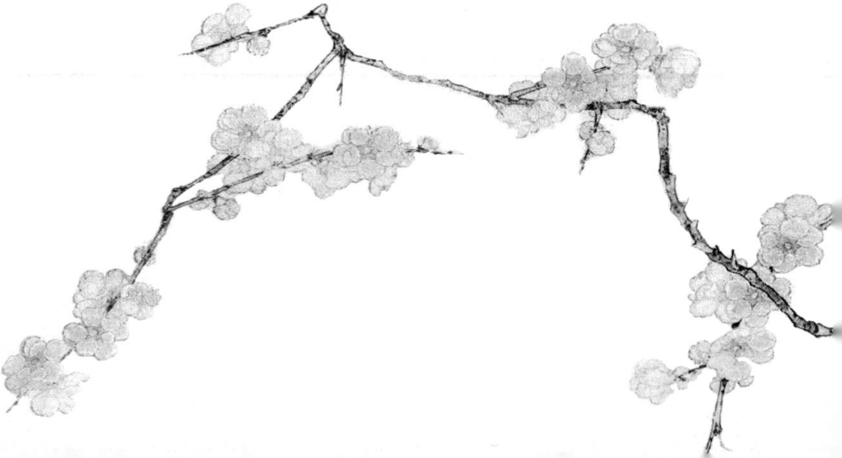

王安石小传

王安石像

王安石（1021—1086），字介甫，晚号半山，抚州临川人（今属江西），“少好读书，一过目终身不忘”（《宋史》），庆历二年（1042）进士及第。宋神宗熙宁三年（1070）王安石拜相，君臣同心协力，开始全面推行新法，史称“熙宁变法”。熙宁九年（1076），王安石在多次恳求辞职之后终于得到宋神宗的允许，退居江宁（今南京），赋闲十年，封荆国公，世称王荆公，卒后谥曰“文”。黄庭坚曾高度评价王安石：“视富贵如浮云，不溺于财利酒色，一世之伟人也。”（《跋王荆公禅简》）

王安石《读孟尝君传》

北宋庆历二年，年方二十二岁的江西抚州临川人王安石高中第四名进士，一举成名，他的才华引起了当时文坛的轰动。有意思的是，同榜进士中还有王珪、韩绛、吕公著、韩缜、苏颂等，这六人后来均官至宰相。一榜六相，堪称盛事，不过，若论对北宋政坛影响最巨者，则莫过于王安石。有传言说，宋仁宗曾令王安石等新科进士十人去拜谢枢密使晏殊，等众人都告退之后，晏殊独独留下王安石，后来又专门聚宴，不仅因为他俩是同乡——都来自江西临川，更是出于对王安石才华的高度赞赏。晏殊还预言，王安石他日地位、成就一定会超过自己："乡人他日名位如殊坐处，为之有余矣。"（王铚《默记》）同为唐宋散文八大家之一的曾巩特别佩服王安石，曾拿着他的文章推荐给当时的文坛领袖欧阳修——欧阳修是曾巩的老师。欧阳修一看之下也大为赞赏："读之饱足人意。盛哉盛哉！天下文章，久不到此矣。"（欧阳修《与曾舍人》）欧阳修还曾多次向执政者推荐王安石，盛赞他"德行文学，为众所推，守道安贫，刚而不屈"（欧阳修《荐王安石吕公著札子》）。

王安石的另一个好朋友韩维给颍王赵顼（即后来的宋神宗）当秘书（记室）的时候，每次和赵顼聊天，总有一些特别精彩的见解，让赵顼觉得耳目一新，十分欣赏。韩维老老实实承认说："这并不是我的个人看法，而是我的好朋友王安石告诉我的。"赵顼由此对王安石产生了强烈的好奇心，恨不得见其人，这也为后来赵顼重用王安石变法埋下了一个重要的伏笔。

高中进士后的第二年，也即庆历三年，王安石曾回家乡扫先人墓，并娶妻吴氏。① 而此次回家王安石还产生了一种特别的感慨：明道年间（1032—1033），他在舅家曾见过当地名噪一时的神童方仲永，当时仲永已经十二三岁了，与王安石同龄，王安石让他作诗，其表现却与神童之名相去甚远。等七年后王安石再到舅家问到仲永的近况时，大家都说仲永已经和普通人没什么两样了。此番高中回乡，想起仲永的遭遇，王安石感慨颇深，于是写下了散文名篇《伤仲永》。仲永出身普通农家，从小没有受过文化教育，五岁的时候突

① 刘成国. 王安石年谱长编［M］. 北京：中华书局，2018.

然开口索要笔墨纸砚并且写诗一首，诗还写得像模像样，从此仲永诗名远播，别人考他，他都能“指物作诗立就”。他父亲因此得到了乡人的尊重，甚至还有人花钱请仲永写诗，其父贪图钱财，带着仲永到处拜访乡人，却不肯花钱花时间请老师好好指点仲永。十余年之后，仲永的这份天才也就消磨殆尽，和一个普通农民没有区别了。王安石在《伤仲永》中通过勾勒仲永的经历，得出这样的感悟：“仲永之通悟，受之天也。其受之天也，贤于材人远矣。卒之为众人，则其受于人者不至也。”一个人的成功，固然有天赋的成分；但即便是天才，若是没有后天人力的付出，最终也不可能有所成就。据说方仲永的家乡有神童峰，其峰之得名即是源于仲永的传奇，然而仲永之所以成为真正的“名人”，还是因为他在王安石的名篇《伤仲永》中成了典型的反面案例，作为对世人的警戒而留名于历史。

其实，王安石自己的经历就颇能印证“天才是百分之一的灵感加上百分之九十九的汗水”这一至理名言。王安石早在高中进士之前就已有才名，他读书有“一过目终身不忘”的本领，写起文章来更是运笔如飞，看上去似乎随随便便，可是等文章写完，看到的人都情不自禁夸其精妙。

王安石中进士之后担任的第一任官职为签书淮南判官，成为庆历新政领军人物之一的韩琦（时为扬州知州）的属下。王安石并不像很多年轻人一样，年少得志容易忘形，他在公务之余依然保持了勤奋读书的本色，经常夜读到黎明，"假寐"片刻后常常来不及洗漱即匆匆赶去上班。韩琦看王安石那么年轻却不修边幅，还以为他是天天醉生梦死、夜夜笙歌呢，就委婉地劝说道："你还这么年轻，可别荒废了学业，自暴自弃啊！"（邵伯温《邵氏闻见录》）不过后来韩琦越来越了解了王安石的学问，王安石任职期满调离之后，有人写公文呈给韩琦，文中颇有一些生僻古字，韩琦就笑着说："哎呀，可惜王廷评不在这里，他认识的古字儿难字儿可比别人多。"（司马光《涑水记闻》）

王安石学博才高，既能写雄绝千古的万言长书，亦擅长辞简义深的短文。《伤仲永》这类短文颇能代表王安石的文风：在短小精悍的篇幅中蕴含透彻精辟的说理。前人评价其文"笔力简而健""瘦硬通神"。

提到王安石的短文名篇，则历代论家绝不会忽略的一篇文章就是《读〈孟尝君传〉》：

世皆称孟尝君能得士，士以故归之，而卒赖其力以脱于虎豹之秦。

嗟乎！孟尝君特鸡鸣狗盗之雄耳，岂足以言得士？不然，擅齐之强，得一士焉，宜可以南面而制秦，尚何取鸡鸣狗盗之力哉！

夫鸡鸣狗盗之出其门，此士之所以不至也。

这篇短文仅90个字。李耆卿《文章精义》评："文章有短而转折多、气长者，韩退之《送董邵南序》、王介甫《读〈孟尝君传〉》是也。"清人吴闿生评："此文乃短篇中之极则，雄迈英爽，跌宕变化，故能尺幅中具有波涛万里之势。后人多喜摹之，莫能拟似万一。"

综合这篇短文获得的各种评价来看，其要有三点：第一，文虽短而气势雄；第二，文虽短而转折多；第三，文虽短而意蕴深。

《读〈孟尝君传〉》一开篇即明言世人对孟尝君的称誉集中于其能礼贤下士，又有赖其门客之力顺利逃出秦国保全了性命。可见世人对孟尝君的评价着力于褒扬。

显然，王安石是先扬后抑，紧接着笔锋一转，以排山倒海的笔力推翻了世人的定论：孟尝君哪里算得上是礼贤下士、善用名士呢？他不过是鸡鸣狗盗之徒的头目而已。先破后立，瞬间激发起读者的好奇：作者何以力排众议"强行"推出一个令众人耳目一新的观点呢？他的依据何在？

王安石顺势又一转，再推出自己的证据：孟尝君背后最坚实的依靠是战国时代的强国——齐国。作为齐国国相，假如孟尝君门下真有一二贤能之士，则一定能谋划出挟制强秦的策略，让齐国更强而非受制于秦。可结果如何呢？孟尝君没能让齐国变得更强大，他门下的鸡鸣狗盗之徒仅仅只能让他保全一己之性命、富贵而已。

论据摆出来以后，王安石一句多余的废话都没有，直接推出核心论点：孟尝君门下根本没有真正的“士”，所谓物以类聚，正因为他门下都是一群鸡鸣狗盗之徒，所以真正的“士”是不屑于与他们为伍的。王安石以简明的文字和磅礴的力量推翻了人们心中的“陈见”，而树立了自己的新见。

王安石的观点振聋发聩，若是司马迁泉下有知，或许会引王安石为异代知音。战国四公子齐名：齐国孟尝君，赵国平原君，楚国春申君，魏国信陵君。四公子本来都是以善养士闻名，司马迁《史记》亦为四公子专门列传。但显然，在司马迁心目中，四公子在境界格局上确有高下之分。以孟尝君为例，司马迁既写了他善待门客不问出身贵贱的一面，但更写了他招揽门客不辨贤愚不分善恶的缺点。司马迁甚至还说过，当他经过孟尝君当年的封地薛的时候，发现当地民风剽悍、戾气十足，和邹、鲁等地的淳厚民风大相径庭，这和当年孟尝君招揽大量“奸人”暴徒有直接关系。在司马迁看来，孟尝君之养士不过是“好客自喜”，炫耀自己礼贤下士的名声而已，他考虑得更多的是个人私利，于国家却益处无多。

而四公子中，真正称得上善养士的，在司马迁心目中只有一人，那就是魏国信陵君。因为信陵君的威信与贤明，十多年间诸侯不敢加兵于魏国。信陵君的礼贤下士不是为了个人私利，而是真正的为国养士。

这样看来，司马迁认为真正的“士”应该是“国士”，所谓“国士”应是以自己杰出的才能和高贵的品德为国家谋取福祉，勇而谋，智而贤，仁而礼。以这样的标准，那么孟尝君养了一群鸡鸣狗盗之徒只是为了保全自身的性命、富贵而已，又怎能称得上“国士”呢?!

王安石应是真正读懂了司马迁的人，司马迁没有挑明的观点，却被王安石一语道破：司马迁推崇的“士”是国士，司马迁是以国士自许的；王安石亦然，他推崇的“士”是国士，王安石也是以国士自许的。《读〈孟尝君传〉》即是“破”孟尝君养“私士”之私心私欲，“立”王安石推崇“国士”之政治理想。

再进一步推敲的话，或许王安石还赋予了这篇短文以更深刻的讽谏之意：“国士”何以至？这就需要执政者有强国富民的胸怀与追求，执政者首先自己须有“国士”的气度，才能慧眼识别与善于任用真正具有国士之风的人才。

《读〈孟尝君传〉》将最简约的语言和最凌厉的语气结合在一起，让观点更加精辟、更加不容置疑，让层次更加曲折分明、更加富于变化，读来让人有酣畅淋漓却又意犹未尽之感。或许这就是王安石古文“瘦”而“硬”、“简”而“雄”的典范了。

泊船瓜洲

1＝D 借正调定弦 ♭7 1 ♭3 4 5 ♭7 1

王安石 词
宋 明 曲并指

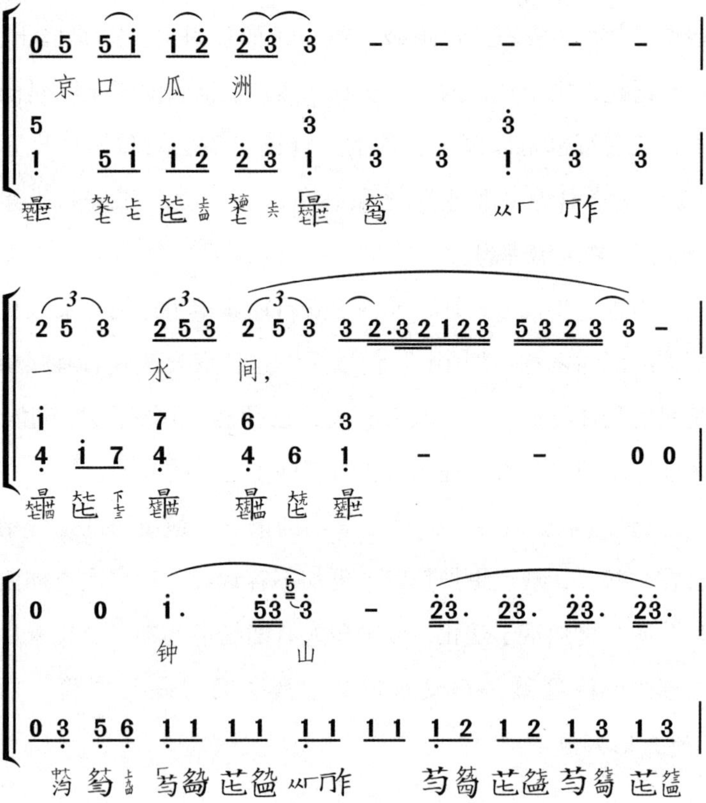

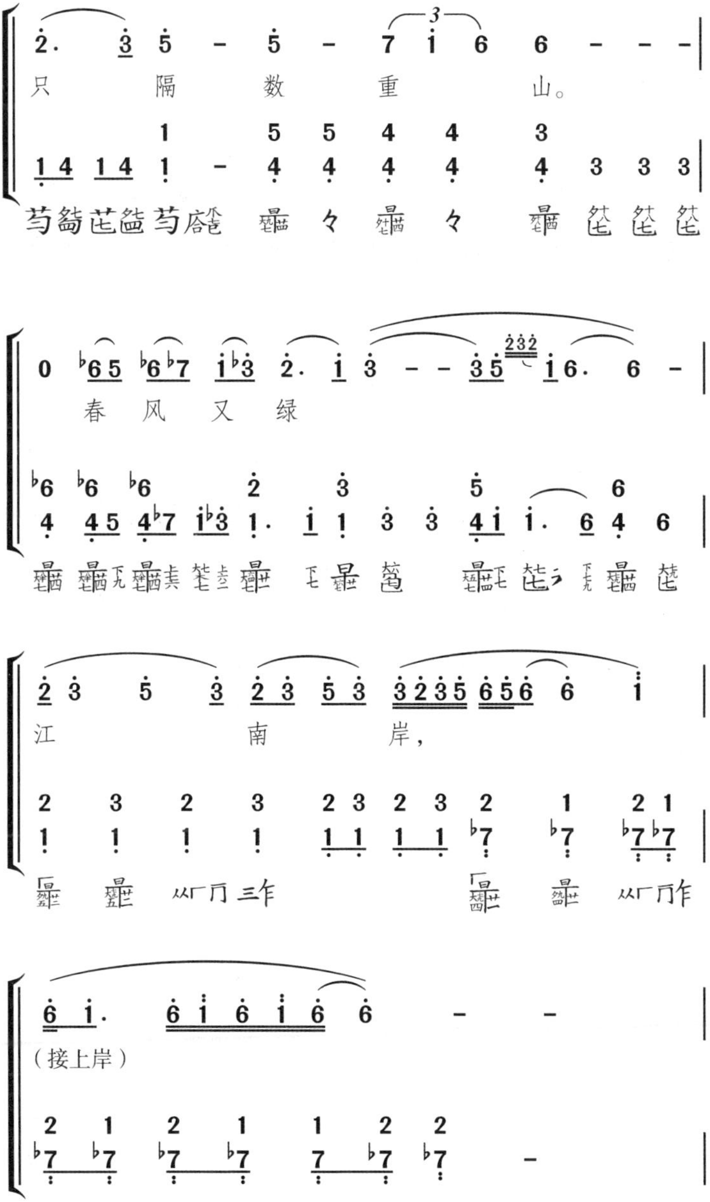
只 隔 数 重 山。
春 风 又 绿
江 南 岸，
（接上岸）

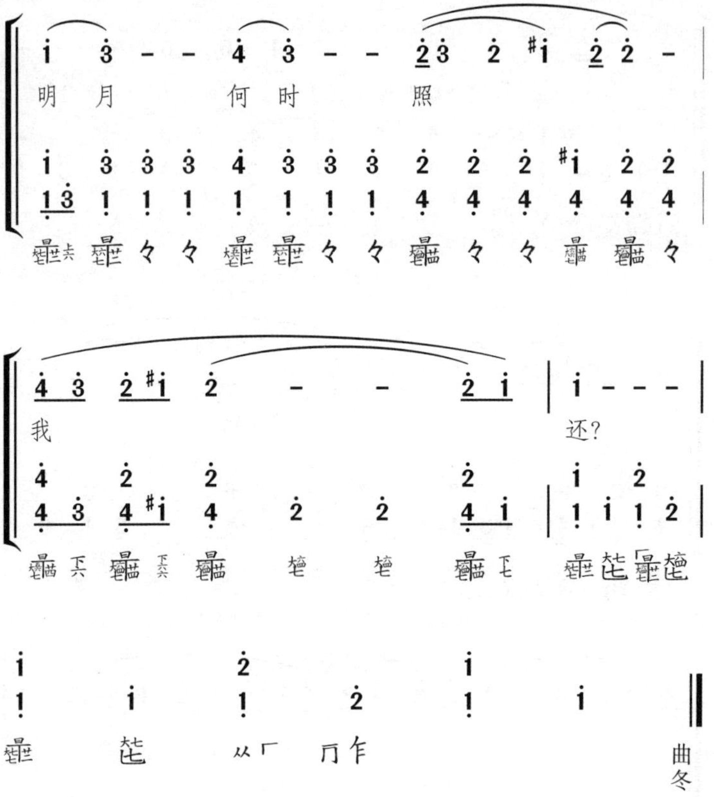

（甲辰谷雨即兴，实际以录音为准）

王安石“以适用为本”的文学思想

修身齐家治国平天下，这是古代士人的人生理想，古代文人多兼为官员，儒家的文学理想亦推崇“文以载道”，故而在漫长的文学史上，政治与文学从来都是相辅相成、密不可分的，所谓纯粹的“文学”相对少见。人们甚至还形成了这样一种印象：在文人仕途的“上升期”，文章多为政治服务；在文人仕途的“失意期”，文学的抒情性和审美性才相对凸显。王安石也不例外，他甚至比其他人更有政治家的自觉，他对自己的人生设计首先就是一位杰出的政治家，要以“国士”的担当为强国富民贡献智慧，文学于他首先是为政治服务的，或阐明政治观点，或辨析经术义理，正如他自己所说：“所谓文者，务为有补于世而已矣。所谓辞者，犹器之有刻镂绘画也。诚使巧且华，不必适用。诚使适用，亦不必巧且华。要之以适用为本，以刻镂绘画为之容而已。”（《上人书》）“以适用为本”可谓是其关于文学的核心观点。美国汉学家宇文所安在其主编的《剑桥中国文学史》中甚至直接为王安石冠上了一个标签：“作为诗人的政治改革家”。

宋仁宗在位的时候，王安石曾经写过一封万言书《上仁宗皇帝言事书》（又名《上皇帝万言书》）呈献给皇帝，详细阐述了在国家内忧外患的局面下唯有变法、以法治国方能富国强兵的主张，尤其强调了人才的重要性。而人才的养成，要靠“人主陶冶而成之者”，皇帝该如何陶冶培养人才呢？那就需要“教之、养之、取之、任之”，“有其道而已”。言辞恳切而沉痛，忧国忧民之心溢于言表，但宋仁宗置之不理。

仁宗驾崩后，英宗即位。治平四年（1067）正月，在位仅四年的宋英宗驾崩，其长子也就是太子赵顼即位，这就是宋神宗，第二年改元熙宁。

宋神宗和仁宗、英宗都不一样，这个年方二十的皇帝充满着年轻人的锋芒与锐气，且对富国强兵的法家学说兴趣浓厚。因为对朝廷贫弱、士大夫耽于享乐与清谈的现状极为忧虑，对年年向敌国纳币感到十分屈辱，他一心要振兴国家气象，只是苦于暂时没有找到合适的途径而已。而王安石就是宋神宗首选的改革人才。

宋神宗一即位，就提拔王安石。熙宁元年（1068）初，王安石就被召回京城。

熙宁元年三月中旬左右，王安石从江宁启程赴京，就在这次旅途中，王安石留下了千古名篇《泊船瓜洲》：①

---

① 关于此诗创作时间，另一说认为此诗作于熙宁八年王安石二度拜相离开江宁赴京之时。此处参阅刘成国《新见史料与王安石生平行实疑难考》一文。

京口瓜洲一水间，钟山只隔数重山。

春风又绿江南岸，明月何时照我还？

京口就是现在的江苏镇江，瓜洲则在长江北岸的扬州，是当时客流量巨大的渡口，钟山即南京的紫金山。王安石本是江西人，少年时代曾移居钟山，父亲王益卒后葬于江宁牛首山，因此他对江宁是有着浓厚的故乡情分的。当他从京口渡江，抵达瓜洲渡口停泊的时候，回望钟山——京口、瓜洲只有一江之隔，但江南江北却仿佛他两种截然不同的命运。对于他个人而言，在江南的故乡他远离了朝局纷争，可以享受一种相对自由、舒心闲适的生活；渡过长江，则意味着奔赴朝廷，扛起振兴国家的千钧重担，同时也投入了政治漩涡的中心。虽然王安石是一个勇于承担国家使命的政治家，但此前仁宗皇帝的左右摇摆、范仲淹等前辈改革家遭遇的批评攻击，使他有如履薄冰、如临深渊之感。

当春风吹过，长江两岸再度披上新绿的时候，不仅江南的自然风景韵味十足地呈现在我们面前，王安石眷恋故乡的情愫也随着呼之欲出。春风染绿江南，是否也暗喻了王安石对国家前途旧貌换新颜的美好愿景？明月当空，令人油然而生思乡之情，可是王安石对将来功成身退、不贪恋个人功名利禄的内心承诺？从王安石后来的人生选择来看，他是这么想的，也的确是这么做的。

四月初，王安石抵达汴京，旋即被神宗破格召见，神宗的急切之情可见一斑。君臣一番长谈之后，都有相见恨晚之意。这一年，王安石四十八岁。

熙宁二年（1069）春王安石被提拔为参知政事，相当于副宰相。熙宁三年（1070）王安石拜相，君臣同心协力，开始全面推行新法，史称“熙宁变法”。变法意图在减轻老百姓负担的前提下，发展经济，充实国库，增强军队的战斗力。从此开始到熙宁九年（1076）十月王安石上书辞职，除了其间有短暂的罢归江宁，他都是除了神宗之外的最高执政者，他全力推行的熙宁变法成了北宋政坛上最重要的一次改革。

那么，为什么王安石能够成为宋神宗一朝开创新时代的领军人物呢？有三大原因值得我们特别重视。

首先当然是因为王安石过人的才学。其次是王安石一心为公、不贪私利的人品操守。

王安石读书用功，勤于思考，非常关心国家大事，唯独对自己的个人生活毫不在意。北宋时官员因为薪水高，日子普遍过得很滋润，崇尚奢侈享乐几乎是整个社会的风气。王安石却与众不同，他生活特别节俭，甚至可以说到了有点抠门的地步：比如说他不大洗澡，更不怎么换新衣服，总是穿着一件旧袍子；吃饭也不讲究大鱼大肉或者山珍海味，反正只吃摆在他面前最近的那一盘菜；在宋代士大夫普遍三妻四妾还蓄养歌儿舞女的大环境下，王安石却不好女色，坚持不纳小妾。

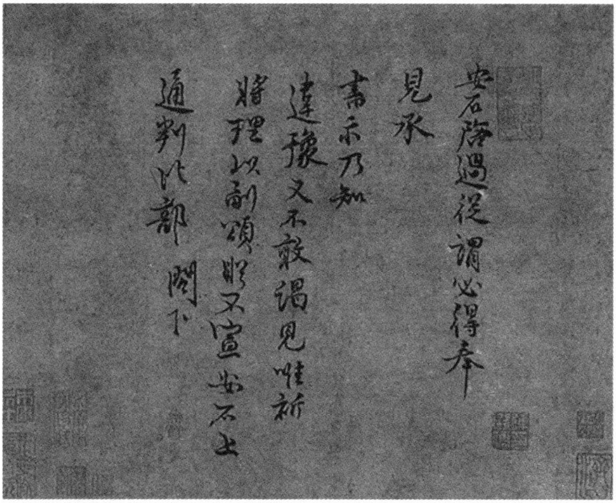
安石啓過從謂必得奉
見承
書示乃知
違豫又不敢謁見唯祈
將理以副傾聆不宣安石上
通判比部 閣下

王安石尺牍

直到后来王安石从宰相的位置上退休，宋神宗仍然让他领着镇南军节度使、同平章事判江宁府，享受宰相的俸禄。王安石回到江宁后的第二年便上书固辞相职，从元丰元年（1078）开始，王安石赋闲江宁十年，只领取分内的一点“退休工资”。他在江宁的住宅十分简陋，出行的交通工具就是一头驴而已，日常的生活状态和一般的村夫野老无异，丝毫不像是一个曾经叱咤风云的宰相。如此光风霁月的人品操守不仅得到神宗的赞许，就连曾经最激进地抨击熙宁变法的反对派人士如司马光、苏轼等人都对他发自肺腑地表示崇敬和仰慕。元丰七年（1084）秋苏轼经过江宁时，还特意去拜访了退休闲居的王安石。这两个在政治上针锋相对的人，私下里却惺惺相惜。在江宁逗留期间，苏轼与王安石经常一起谈诗论文、出游、纵论古今，苏轼在他的《次荆公韵四绝》（其三）中感慨地写道："劝我试求三亩宅，从公已觉十年迟。"在王安石人格魅力的感染下，苏轼甚至产生了在江宁买田，与王安石卜邻而居、相伴终老的想法。

最后，君臣相得是古代士人梦寐以求的，王安石能成为政坛上的风云人物，还有赖于宋神宗的知遇之恩。

纵观历史上的变法，其成功的一个重要基础便是君臣之间的绝对信任。战国时期商鞅变法能够成功，并让秦国彻底摆脱积贫积弱的状况，一跃而成为当时最强大的诸侯国，为后来统一中国奠定坚实的基础，与当时商鞅与秦孝公君臣二人的和谐关系是密不可分的。秦孝公与商鞅长达近二十年的厉行变法，君主用人不疑，力排众议，臣子鞠躬尽瘁，尽心尽力，这才开创了秦国富强的新局面。

商鞅无疑是王安石追慕的对象，王安石期盼宋神宗和他之间也能建立这样君臣知己的关系。在仁宗朝，王安石的改革主张不被采纳，未得重用；宋神宗一即位，王安石就被委以改革重任，这的确给了王安石巨大的信心。

熙宁变法撼动了一大批人的既得利益，也猛烈地冲击着保守派的心理承受底线，因此变法从一开始就遭受着来自四面八方的强大阻力，甚至变法派内部也良莠不齐，矛盾重重。但宋神宗在决定任用王安石变法之前，就应王安石所请：无论遭受何种阻挠压力，都绝不能动摇变法的信心与决心。总体而言，宋神宗堪称一位意志坚定的皇帝，他毅然以学习尧舜等贤明之君为己任，给予了王安石最大限度的支持，君臣目标一致，正如梁启超所言："则荆公之事业，皆神宗之事业。"

当然，关于熙宁变法的效果和意义，历史上的评价向来众说纷纭，然而有一点无可争议：王安石推行变法，所有的出发点全都是利国利民，无丝毫利己之私。王安石其人，堪称"国士"，也不应该有争议。即便从客观效果而言，熙宁变法也颇有可圈可点之处。

首先，来看国防与军事方面。王安石大力推行省兵政策，熙宁年间士卒总数降至五十六万余，省兵超过一半以上。军队并没有像有些人预言的那样发生兵变，且省兵之后战斗力并没有减弱，相反，最长宋人志气的熙河之役就发生在熙宁年间。

熙河，治所在熙州（今甘肃临洮），所辖地区相当于今天的甘肃黄河流域和青海湟水流域，一向被吐蕃占据，这个地区在宋朝与西夏的对峙中具有十分重要的战略地位。

熙宁四年（1071），宋神宗与王安石委任主战的王韶为秦凤路沿边安抚使，处理这一地区军务。自王韶为安抚使不过两年时间，开疆辟地两千余里，"招抚大小蕃族三十余万帐”，沦陷多年的疆土，终于一举收复！

熙河之役，虽然实地指挥者是王韶，但王安石力排众议，在这一战役中体现出识人之明和运筹帷幄的高度智慧。他坐镇京城，自始至终与王韶保持着密切的书信往来，对每一步的战略方针都进行详细而具体的指导。熙河之役的一连串胜利，对于在宋辽、宋夏战争中屡战屡败的宋朝而言，实在是注入了一剂强心针，衰弱的大宋军队也终于有了扬眉吐气的机会。

胜利的消息传来，宋神宗非常欣慰，在接受群臣朝贺时，将所佩玉带解赠王安石，这一举动当然是对运筹帷幄的王安石的肯定与奖赏。所谓玉带之宠，这对于人臣而言是极大的荣誉了。

再来看关于财政的问题。理财是王安石主持变法的核心内容，熙宁年间推行的青苗法、均输法、市易法、募役法等，其目的都是缓解贫富分化、增加国家收入。

以青苗法为例，所谓青苗法，就是说当农作物未熟，青黄不接之时，由各州县官府直接贷款给农民救急，使农民免受地主和奸商高利贷的剥削，安心农事，等谷物成熟收割之后再归还官府，所贷钱款号为“青苗钱”。

青苗法的出发点是解决民生艰难问题，同时增加国家财政收入，其实质是一种金融手段。正如梁启超所言：“夫中国人知金融机关为国民经济之命脉者，自古迄今，荆公一人

而已。”（《王安石评传》）

当然，新法的推行也难免产生一些弊端，遇到阻力，这可能是王安石始料未及的。例如，在青苗法实施的过程中，出现了一部分基层官吏阳奉阴违的问题——他们担心农民无法偿还贷款，根本不愿意贷款给贫苦农民，却强迫商人贷款，导致急需用钱的农民贷不到钱，不需要贷款的商人又被逼着贷款。政策的实施与顶层设计脱节，以致百弊丛生，朝野上下对青苗法的批评非常激烈。

熙宁七年（1074），河北、陕西等地遭遇大旱，灾民没有得到及时妥善的安排，有一个叫郑侠的人将老百姓流离失所的情况绘制成一幅《流民图》，并且说：“天下大旱就是老天爷对王安石新法的惩罚，如果罢免王安石，老天爷一定会普降甘霖。”王安石面临的压力可想而知，再加上变法派内部的一些矛盾，王安石罢相，以观文殿学士知江宁府。

王安石回到江宁不久，神宗就真切地感受到离了他新法难以继续推行，于是熙宁八年（1075）二月，王安石再次拜相返回京城。虽然王安石于熙宁九年（1076）十月再度辞职，从此开启了十年的退休时光，但神宗一朝，基本上延续了王安石变法的主要内容。神宗去世之后，哲宗即位，掌权的太皇太后高氏是旧党的代表人物，在她主政期间，新法几乎被全面废除。

或许可以这么说，王安石在中国历史上是有着政治家与文学家的双重身份的。“熙宁变法”是他政治生涯的巅峰成就，而王安石为自己预设的主要人生目标亦是成为一个超一流的政治家。

以熙宁九年退居江宁为界，此前的王安石诗歌创作更侧重于关注社会现实，多反映民生疾苦，批判性强。如他写于三十五岁的《河北民》一诗：

河北民，生近二边长苦辛。
家家养子学耕织，输与官家事戎狄。
今年大旱千里赤，州县仍催给河役。
老少相携来就南，南人丰年自无食。
悲愁白日天地昏，路傍过者无颜色。
汝生不及贞观中，斗粟数钱无兵戎。

至和二年（1055），京东、河北大旱，这里靠近北边的辽和西夏两国，当地人民生活本就艰难。当时宋朝对辽和西夏每年都要输送银两绢帛，这些钱都是从老百姓的赋税中来的，边地居民的压力尤其沉重。若是不幸赶上洪涝干旱，连饭都吃不饱，可是州县官吏还要驱赶他们去做河工。难民们想着往南方逃吧，南边也好不到哪里去，即便碰上丰收年，老百姓一样吃不饱。有史家认为宋仁宗朝是古代政治发展最好的年代，国家富有，百姓安居，但正如上一讲所言，社会的重重隐忧被掩盖在了表面的繁华之下。老百姓的悲惨生活甚至让王安石发出了极具针对性的感慨：可惜啊，你们没有赶上唐太宗贞观之治的好时候，那个时候连年的丰收让米价低廉、老百姓丰衣足食，大唐强盛的国力慑服了北方少数民族，边境多年无战事，老百姓安居乐业。“汝生不及贞观中，斗粟数钱无兵戎”——这样的批判不可谓不大胆了，若是有不怀好意的人大兴文字狱的话，“汝生不及贞观中”这样的诗句足可以判王安石一个指刺朝廷、批评皇帝的大不敬罪名。

作为一名政治家，王安石不仅以诗歌表达其对社会现实的强烈关注和批判，甚至直接用诗歌来表达他的政治思考，例如《省兵》一诗竟然就军队改革的问题提出建议。他还通过咏史题材的诗歌来反映他的政治观点，例如《商鞅》《贾生》《明妃曲二首》等都是借古讽今的代表作，亦体现了“以议论为诗”的宋诗特点。《商鞅》突出了商鞅令行禁止的政治家作风——“商鞅能令政必行”；《贾生》提到贾谊的政治主张后来都被汉朝皇帝采纳——“一时谋议略施行”，因此贾谊的命运比很多尸位素餐的高官要有意义得多；《明妃曲二首》则感叹昭君出塞的命运并不见得多悲惨，因为“君不见咫尺长门闭阿娇，人生失意无南北”，像陈阿娇这样留在皇宫内备受冷落屈辱，其实与远嫁和亲的王昭君一样令人同情。“这里的政治意涵显而易见：如果皇帝不听从臣子的建议，即使身处朝堂，也无异于被贬逐他方"①，这首诗作于向仁宗皇帝呈献万言书前后，王安石的观点引起了诸多同道之人的共鸣，一时间欧阳修、梅尧臣、司马光等著名政治家、文学家纷纷与他唱和，影响之巨可以想见。

王安石退休隐居江宁以后，政治因素对其诗歌的影响明显淡化，代之而起的是更加日常、更加私人化的写作，诗歌的抒情性与审美性大大增强，诗风也比前期更加平和闲淡。例如他的名作《书湖阴先生壁》（其一）："茅檐长扫净无苔，花木成畦手自栽。一水护田将绿绕，两山排闼送青来。"这首诗描写风景从容细致，清丽绝俗，尤其后两句作为千古名句，充分显示了王安石推陈出新的高超诗艺。"护田""排闼"两词都出自《史记》，"护田"在《大宛列传》中本来是指汉代在西北边境实行的屯田制，士兵屯垦耕种称为"护田"；"排闼"则出自《樊郦滕灌列传》，本是描述樊哙未经允许擅自破门而入劝谏汉高祖。王安石使用这两个词完全改变了它们的原意，只是纯粹用来描写山水田园的自然风景，却毫无斧凿用典的痕迹，真有"夺胎换骨"之妙。

再如他六十余岁时写的《钟山即事》："涧水无声绕竹流，竹西花草弄春柔。茅檐相对坐终日，一鸟不鸣山更幽。"这是王安石晚年居所附近的自然春光，一派清新幽静、从容

① 孙康宜，宇文所安．剑桥中国文学史：上卷［M］．刘倩，译．北京：生活·读书·新知三联书店，2013：454.

闲适之趣，最后一句翻新了南朝诗人王籍“鸟鸣山更幽”的句子，显示出王安石匠心独运的创新精神。

褪去政治家这一身份，作为文学家的王安石逐渐改变了早年擅长议论的诗风，转而更加注重诗歌的情景交融与诗艺的锤炼，形成了文学史上所谓的“王荆公体”，正如黄庭坚所评价的那样：“荆公暮年作小诗，雅丽精绝，脱去流俗。”（胡仔《苕溪渔隐丛话》）

“在中国历史上，王安石是融杰出官员与文学才华为一身的重要表率之一。早年间，他在这两大领域的活动，某种程度上相互重叠，他的诗歌题材和非正统观点，与他作为改革者的政治目标、大胆进取相辅相成。不过，到了晚年，这二者不再相互重合、相互滋养，因为他终止了自己的政治生涯。这时，我们清楚地看到，作为诗人的王安石的活动，无论在哪种意义上，都不再取决于他作为政治领袖的身份。”①无论是作为一流政治家，还是作为一流诗人，王安石的成就都堪称不凡，对中国的政治与文学都形成了相当深远的影响，将文学中的宋代气质继续向纵深推进。

---

① 孙康宜，宇文所安．剑桥中国文学史：上卷［M］．刘倩，译．北京：生活·读书·新知三联书店，2013：458.

王安石《桂枝香·金陵怀古》

登临送目。正故国晚秋，天气初肃。千里澄江似练，翠峰如簇。归帆去棹残阳里，背西风、酒旗斜矗。彩舟云淡，星河鹭起，画图难足。

念往昔、繁华竞逐。叹门外楼头，悲恨相续。千古凭高，对此谩嗟荣辱。六朝旧事随流水，但寒烟、芳草凝绿。至今商女，时时犹唱，《后庭》遗曲。

王安石诗文堪称一流，但他并不擅长填词，作品也不多，《全宋词》只收录了他的29首词。但这首《桂枝香·金陵怀古》却是赢得了几乎众口一词的称赞，就连他在政治上的老对头苏轼在看到这首词之后，也佩服得五体投地，连声感慨："此老乃野狐精也!"钦慕之意溢于言表。

王安石这首词题目是"金陵怀古"，自然是在金陵（也就是当时的江宁，今天的南京）创作的了。词的上片是登高纵览的一幅金陵全景图，描绘金陵的黄昏秋景；下片咏史怀古，并且借古讽今，从历史的兴亡中提炼出现实的启示。

在王安石的时代，词坛的主流风格偏向于柔美，描写秋天也往往是写得哀婉凄清，可是当王安石登高远眺，看到故乡金陵的晚秋，他用了一句"天气初肃"。一个"肃"字，真是又硬又涩！“肃”是萧瑟、萎缩的意思，一个“肃”字，立刻营造出了一种草木枯萎、秋意肃杀的感觉，气氛一下子显得凝重起来，让人感受到一种咄咄逼人的寒意。王安石用笔确实不同于一般婉约词人的轻灵柔美，而是偏向瘦硬清峻的风格，也难怪前人会评价他的词“瘦削雅素”（刘熙载《艺概》）了，虽是小词，却和其诗文的瘦硬风格一脉相承。

起首三句铺垫出一派肃杀秋意之后，接下来就是具体铺排登临所见的山川秋景了。“千里澄江似练，翠峰如簇。”绵延千里的江面此时波涛不兴，一江秋水如同白练般清澈光洁；与平静的江面相对的，则是“翠峰如簇”，重重叠叠的山峦就好像簇拥在一起，视觉冲击十分强烈。“千里澄江似练”化用了南朝谢朓“澄江静如练”的句子，是静态的风景；“翠峰如簇”则是远处的背景烘托，虽然仍是静景，却巧妙描绘出了动态的热闹，更加衬托出了“千里澄江似练”的苍茫与辽阔。

“归帆去棹残阳里，背西风、酒旗斜矗。”在这平静辽阔的千里澄江上，帆船在残阳斜照中来来往往，而店家的酒旗在西风中缓缓飘扬。一个“矗”字，又是力透纸背。矗，本是高高耸立的意思，王安石偏偏用这个字来形容斜斜飘扬的酒旗，也可见，在苍茫幽远的自然风景当中，人为的酒旗是何等的醒目。

上片以“彩舟云淡，星河鹭起，画图难足”收结，夕阳之下，云淡风轻，彩舟往返，白鹭惊飞，真是一幅美妙的金陵秋景图。不！这是用语言、用文字、用图画都难以表现的山川之美。一句“画图难足”，给上片的自然风景留下了无穷的余味。

下片就是王安石“登临送目”的所怀所想了。“念往昔、繁华竞逐。”作为六朝古都，当年的金陵是何等繁华壮丽，“竞逐”这两个字也暗暗讽刺了六朝君主的穷奢极欲和攀比之风。“叹门外楼头，悲恨相续。”这两句词化用了杜牧《台城曲》中的“门外韩擒虎，楼头张丽华”。韩擒虎是隋朝开国大将，曾率兵由朱雀门入城，俘获陈后主，灭掉陈国。当韩擒虎兵临城下的时候，荒唐的陈后主竟然还在和宠妃张丽华于结绮阁上歌舞作乐，似乎对即将降临的灭国之难毫不在意。“门外楼头”，门，指的是朱雀门；楼，就是指结绮阁了。

当王安石再一次登高望远的时候，他看到的不仅仅是眼前的山川之美，更是王朝兴衰的历史逻辑。六朝更替又何尝不是“悲恨相续”呢？“千古凭高，对此谩嗟荣辱。六朝旧事随流水，但寒烟、芳草凝绿。”六朝的荣辱兴衰已经随着大江流水一去不复返了，只有寒烟芳草似乎依旧在喃喃地诉说着过去，只有凭高远眺的词人徒劳地对此感慨着，叹息着。

“至今商女，时时犹唱，《后庭》遗曲。”结尾三句化用了杜牧的著名诗篇《泊秦淮》：“烟笼寒水月笼沙，夜泊秦淮近酒家。商女不知亡国恨，隔江犹唱《后庭花》。”这首诗也包含了陈后主的故事。《后庭花》，即歌曲《玉树后庭花》，相传是陈后主所作。《隋书·五行志》记载：“后主作新歌，词甚哀怨，令后宫美人习而歌之。其辞曰：‘玉树后庭花，花开不复久。’时人以歌谶，此其不久兆也。”于是后人就把《玉树后庭花》看作亡国之音了。

“至今商女，时时犹唱，《后庭》遗曲”，收尾三句和上片的“背西风、酒旗斜矗”又形成了一种呼应。无论是唐代的杜牧，还是宋代的王安石，本意当然不是要批评歌女毫无家国忧患意识，只知道没心没肺地唱着亡国之音来取悦客人。他们真正要讽刺的是那些沉溺于声色之中的官员、士大夫。历史的兴亡更替从来都是一面镜子，映照着现实的得失对错。

王安石这样一位在政治上十分强硬的人物，填起词来也是一派硬朗作风。这样的王安石，正是因为始终将国家命运放在第一位，所以才会在他的词中尽洗脂粉气味，流露出深切的历史兴亡之叹，展现出一位铁腕宰相的历史智慧和家国担当，也试图为文恬武嬉的朝廷风气敲响一记警钟。

第六講

一门“三苏”与苏轼对北宋词风的“振起”

宋

苏轼小传

苏轼（1037—1101），字子瞻，一字和仲，眉州眉山（今属四川）人。嘉祐进士。因反对王安石新法，以作诗“谤讪朝廷”罪，被贬黄州，其间筑室于东坡，自号东坡居士。哲宗元祐时，累官翰林学士、礼部尚书。后又被贬谪惠州、儋州，死于常州。苏轼学识渊博，才情卓绝，喜奖掖后进，在北

苏轼像

宋诗文革新运动中有重要地位。在政治上倾向旧党，但也有改革弊政要求。其文为“唐宋八大家”之一，与父苏洵、弟苏辙合称“三苏”。工诗擅词，开词中豪放一派，对后世有深远影响。又擅书法，长行、楷书，与蔡襄、黄庭坚、米芾并称“宋四家”。擅画竹，喜作枯木怪石。有《东坡全集》《东坡乐府》等传世。

苏轼《江城子·密州出猎》

在中国文学史的长河中，称得上全能型文人的寥寥无几，苏轼便是其中之一：论文，他和父亲苏洵、弟弟苏辙并列唐宋散文八大家之中；论诗，他与江西诗派领袖黄庭坚并称“苏黄”，黄庭坚还是他的学生，为“苏门四学士”之一；论书法，“苏黄米蔡”并称“宋四家”，他的墨宝是收藏家梦寐以求的珍品；论词，他是宋词“豪放派”的开山鼻祖，以其洒脱旷达、情理交融的独特风貌，在以婉约的艳情词为主旋律的北宋词坛另辟蹊径，形成了当代学者所推崇的“东坡范式”，对宋词的转型起了决定性的作用；论绘画，他是宋代文人画的代表人物之一，其绘画理论引领了文人画的发展方向……如果一定要说苏轼有什么弱项的话，那或许是他自己宣称的那样，平生“有三不如人”：饮酒、下棋、唱曲儿。音乐可能是他的弱项，然而恰恰就是在与音乐关系最为密切的填词领域，苏轼以其超迈的天才和洒脱的个性，为宋词撑起了另外一片壮阔的天空，甚至可以说以一己之力，“强行”为宋词的发展开辟出一条全新的轨道。

标志着苏轼在北宋词坛“横空出世”、一鸣惊人并自成一家的代表作当属这首《江城子·密州出猎》：

> 老夫聊发少年狂，左牵黄，右擎苍。锦帽貂裘，千骑卷平冈。为报倾城随太守，亲射虎，看孙郎。
>
> 酒酣胸胆尚开张，鬓微霜，又何妨。持节云中，何日遣冯唐？会挽雕弓如满月，西北望，射天狼。

这首词写于熙宁八年（1075）的秋天，当时苏轼正在密州知州任上。这也是苏轼来到密州的第二年，这年春天，密州遭遇旱灾。苏轼作为地方长官，他在深入民间了解老百姓生活疾苦的时候，有经验丰富的老农告诉他，旱灾往往和蝗灾密切相关，要想将蝗虫斩草除根，除了火烧、土埋、消灭虫卵等方法之外，还必须尽快缓解旱情。因此苏轼一边改善水利设施，一边亲自到常山去求雨。

说来也巧，在求雨回来的半路上，就刮起了大风，当晚就痛痛快快下了一场大雨。这场大雨一下，不仅旱情大为缓解，蝗灾的隐患也得以消除，老百姓额手称庆，苏轼自己也情不自禁地写下了喜雨的诗篇。

熙宁八年（1075）秋天，苏轼再次赴常山为民祈祷。因为政事已经渐渐理顺，苏轼的情绪高涨了许多。回程路上，他兴致勃勃地向随行的僚属提议：时间还早，天气又这么好，秋高气爽的，咱们不如来一场秋猎，也好好活动活动筋骨？一听知州大人如此提议，下属们当然是一呼百应，欢欣鼓舞啊。

这场打猎大伙儿可谓尽兴而归。苏轼抑制不住兴奋之情，回家之后挥毫写下了千古名篇《江城子·密州出猎》。当时不到四十岁的苏轼自称“老夫”虽然太早了一点，但起首一句“老夫聊发少年狂”着实豪气逼人，苏轼那种特有的豪迈之气扑面而来：你看他左手牵着黄色的猎狗，右臂架着凶猛的苍鹰，头戴锦帽，身穿貂皮大衣，率领着千余人马在山林中左奔右突，追逐着猎物。

这次出城去常山祭祷和打猎，除了密州知州苏轼之外，官员们几乎是倾城出动，队伍之壮观，声势之浩大，确实令人豪情倍增。“亲射虎，看孙郎。”即便是平时文质彬彬的苏轼，在猛兽面前也没有丝毫怯懦和退缩，而是挽起大弓，镇定从容地一箭射中目标。

“亲射虎，看孙郎”也用到了一个著名的历史故事：孙郎是指三国时候东吴的孙权。据说孙权有一年秋天出行，途中遇到老虎。凶猛的老虎咬伤了孙权的坐骑，这突如其来的危险没有让孙权丧失理智和勇气，他反应极其敏捷而果敢，立即将手中的双戟猛力投出，一投便击中老虎，随后在侍从的协助下击杀了这只垂死挣扎的老虎。此处苏轼以孙权的勇敢自比，充分展现了他打猎时勇猛的风采。

打猎凯旋，自然是要畅饮庆贺一番了。几杯烈酒下去，苏轼的豪情壮志更是被充分激发出来：两鬓有些发白又有什么关系呢？我有的是力量，有的是智慧，有的是报国的热血和激情，只要给我机会，我也能报效国家，成就大功大业。

“持节云中，何日遣冯唐”这两句又用到了一个历史典故：汉代冯唐和魏尚的故事。

《史记·张释之冯唐列传》记载，魏尚担任云中（今内蒙古和山西北部交界处）太守，在一次与匈奴战后统计具体杀敌人数的时候，多报了六个人。在古代，军功和杀敌人数是挂钩的，杀敌越多，战功越大。可是就因为这多报的六个人，魏尚不仅没有获得应有的战功，反而被政敌利用，以此为罪名攻击他，魏尚被罢官。

朝中另外一个大臣冯唐很为魏尚鸣不平，于是冯唐专门去求见汉文帝，为魏尚求情说：“魏尚为官尽心尽职，他爱惜士卒，军费不够用，就自己掏腰包，几乎是每五天杀一头牛，犒劳将士们，所以魏尚的麾下一直士气高昂，连匈奴都听说魏尚治军严明，不敢轻易来犯，反而是躲得远远的。这次魏尚率领部下杀了那么多匈奴兵，功勋卓著，如果只是因为多报了六个敌人的首级就遭受严惩，恐怕以后大家都不敢上阵英勇杀敌了啊。如果您论功行赏太轻，而惩罚又太重，会不会伤了前线将士的心呢?”冯唐这一番话合情合理，汉文帝也不免为之动容，于是当即命冯唐为使者，拿着皇帝的符节前往云中赦免魏尚，让他官复原职。

在这首《江城子·密州出猎》中，苏轼其实是把自己比作受人谗害的魏尚。宋神宗和宰相王安石推行变法，而苏轼是不赞同新法的人，因为政见不同，苏轼自请到外地做官。他认为，与其在朝廷中深陷于无休止的党争，还不如在地方官任上，为老百姓多做一些具体的实事、好事。尽管苏轼是自请外任，心中还是难免有一些失意的情绪，他多么希望朝廷能够理解自己对国家的赤胆忠心，多么希望有一个像冯唐那样仗义执言的忠臣来为自己剖白心迹。如果朝廷给他这样的机会，他一定会像一个真正的壮士那样，将弓箭拉得像满月一般圆，而且充满力量，打退西北方向胆敢进犯的敌人。

“天狼”本是星宿的名字，因为它的形状和方位而被视为贪婪、残酷和侵略的代名词。熙宁年间，北宋最头疼的敌人就是屡屡侵犯边境的辽国与西夏，因此，“西北望，射天狼”实际上象征的就是苏轼迫切希望能够驰骋疆场，击退西北入侵的敌军，为国家建功立业。

看来，让苏轼“老夫聊发少年狂”的不仅仅是一次普通的打猎，更是他报国热血的激情涌动。

苏轼对这首《江城子·密州出猎》是颇为自得的，他曾经把这首词眷写下来寄给好朋友，还不无得意地说：“近却颇作小词，虽无柳七郎风味，亦自是一家。呵呵。数日前，猎于郊外，所获颇多。作得一阕，令东州壮士抵掌顿足而歌之，吹笛击鼓以为节，颇壮观也。写呈取笑。”（《与鲜于子骏》）这说明苏轼对这首词十分满意，还经常让东州壮士“抵掌顿足”，放声高歌，并命人击鼓吹笛来进行伴奏，听来真是令人热血沸腾。可以这么说，《江城子·密州出猎》不仅是苏轼自己填词经历中的标志性作品，还是整个词史的一首标志性作品。

当然，这并非苏轼一生中创作的第一首词，不过苏轼开始填词也确实比较晚。青年时期的苏轼怀着满腔政治热情，他的主要文学成就集中在诗文方面，主题也偏向于政治、历史或者身世抱负。直到熙宁四年（1071），三十多岁的苏轼在杭州通判任上，结识了张先等著名词人之后，才开始学着填词。他和年过八十的张先成了词坛的忘年交，那个时候，苏轼的词作还有很明显的模仿张先的痕迹。苏轼在杭州的时候填过一首词《江城子·湖上与张先同赋时闻弹筝》：

凤凰山下雨初晴，水风清，晚霞明。一朵芙蕖，开过尚盈盈。何处飞来双白鹭，如有意，慕娉婷。

忽闻江上弄哀筝，苦含情，遣谁听？烟敛云收，依约是湘灵。欲待曲终寻问取，人不见，数峰青。

这首《江城子·湖上与张先同赋时闻弹筝》描写杭州凤凰山的秀美风景，以及词人听到美妙筝声之后的感受，笔调轻灵婉约，显而易见是词坛前辈张先对苏轼的影响。我们所熟悉的苏轼的个性气质在这首词里体现得还不是那么明显。

来到密州之后的第二年正月，苏轼又写了另外一首著名的《江城子》，追忆他去世十年的结发妻子王弗。“十年生死两茫茫，不思量，自难忘”，可谓一往情深，只不过，词的风格依然是缠绵悱恻的，并没有脱离当时词坛主流的婉约情调。

就在同一年的秋天，当《江城子·密州出猎》横空出世的时候，独具苏轼气质的豪迈词章才真正以傲视群雄的姿态，在词坛上放射出夺目的光芒。

为什么说《江城子·密州出猎》不仅标志着苏轼词作个性风格的成熟，而且还是整个词坛带有标志性的代表作呢？这就要说到当时北宋词坛的主流声音了。

当时北宋词坛的主流声音有两派：一派以晏殊、晏几道父子为代表，擅长小令，继承并发展晚唐五代以来的花间词风、南唐词风，内容多为男女闺情，基本风格婉约柔美。这一派的代表人物还有欧阳修、宋祁等。

另一派以柳永为代表，主要发展了长调慢词，内容除了男女闺情之外，还扩充了羁旅行役、城市风光等题材，基本风格仍以婉约为主。这一派词人还有秦观等。

在苏轼登上词坛之前，正是柳永词广为传唱的时候。因此苏轼多次将自己的作品与柳词进行比较，试图在柳永占尽风骚的词坛赢得一席之地。

苏轼的《江城子·密州出猎》显示出与词坛主流迥然不同的豪迈、壮阔——这大概就是苏轼颇引以为傲的“自是一家”的宣言了——你们只知道追捧柳永那样的“靡靡之音”，我偏偏不学他，偏偏要另立门派，另树旗帜，看你们服不服？

并非所有的创新都能马上被世人接受并引领新风尚，恰恰相反，苏轼对词风的“革新”不仅不被时人接受，连他自己的弟子都多次含蓄地批评“先生小词似诗”。“以诗为词，如教坊雷大使之舞，虽极天下之工，要非本色。”（陈师道《后山诗话》）此语算是“戳”中了苏轼词的要害。“以诗为词”就是说，苏轼填词，并没有尊重词体的音乐本质，而是将传统诗歌的硬朗刚健之风引入词的创作，打破了词体艳情、柔美的本色，在抒情特质上淡化了诗与词的文体畛域，亦正如李清照批评的那样：“苏子瞻，学际天人，作为小歌词，直如酌蠡水于大海，然皆句读不葺之诗尔。又往往不协音律……”（《词论》）李清照指出，苏轼虽然是顶尖学者，但他写词有两大“缺点”：第一，不合音律；第二，破坏了词的文体特征，减弱了词的优美情致。也难怪，苏轼自己都承认自己不擅长唱曲儿，那么“曲子”无法束缚苏轼如大河瀑布般倾泻的性情与文采，也就不难理解了。

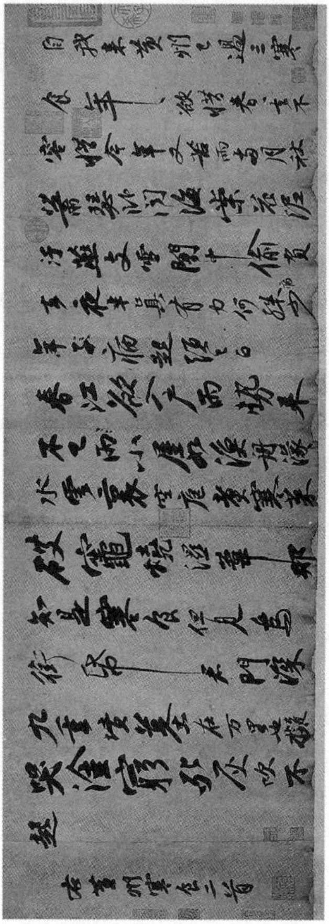

《寒食帖》

其实苏轼在文学创作方面的精力与才华主要放在诗文上，只是偶作小词以怡情。但他作词一如其为人为诗为文，“故自灵气仙才，所作小词，冲口而出，无穷清新，不独寓以诗人句法，能一洗绮罗香泽之态也”（《词林纪事》）。苏轼任凭自己的才气、豪气在词中张扬恣肆，似乎丝毫不顾及词坛已经普及和约定俗成的审美风尚，因此当时苏轼的词并不被主流词坛所认可，即便是他最得意的弟子秦观，填词也完全没有走老师开创的豪放一路，而是以“婉约词宗”定格了自己在词史中的地位。但是，苏轼毕竟高居文坛领袖，他在文学上的任何革新之处，无论是有意还是无意，都会在文坛上掀起“巨浪”，会对其后的文学发展形成重要影响。渐渐地，他所倡导的豪放一派获得了越来越多人的认可，并且通过其后辛弃疾等词人的发扬光大，终于使豪放派与婉约派分庭抗礼，从此两者并行，不容偏废。金代文学家王若虚就认为“千古以来，惟推东坡为第一”，并且继承了苏轼诗词同源的文学观点，认为“诗词只是一理，不容异观”，和苏轼一样，将词从音乐文学的范畴中剥离出来，赋予了与诗同源的理论根基。

可以如此说：苏轼《江城子·密州出猎》的出现“吹皱”了北宋词坛这一池静无波澜的“春水”。作为豪放派宗祖的苏轼，如“天风海雨”般“逼人”的词作一出，虽则在他个人而言只是率性为之，却震撼了整个词坛，堪称“异军突起”，可以视为对北宋词坛柔情曼声的一次雄风“振起”。

江城子·乙卯正月二十夜记梦

正调定弦 1＝F（音高 $1=^{\#}D_3$）

5 6 1 2 3 5 6

苏　轼　词
宋　明　曲并指

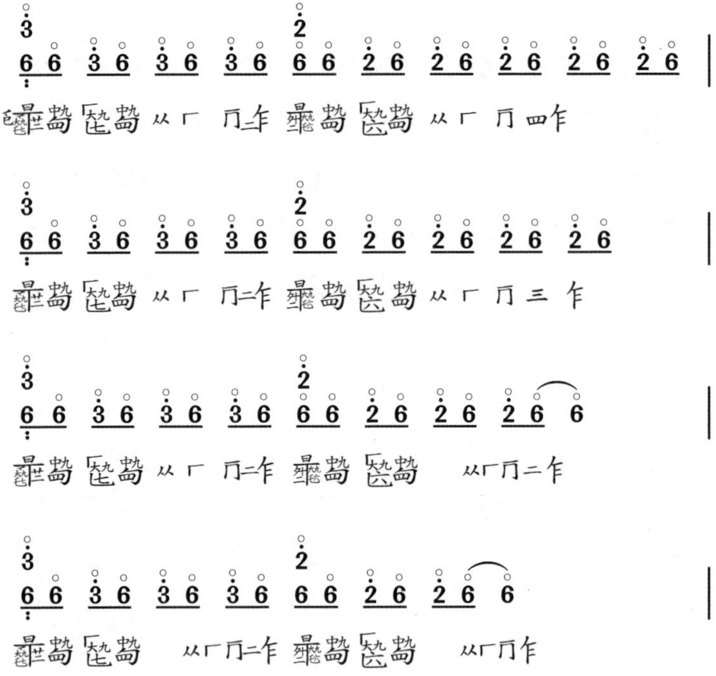

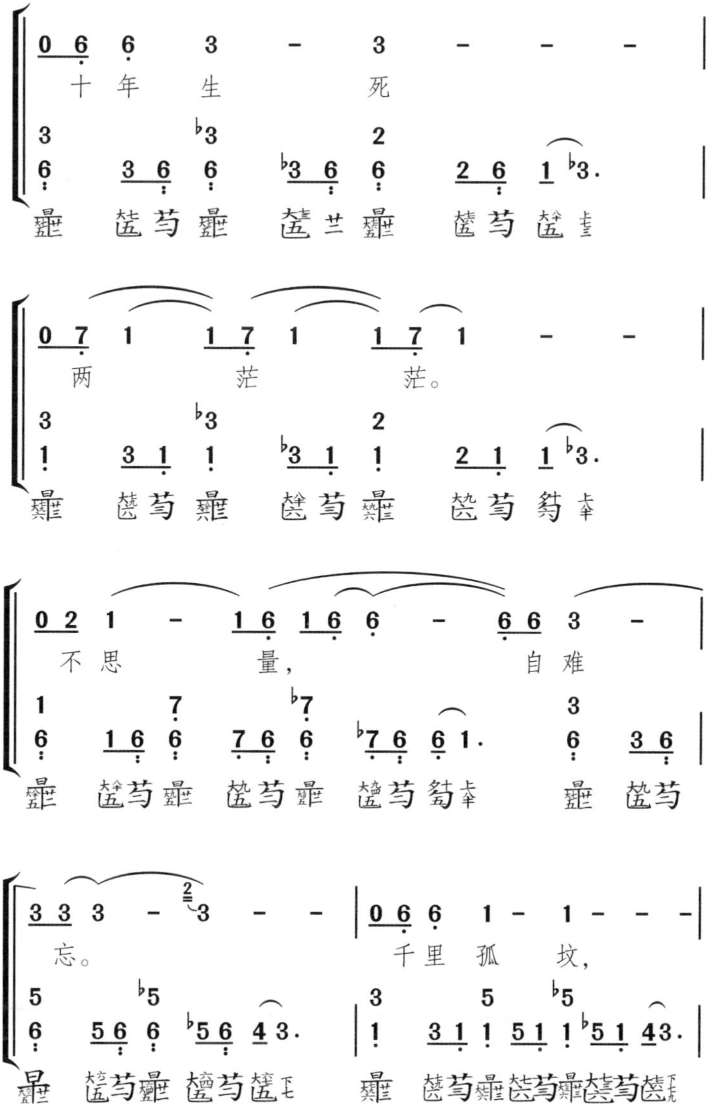
十年生死
两茫茫。
不思量，自难
忘。千里孤坟，

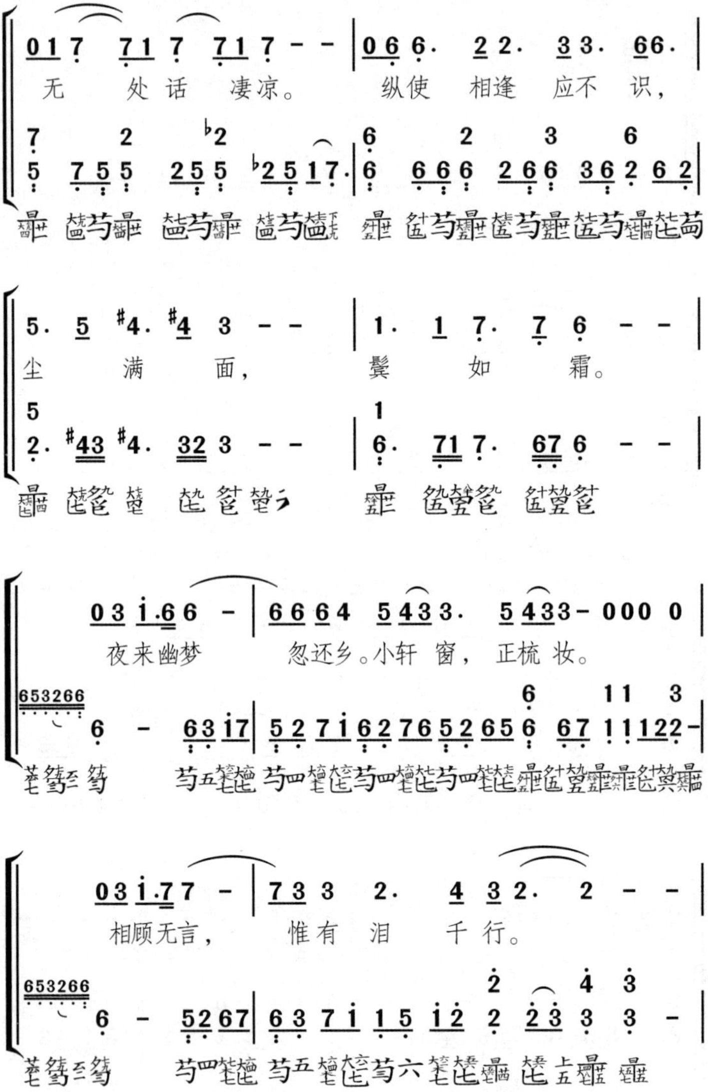
无 处话 凄凉。纵使 相逢 应不 识，
尘 满 面， 鬓 如 霜。
夜来幽梦 忽还乡。小轩 窗， 正梳 妆。
相顾无言， 惟有 泪 千 行。

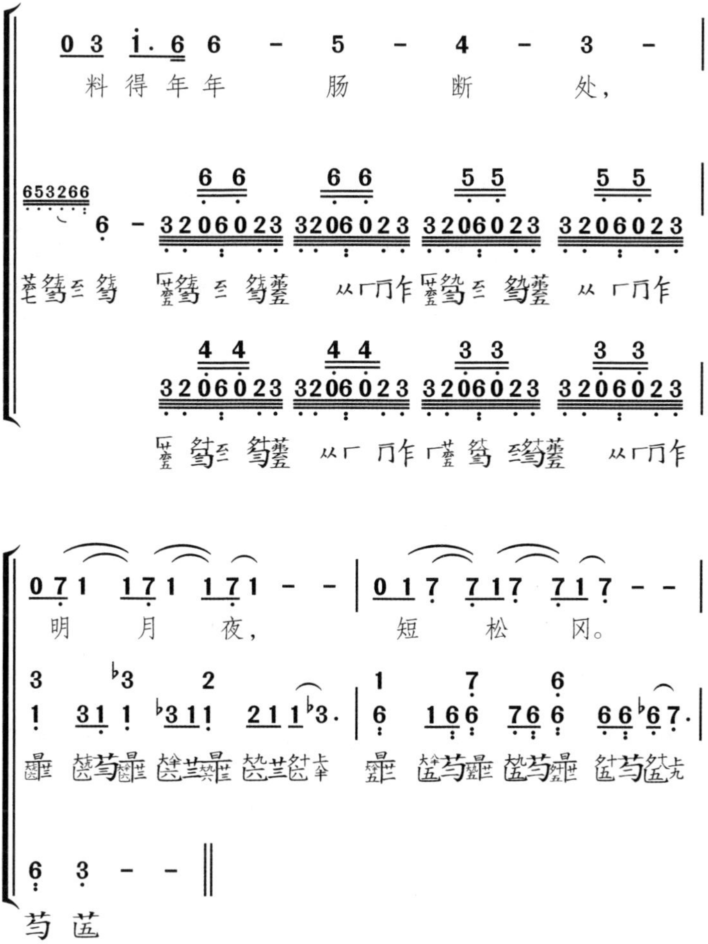

（甲辰清明即兴，实际以录音为准）

“三苏”的家学渊源、文学成就与苏轼的“自由”魅力

宋仁宗嘉祐元年（1056），苏轼、苏辙兄弟俩在父亲苏洵的带领下一同离开故乡四川眉山，赴京城应考，八月，兄弟俩首战告捷，又于嘉祐二年（1057）同时参加省试。当时，主考官是欧阳修。欧阳修读到苏轼的试卷时，忍不住拍案叫绝，还以为只有自己的弟子曾巩才能写出这么好的文章，没想到在试卷拆封之后才发现这是一个没甚名气的外地考生。三月，宋仁宗御崇政殿，亲自主持殿试，轼、辙兄弟同时进士及第。

兄弟俩同时高中本就引人注目，何况这一年哥哥苏轼才二十出头，弟弟苏辙更是未满二十的少年。年少成名，一时间传为佳话。尤其是苏轼，更是名动京师，主考官欧阳修兴奋地对朋友说：“读轼书，不觉汗出。快哉！快哉！老夫当避路，放他出一头地也。可喜！可喜！”（《与梅圣俞书》）他甚至预言，再过三十年，文坛上不会有人再提“欧阳修”这个名字，代之而起的将是前途不可限量的苏轼。

嘉祐六年（1061）的制科考试中，轼、辙兄弟又名列前茅，据说宋仁宗读到两人的制策后，回到后宫还兴奋地对曹皇后说：“朕今日为子孙得两宰相矣。”对苏轼、苏辙的赞赏溢于言表。

苏洵、苏轼、苏辙同列唐宋散文八大家之中，一门三父子在文学上均取得这么高的成就，在整个中国文学史上都不多见，此前有“三曹”（曹操、曹植、曹丕），或可与之相比。宋代文坛还有另外一组“三苏”（即苏易简与其孙苏舜钦、苏舜元），但实际上，苏舜钦一门“三苏”与苏轼一门“三苏”相比，要逊色多了。

苏轼、苏辙的成才，首先应归功于父母营造的良好家庭氛围。

苏洵从二十七岁时开始谢绝了以前和他一起游山玩水的玩伴，一改以往的贪玩习气，闭门苦读，发愤著书，多与博学鸿儒谈笑往来，给儿子们树立了一个勤奋苦学的好榜样。苏洵发愤读书后不久，苏轼、苏辙便相继出生。换言之，幼年的苏轼、苏辙一睁眼看到的，就是一个悬梁刺股、刻苦学习的父亲，他们的“胎教”“早教”就是在一个充满书香和读书声的环境中开始的。

一个好学的家庭环境的形成，光靠父亲一人的努力还不够。苏轼兄弟俩极为幸运的是，他们还拥有一个以贤德聪慧著称的母亲程夫人。

程夫人是一个博学的女子，尤其喜欢读历史书，对古今盛衰得失的道理颇有独到的理解。程夫人十八岁时嫁给苏洵，当时程家非常有钱，而苏家虽是当地望族，生活却颇拮据。程夫人性格非常和顺善良，她进入苏家之后，勤俭持家，和丈夫一家同甘共苦，从来没有露出过一丝富家千金的骄矜之气。有人不理解，就问她："你娘家那么有钱，父母把你当成掌上明珠一般宠爱，你为什么不回娘家去请求他们的资助啊？以他们对你的爱那还不是有求必应？干吗要和苏家人一起吃这么粗糙的饭菜一起受罪呢？"程夫人回答："我当然可以回去求我父母给予资助，可万一别人说长道短，讥讽我的丈夫要靠求人才能养活自己的妻室儿女，那他怎么受得了呢？"

苏洵二十七岁立志要发愤读书的时候，曾经和程夫人商量："我想好好读书，可是我们这一大家子人都等着我养活，如果我闭门读书的话，势必没有办法养家糊口，怎么办呢？"程夫人说："我早就想劝夫君读书上进了，但我又不想夫君是因为我的劝告才勉强去读书。如果夫君真的有志读书，我一定全力支持，养家糊口的事情就都交给我吧。"在程夫人井井有条的操持下，没过几年，苏家成为当地屈指可数的富家之一，而苏洵也能够全力以赴投身学业，终于成为一代大儒。有这样勤奋而博学的父亲，有这样聪慧而贤良的母亲，苏轼和苏辙就拥有了一个良好的成长环境。

有一个故事流传得非常广：每当苏洵外出游学的时候，程夫人就亲自教苏轼兄弟读书。有一天，程夫人读到《后汉书》中的《范滂传》，不由得长叹几声。当时苏轼正好在母亲身边，就问母亲："母亲，假如轼儿也立志做一个像范滂那样的人，母亲会同意吗?”程夫人回答:“你若是能够成为范滂那样的人，难道我就不能当范滂的母亲吗?”

据《后汉书·范滂传》记载，范滂是东汉时期一位清廉正直的名臣，受到时人的尊重与爱戴。汉灵帝时政治黑暗，大肆屠杀党人，范滂为了不牵累旁人，主动跑去“投案自首”。范滂与母亲诀别时说:“儿子不孝，虽然儿子死得其所，但遗憾的是从此不能再奉养母亲了，恳请母亲不要为我伤心了。”范滂母亲大义凛然地回答:“你今天的选择能够使你和那些真正的名士齐名，你做得对，即使是死也没有什么好遗憾的。一个人要保持好的名节却又想追求长寿，这两者哪能兼得呢?”

可见，苏轼与母亲程夫人的这番对答，既显示了苏轼的志向，更说明了程夫人的气节与智慧。

苏轼少有大志，做童生时，他的老师得到一篇颂扬当时名臣的《庆历圣德》诗，恰好被苏轼看到了，苏轼便问先生诗里歌颂的都是一些什么人。老师不以为然地回答:“你一个小孩子知道那么多干什么?”苏轼不卑不亢地回答:“这些人如果是天上的神仙，那我确实不敢知道;如果他们也是人，为什么我不能知道呢?”老师一听:这个小孩不简单啊!不由得对小苏轼刮目相看，于是老师将诗中所颂详细解释给苏轼听，并且告诉他:“其中提到的韩琦、范仲淹、富弼、欧阳修等人，都是当代人杰啊。”

从那时候起，这四个人物便成了苏轼心中的当代偶像。只是那时候他还不能预料，日后他竟然能有幸成为文坛领袖欧阳修最为赏识和喜爱的弟子。而当欧阳修预言苏轼的成就将超过自己并将主盟文坛的时候，苏轼也主动扛起了这面文学的大旗，自觉以恩师的期望为自己奋斗的目标，并且以欧阳修的继承人自我期许。他曾向苏门文人宣称："方今太平之盛，文士辈出，要使一时之文有所宗主。昔欧阳文忠常以是任付与某，故不敢不勉。异时文章盟主，责在诸君，亦如文忠之付授也。"（李廌《师友谈记》）

在苏洵与程夫人共同营造的良好家风熏染之下，苏轼与苏辙成为那个时代最优秀的一批人。苏轼更是集合了中国古代文人士大夫几乎所有的可贵品质，他就像车子最前方的轼（轼之本意是古代车厢前面用作扶手的横木）一样：才华横溢、博学多识、高瞻远瞩、风骨凛然、胸襟坦荡，一身傲骨却又坦率真诚，豁达乐观却又一往情深。苏辙的个性则正如其名字（辙，是车轮轧过的痕迹）一样，温和谨慎，含蓄持重。

一门三苏中，苏轼的文学成就最高，无论诗文，还是小词，各类文体他都能驾驭自如，而且似乎所谓的"文学规则"和"思想流派"都不能构成羁绊其率性发挥的"镣铐"。在文学的世界里，"苏轼是一位自由派"（语出《哥伦比亚中国文学史》）。苏轼评价自己的散文有如下一段话，可以帮助我们理解他在文学天地里的“自由”遨游：

> 吾文如万斛泉源，不择地皆可出，在平地滔滔汩汩，虽一日千里无难。及其与山石曲折，随物赋形，而不可知也。所可知者，常行于所当行，常止于不可不止，如是而已矣。其他虽吾亦不能知也。（苏轼《自评文》）

这段话同样可以用来评价苏轼的诗词创作。首先“万斛泉源”的比喻是说他的学问博大精深、思想深邃丰富，因此能够成为其文学创作永不枯竭的源头活水；“虽一日千里无难”形容其创作才情勃发，下笔如有神，绝非“苦吟”一派；“随物赋形”“常行于所当行”说明他不受形式的约束，其文如行云流水一般自然天成。“这种‘自然’当源于他的自信。他在写作中能以自己为主，任意挥洒，这是自信的结果。而他的性格的另一侧面是喜欢节制、不喜欢走极端，这又是所谓的‘常止于不可不止’的来历了。这种‘规矩’与‘自然’的巧妙平衡，形成了苏轼散文所特有的张力，同时也使文章‘宋调’在一个更高层次上获得了生机。”①

苏轼还善于打破文体之间的畛域，“不同文体的融合，时时给文体带来新的生命力。打个比方，这类似于不同品种

① 章培恒，骆玉明. 中国文学史新著：中卷［M］. 上海：复旦大学出版社，2011：243.

植物的杂交”，前文所述苏轼“以诗为词”就是打破诗词畛域赋予词以新生的有力佐证。再如“苏轼的《赤壁赋》则是以古文为赋，以赋的形式包融了记叙和议论”①。赋是汉代成熟的一种文体，汉大赋以铺陈写物为主要特征，体制庞大却有板滞之嫌，但苏轼的《赤壁赋》却兼容了散文和赋的不同特点，如保留了赋的主客问答的形式，行文却又骈散结合，将叙事、写景、抒情、议论、引诗等融为一体。这正是“破体”之后形成新的文体（即“变体”）的典范，也是苏轼不拘一格的文学创作生命力的鲜明呈现。

苏轼的诗歌创作也有格局宏大、胸襟开阔的特点，这与他一生读万卷书行万里路的经历有关系。苏轼无疑是政治上的失败者，他这一生在仕途上几乎没有完全顺风顺水的时候，但正是这种常态化的仕途逆境，成就了一个思想上和文学上的巨人苏轼。据当代学者王兆鹏先生主持开发的《唐宋文学编年地图》显示，苏轼一生到过 148 个地方，是唐宋诗人中行走地方最多的人，“可以说一生都在路上”。而他的“一生都在路上”和李白主动地漫游名山大川寻仙访道不同，苏轼入仕之后的行走多半是因为贬谪或外放。他以两句诗自评一生成就：“问汝平生功业，黄州惠州儋州。”（《自题金山画像》）黄州惠州儋州就是他三个主要的贬谪地，而每一

① 吴承学. 中国古代文体形态研究［M］. 广州：中山大学出版社，2000：353-354.

次贬谪都是他文学与思想成就的一次升华。例如我们熟悉的《题西林壁》即写于从贬谪地黄州前往汝州途经庐山的时候：

横看成岭侧成峰，远近高低各不同。
不识庐山真面目，只缘身在此山中。

这首诗是苏轼为东林寺常总广惠禅师题写的诗句，据说最初是题写在西林寺的墙壁上。虽然苏轼写过许多游览庐山的诗篇，但这首《题西林壁》却被视为是对庐山全貌总结性的咏叹，就像他自己所说的那样，他所有的“庐山诗尽于此矣”。

庐山的一个重要特点是从不同的角度看都能呈现出完全不同的风貌来，而苏轼无疑是从正面、侧面、远处、近处等各个角度欣赏过庐山风景的“资深驴友”，因此他才会用极其凝练的两句“横看成岭侧成峰，远近高低各不同”来概括游人眼中庐山变化多端、姿态各异的形象。

不过，苏轼显然不满足于尝试描述庐山的全貌，他更愿意通过对庐山的总览，来提炼出人生的哲理：“不识庐山真面目，只缘身在此山中。”游人无法准确描述庐山的真实面貌，那是因为自身处在庐山之中。所谓当局者迷旁观者清，很多时候，当你四顾茫然、无法形成准确的判断时，那是因为你身陷其中，看不到全局。这时，只有跳出自身的局限，在更为广阔、更为高远的视野中去观照事件、观察事物，才能形成更全面、更真实的判断。

一首描写旅途风光的诗篇，被苏轼提炼出了丰富而含蓄的哲学思想，这正是苏轼思想和诗歌创作技巧的过人之处。或许，这也是苏轼对自己前半段人生的一次反思：在被贬黄州之前，苏轼从政热情高涨。尤其是宋神宗和王安石发起轰轰烈烈的熙宁变法之后，苏轼对变法持异常激烈的反对态度，甚至还因此被政敌罗织罪名被捕入狱，继而被贬黄州。黄州四五年的贬谪生涯，使苏轼远离朝局，当心绪渐渐平静下来之后，他对王安石变法的态度、对自己的政治选择、未来的人生方向都进行了更为冷静更为清醒的观照。元丰七年（1084），苏轼畅游庐山之时，快到知天命之年了，经历了人生的各种磨难与历练，他已能够以更加理性的眼光，站在更高的境界，以更为开阔的视野，来审视他自己的人生，审视他所深爱的国家的命运，也审视历史变迁的规律。

这类将写景、抒情和议论说理融为一体的诗作在苏轼的诗集中比比皆是，还有“人生到处知何似，应似飞鸿踏雪泥”（《和子由渑池怀旧》）也是如此，这既是宋诗好议论好说理的反映，亦有苏轼自己的个性特点。思想与理性的丰盈，成就了苏轼诗歌内容的丰满与形式的丰富，他“是最后一位能将诗歌的各种多层可能性聚合在一起的诗人”①。

---

① 梅维恒. 哥伦比亚中国文学史：上［M］. 马小悟，译. 北京：新星出版社，2016：385.

这种情、景、理交融的特点在他的词中也有鲜明体现，例如他的两首《定风波》，“也无风雨也无晴”“此心安处是吾乡”等都是借叙事、写景、抒情三者的交融来提炼出个性化的人生哲理。读他的诗词，既能在巧妙的比喻、生动的形象中感受文学之美，也能在人生意义的深刻反思中提炼出智慧的灼灼光华。

有一个故事颇能暗示苏轼的一生和个性：苏轼还在京城当翰林学士的时候，是他仕途短暂得意的阶段。有一天下朝回来吃完饭，苏轼摸着圆滚滚的肚子悠闲地散着步，他突发奇想，回头问侍妾们：“你们说说看，我这肚子里都装了些什么啊？”一个侍女抢着回答：“先生肚子里装的都是锦绣文章！”另一侍女也赶忙说：“您装了满肚子过人的见识和谋略！”苏轼听了，都是不以为然地摇摇头。只有朝云微笑着说了一句：“学士一肚皮不合时宜！”苏轼听了，不由得捧腹大笑：“知我者，唯朝云也！”①

“一肚皮不合时宜”正是苏轼坚持做自己的另类表达。

坚持做自己，这是苏轼仕途蹭蹬的个性根源。

坚持做自己，更是苏轼登顶中国古代文学最高峰的个性根源。

---

① 事见费衮《梁溪漫志》：东坡一日退朝，食罢扪腹徐行，顾谓侍儿曰：“汝辈且道，是中有何物？”一婢遽曰：“都是文章。”坡不以为然。又一人曰：“满腹都是识见。”坡亦未以为当。至朝云乃曰：“学士一肚皮不合时宜。”坡捧腹大笑。

苏洵《六国论》、苏辙《逍遥堂会宿二首（并引）》

1. 苏洵《六国论》

六国破灭，非兵不利，战不善，弊在赂秦。赂秦而力亏，破灭之道也。或曰：六国互丧，率赂秦耶？曰：不赂者以赂者丧。盖失强援，不能独完。故曰：弊在赂秦也。

秦以攻取之外，小则获邑，大则得城。较秦之所得，与战胜而得者，其实百倍；诸侯之所亡，与战败而亡者，其实亦百倍；则秦之所大欲，诸侯之所大患，固不在战矣。思厥先祖父，暴霜露，斩荆棘，以有尺寸之地。子孙视之不甚惜，举以予人，如弃草芥。今日割五城，明日割十城，然后得一夕安寝。起视四境，而秦兵又至矣。然则诸侯之地有限，暴秦之欲无厌，奉之弥繁，侵之愈急。故不战而强弱胜负已判矣。至于颠覆，理固宜然。古人云："以地事秦，犹抱薪救火，薪不尽，火不灭。"此言得之。

齐人未尝赂秦，终继五国迁灭，何哉？与嬴而不助五国也。五国既丧，齐亦不免矣。燕赵之君，始有远略，能守其土，义不赂秦。是故燕虽小国而后亡，斯用兵之效也。至丹以荆卿为计，始速祸焉。赵尝五战于秦，二败而三胜。后秦击赵者再，李牧连却之。洎牧以谗诛，邯郸为郡，惜其用武而不终也。且燕赵处秦革灭殆尽之际，可谓智力孤危，战败而亡，诚不得已。向使三国各爱其地，齐人勿附于秦，刺客不行，良将犹在，则胜负之数，存亡之理，当与秦相较，或未易量。

鸣呼！以赂秦之地封天下之谋臣，以事秦之心礼天下之奇才，并力西向，则吾恐秦人食之不得下咽也。悲夫！有如此之势，而为秦人积威之所劫，日削月割，以趋于亡。为国者无使为积威之所劫哉！

夫六国与秦皆诸侯，其势弱于秦，而犹有可以不赂而胜之之势。苟以天下之大，下而从六国破亡之故事，是又在六国下矣。

作为唐宋散文八大家之一，苏洵虽然没有像两个儿子一样考中进士，但他的文章独步一时，被视为一时文章之宗师。苏洵的散文以议论文为主，尤爱议政、论兵，他和苏轼的文章一向被认为颇有战国纵横家遗风，擅长论辩，纵横捭阖，气势雄浑，擅长以史鉴今、借古讽今。欧阳修高度评价苏洵的学问：“大究六经、百家之说，以考质古今治乱成败、圣贤穷达出处之际，得其粹精，涵畜充溢。”（《故霸州文安县主簿苏君墓志铭》）苏轼、苏辙亦对苏洵的教导十分服

膺，正如苏辙所说："父兄之学，皆以古今成败得失为议论之要。"（《历代论》）

这篇《六国论》即属于《权书》中的一篇，是传诵至今的论兵名篇。《六国论》的核心论点很明确："六国破灭，非兵不利，战不善，弊在赂秦。"苏洵认为秦灭六国的根源不在于兵力强弱的差距，而在于六国争相割地贿赂秦国，导致国土流失、国力衰弱，而秦国则借此不断扩张、强大。

总结秦灭六国的这一段历史，历来是政论文的热门论题。从贾谊的《过秦论》开始，不同时代的散文家均从不同角度阐述过各自的观点。而苏洵在开门见山摆出论点之后，随即从两个方面对"弊在赂秦"的观点展开论证：一方面指出韩国、魏国、楚国因为"赂秦而力亏"的历史教训，另一方面则点明齐国、燕国、赵国虽然没有直接赂秦却间接亡于赂秦的事实。逻辑严密，雄辩而有力。

当然，苏洵讨论六国为秦所灭的历史，亦有着鲜明的"有用于今"的目的，因此在文章最后，苏洵发出振聋发聩的警告："为国者无使为积威之所劫哉！"警告"为国者"之后苏洵仍意犹未尽，紧接着从秦与六国之强弱对比联系到现实：当年诸侯如果不贿赂秦国还有决胜的资本。"苟以天下之大，下而从六国破亡之故事，是又在六国下矣。"难道以当今天下之强大，还不如当年六国之诸侯吗！

苏洵所处之北宋，北方边境有党项之西夏与契丹之辽国，从宋真宗到宋仁宗，均以输送“岁币”的方式换取边境的平安。宋朝固然暂时没有像六国那样以土地贿赂敌国，然而以土地贿赂和以金钱贿赂虽形式不同，情势则一，如若没有强大的军队保障与用兵意识，一味输币求和定然难保长治久安。正如前人所评：“盖宋是时岁输币以赂契丹，老泉（苏洵，号老泉）原是借六国以讽宋，读者须玩其言在此而意在彼之妙。”（过珙《古文评注》）

苏洵生活的时代，正当北宋之太平盛世，然则从历史中总结治国理政之经验教训，往往能赋予人以先见之明。北宋以岁币换取苟安的结局，果然不幸被苏洵言中——北宋之灭亡亦弊在赂敌也！“苏洵熟稔历史，又深谙时弊，善于通过对历史反思，现实分析，警醒世人。一篇《六国论》不仅写法上与《战国策》相伯仲，且远见卓识亦为历史所证实。”①

2. 苏辙《逍遥堂会宿二首（并引）》

苏辙虽然与其父兄同列唐宋散文八大家之中，但苏辙在文学上的成就与声望显然远远逊色于其兄，苏辙也总是自称以兄长为终生榜样，他曾发自肺腑地感叹：“我初从公，赖以有知。抚我则兄，诲我则师。皆迁于南，而不同归。天实为之，莫知我哀。”（《亡兄子瞻端明墓志铭》）——我们兄弟俩从小跟着父亲一起读书，一起参加科举，一起边入仕

① 刘衍. 刘衍论著集：第 3 卷［M］. 长沙：湖南文艺出版社，2008：321.

途，又一起经历政治的风雨，在人生的每一个阶段兄弟俩都互相陪伴互相支撑。关爱我的时候他是我的兄长，教诲我的时候他又是我的师长，这份手足之情是我一生中最值得珍惜的财富。

其实，苏辙虽然在文学上的成就比不上苏轼，但在政治上的地位却高于兄长。哲宗元祐时，旧党当政，苏辙也不断升迁：元祐五年（1090），任御史中丞，有纠察百官之权；元祐六年（1091），升任尚书右丞，掌参议大政，相当于副相；元祐七年（1092），拜门下侍郎，职位更在尚书右丞之上，苏轼难以企及。

从个性上来看，苏轼性格张扬，锋芒毕露；苏辙则内敛沉稳，平实谨慎。苏辙的文学创作相较于苏轼而言，亦相对更重说理而轻抒情。

苏轼、苏辙入仕之后聚少离多，兄弟俩长期身处异地却唱和不断，他们的手足深情经由彼此的诗歌寄赠和酬唱而更显动人。

熙宁十年（1077）二月，苏轼苏辙兄弟俩在分别七年之后终于再度聚首。就在前一年（1076）中秋节，苏轼在密州任上写下了那首著名的《水调歌头》：

丙辰中秋，欢饮达旦，大醉，作此篇，兼怀子由。

明月几时有，把酒问青天。不知天上宫阙，今夕是何年。我欲乘风归去，又恐琼楼玉宇，高处不胜寒。起舞弄清影，何似在人间。

转朱阁，低绮户，照无眠。不应有恨，何事长向别时圆。人有悲欢离合，月有阴晴圆缺，此事古难全。但愿人长久，千里共婵娟。

也许月亮真的是有思想有情义的，就在苏轼写下这阕思念弟弟苏辙的词之后不久，苏辙罢齐州任赴南京应天府述职，苏轼改知徐州。熙宁十年二月，兄弟二人在澶州濮州一带相见。苏辙陪着哥哥，一直将他送到徐州任上，又在徐州逗留了一百多天。

这次徐州相会，苏辙曾写下《逍遥堂会宿二首（并引）》：

辙幼从子瞻读书，未尝一日相舍。既壮，将游宦四方，读韦苏州诗，至“安知风雨夜，复此对床眠”，恻然感之，乃相约早退，为闲居之乐。故子瞻始为凤翔幕府，留诗为别曰：“夜雨何时听萧瑟?”其后子瞻通守余杭，复移守胶西，而辙滞留于淮阳、济南，不见者七年。熙宁十年二月，始复会于澶濮之间，相从来徐，留百余日。时宿于逍遥堂，追感前约，为二小诗记之。

逍遥堂后千寻木，长送中宵风雨声。
误喜对床寻旧约，不知漂泊在彭城。

秋来东阁凉如水，客去山公醉似泥。
困卧北窗呼不起，风吹松竹雨凄凄。

逍遥堂是苏轼、苏辙在徐州居住的地方，秋夜的风雨敲打着高大的树木，萧萧瑟瑟，让他们恍然回忆起青年时代在京城怀远驿读书时夜雨对床、相约早日退休为闲居之乐的情景。如今，兄弟二人辗转在仕途中已近二十年，宦海浮沉，身不由己，此刻的风雨声和兄弟间的促膝对谈，真让人误以为他们已经实现了当年的约定，携手归隐，共享兄弟之情呢。“误喜对床寻旧约，不知漂泊在彭城。”彭城就是江苏徐州。尽管这种“误会”终会被现实打破，就像美梦终究有醒来的时候一样，他们终将再次分离，漂泊天涯，但即便是暂时相聚的欢乐，也让他觉得弥足珍贵。

第一首即景抒情，第二首则是想象别后之情。苏辙想象自己离开徐州之后，兄长又将面对长夜风雨，秋凉如水，该是何等寂寞清冷。“山公”原指晋代山涛的儿子山简，山简性格放达，常醉酒不起，苏轼经常以山简自比，因此苏辙此处也以山公代指兄长。他想象着哥哥此后只能借酒消愁，排遣对弟弟的思念。全诗用风雨凄凄营造出了浓郁的离愁别绪。

这次重逢，苏辙特意在徐州陪着兄长度过了一个中秋节，分别七年能够在中秋月圆之时携手赏月，这对于聚少离多的兄弟俩来说真是一种难得的奢侈。苏轼特意邀请了投缘的好朋友，于彭城山下，泛舟湖上，沐浴在清风明月之中，饮美酒，赏明月，共度良宵。

在月光的清辉下，苏辙动情地写了一首《水调歌头·徐州中秋》，来应和前一年兄长写下的《水调歌头·明月几时有》：

离别一何久，七度过中秋。去年东武今夕，明月不胜愁。岂意彭城山下，同泛清河古汴，船上载凉州。鼓吹助清赏，鸿雁起汀洲。

坐中客，翠羽帔，紫绮裘。素娥无赖，西去曾不为人留。今夜清尊对客，明夜孤帆水驿，依旧照离忧。但恐同王粲，相对永登楼。

相比起苏轼在《水调歌头·明月几时有》那种“天上宫阙”和人间清影的出尘与超脱，苏辙的中秋词更加凸显人间聚散离合的喜乐悲愁。他们兄弟一别七年才能聚在一起过中秋节。去年的中秋夜，他们还分离两地，各自思念着对方，不胜伤感悲愁。那时怎么也想不到一年后，他们竟然能够在中秋之夜一同泛舟清河，以清乐美酒助兴。然而，欢乐的时光总是过得太快，随着月亮西沉，告别的时刻也飞速到来："今夜清尊对客，明夜孤帆水驿，依旧照离忧。"这个中秋月夜还能与兄长、好友相对畅饮，明天此时就要一个人漂泊天涯了，怎不让人倍感惆怅！

第二天，苏辙挥泪告别兄长，登舟而去。而这一回离别，兄弟俩还将经历更加险恶的风波。因为就在两年后，也就是元丰二年（1079），苏轼突然被诬陷写诗讥刺新法、诽谤朝廷，七月被捕入京，这就是差点让苏轼送命的文字狱"乌台诗案"，弟弟苏辙当然也被牵连遭遇贬谪。

近二十年后，绍圣四年（1097），苏轼被贬海南儋州，苏辙被贬广东雷州。五月十一日，苏轼紧赶慢赶，终于在藤州（今属广西）赶上了贬谪途中的弟弟，六月五日陪同弟弟到达雷州，短暂逗留几天后，十一日再渡海赴儋州。这一次短暂的相聚成了兄弟俩这一生中最后的一次相聚。

《宋史》苏辙的传记中如此评价："辙与兄进退出处，无不相同，患难之中，友爱弥笃，无少怨尤，近古罕见。"六十多年的兄弟之情，无论是寒窗共读，还是同处富贵、同游山水，或是同受牵连、同遭患难，都从无怨尤，从无猜疑，这是一种极其罕见的兄弟、知己之情。

第七講

黄庭坚与江西诗派

宋

黄庭坚小传

黄庭坚像

黄庭坚（1045—1105），字鲁直，号涪翁，又号山谷道人，洪州分宁（今江西修水）人。英宗治平四年（1067）进士，授叶县尉，后为国子监教授。与张耒、秦观、晁补之同游苏轼之门，时称“苏门四学士”。其诗与苏轼齐名，并称“苏黄”，被尊为江西诗派开山鼻祖。其词与秦观齐名，并称“秦七黄九”。书法则与苏轼、米芾、蔡襄并称“宋四家”。哲宗时，召为校书郎，为《神宗实录》检讨官。后以修实录不实之罪遭贬。卒于宜州贬所。著有《豫章先生文集》《山谷琴趣外篇》等。

黄庭坚《寄黄几复》

黄庭坚作为继苏轼之后的又一诗坛领袖，其最为今人所熟悉、称颂的诗当是这首《寄黄几复》：

我居北海君南海，寄雁传书谢不能。
桃李春风一杯酒，江湖夜雨十年灯。
持家但有四立壁，治病不蕲三折肱。
想得读书头已白，隔溪猿哭瘴溪藤。

黄庭坚的诗一向被视为宋诗的典范，他主张写诗要字字都有出处，也就是说一定要以广博精深的学问为根本，要在博学多识、充分消化前人经典的基础上形成自己的诗歌个性。这首《寄黄几复》颇能印证黄庭坚的诗学观念。

黄几复就是黄介，和黄庭坚是老乡，都是江西人，是黄庭坚的密友之一，他们从少年时代起就有交游。写这首诗的时候是元丰八年（1085），黄庭坚在德州（今属山东），而黄几复则在四会县（今属广东）。以当时的交通条件来看，这样的距离真可谓是天南海北了，因此黄庭坚的诗第一句就说“我居北海君南海”，极言两人相隔之遥远。这句诗看上去很平淡很通俗，但其实其中已经蕴含了典故。《左传·僖公四年》记载，齐桓公攻打楚国，楚成王派使者去齐国军营对齐桓公说：“君处北海，寡人处南海，唯是风马牛不相及也，不虞君之涉吾地也，何故?”齐国和楚国一南一北，相隔那么远，彼此之间本来一点关系都没有，没料到贵国国君竟然不远万里来到我们的土地上，这又是何缘故呢?

黄庭坚运用典故果然是“语不惊人死不休”，一南一北既写出了他与黄几复距离之遥远，还顺带点明了两人所处地理位置都在海滨，且“海”不仅指地理位置之遥，还暗含了相思似海深的蕴意。

正因为有了首句的铺垫，下句“寄雁传书谢不能”的奇思妙想才能够顺理成章地推出。鸿雁传书是诗词里的常见典故，诗人在此却是故意“反用”这个典故了。鸿雁传书首见于《汉书·李广苏建传》，大雁作为候鸟每年南来北往，能够跨越天南海北的遥远距离，从冰雪覆盖的茫茫大漠飞往温暖的南方，古人认为，大雁能够去到的最南的地方是湖南衡阳。衡阳有一个别号就叫“雁城”，传说秋天北雁南飞，到衡阳回雁峰而止，便不再继续往南。王勃《滕王阁序》里就写道：“雁阵惊寒，声断衡阳之浦。”范仲淹的《渔家傲·秋思》里也有“衡阳雁去无留意”的句子。可是黄几复所在的广东四会更在衡阳之南，因此诗人才会说，想请大雁寄去问候的书信，却被大雁婉言拒绝了：“实在抱歉，那么远的地方，连我们都飞不过去啊！”

首联连用两个典故，而且一个正用，一个反用，用两地相隔之遥远烘托相思之深情。颔联是千古名句，在当时就已为人所激赏：“桃李春风一杯酒，江湖夜雨十年灯。”苏门另外一位著名弟子张耒评价此联“真奇语”。

“桃李春风一杯酒”是回忆两人曾经的相聚，把酒临风，桃李助兴，那是何等畅快淋漓！“桃李春风”并非仅仅写相聚的季节，更是写他们意气风发、春风得意的青年时代。逝者如斯，写这首诗的时候黄庭坚已是不惑之年，少年意气早已不再。“江湖夜雨十年灯”，“十年”或为泛指，极言他们分离之久，其间备尝“江湖”飘零之艰辛困苦、“夜雨”独对之凄凉寂寞。以春风得意的少年回忆，反衬凄然漂泊的苍凉现实，一昔一今，一虚一实，一乐一悲，万千感慨尽付于桃李春风往日繁华与江湖夜雨眼前寂寞的对照之中，令人在无限遐思中更添几许惆怅。

颈联又是两大典故的化用。“四立壁”出自《史记》中的《司马相如列传》，原本是形容司马相如在娶卓文君之前的贫寒家境："文君夜亡奔相如，相如乃与驰归成都。家居徒四壁立。""三折肱"则出自《左传·定公十三年》："三折肱，知为良医。"原意是说一个人如果断了三次胳膊，那他自己也能当一个好医生了，即俗语说的"久病成良医"之意。后来三折肱亦可代指良医，也引申为屡遭挫折而积累了丰富的经验教训。黄庭坚诗中"持家但有四立壁，治病不蕲三折肱"实是对好友黄几复的高度推崇：在诗人眼中，黄几复的智慧与实力早已足够让他成为一名"良医"，而不需等到历经挫折之后。当然这里的"良医"有其指代的意义，实际是指黄几复身怀治国理政的才华，"治病"和"治国"有其相通之处。因此这一联诗在推崇黄几复才能的同时，也带有为好友沉沦漂泊而不平之意。

尾联"想得读书头已白，隔溪猿哭瘴溪藤"更是将这种惋惜、思念、不平之情推向高潮。"想得"是对首句"我居北海君南海"的呼应，因为相隔距离之遥远与分离时间之久远，因此只能凭借想象来猜测好友的现状了：当年一起"桃李春风一杯酒"的好友，如今也该两鬓如霜了吧？好友空有满腹学识才华，却只能在天遥地远的"瘴溪"边任凭时光流逝。瘴溪是指岭南一带有瘴气的溪河，因为黄几复时在广东四会，故而以"瘴溪"目之。"瘴溪"说明生活环境之恶劣，又以猿哭的声音更进一步渲染好友处境的凄凉萧瑟，结尾真有力透纸背之感！

这首《寄黄几复》是颇见黄庭坚诗艺与功力的一首代表作，既蕴含了朋友之间深厚的知己之情、牵挂之意，又充分表现了黄几复的个性、才华与处境，同时还有借朋友命运寄寓诗人自己身世之叹的深意，“既叹黄几复之贫病交困，且美其安贫乐道之志，怜其屈身下僚之命。诗人不平之鸣，怜才之意，流荡其间。惟值得注意的是，诗中善用典故，内蕴丰富，以故为新，运古于律，拗折波峭，颇能表现黄庭坚诗之特色”①。

顺带提一下，两年之后，也就是元祐二年（1087），黄庭坚、黄几复先后回到汴京，阔别十多年的好友终于再度相逢。黄庭坚百感交集地又写下了一首《次韵几复和答所寄》：“海南海北梦不到，会合乃非人力能。地褊未堪长袖舞，夜寒空对短檠灯。相看鬓发时窥镜，曾共诗书更曲肱。作个生涯终未是，故山松长到天藤。”这首诗就是对两年前《寄黄几复》的呼应。当年两人一海南一海北，连鸿雁都无法传书，在梦里都难相会，没想到他们居然还能在京师重逢，命运的力量何等神奇！友情的力量又是何等深沉！

---

① 王国璎. 中国文学史新讲：第 2 卷［M］. 北京：中信出版社，2018：527.

临江仙·夜登小阁，忆洛中旧游

1＝F 正调定弦 5 6 1 2 3 5 6

陈与义 词

宋明 曲并指

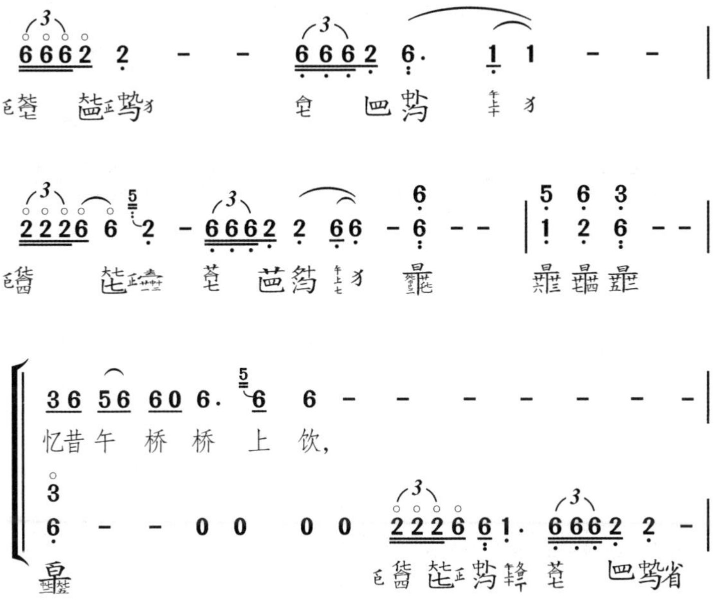

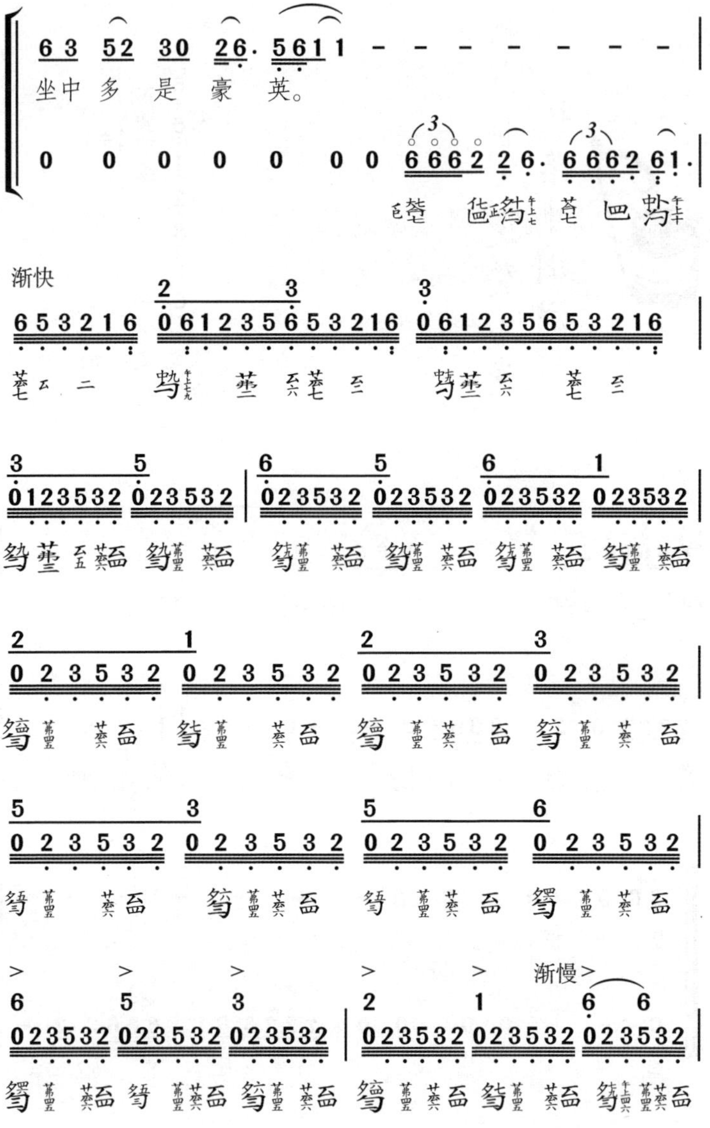
坐中多是豪英。
渐快
渐慢

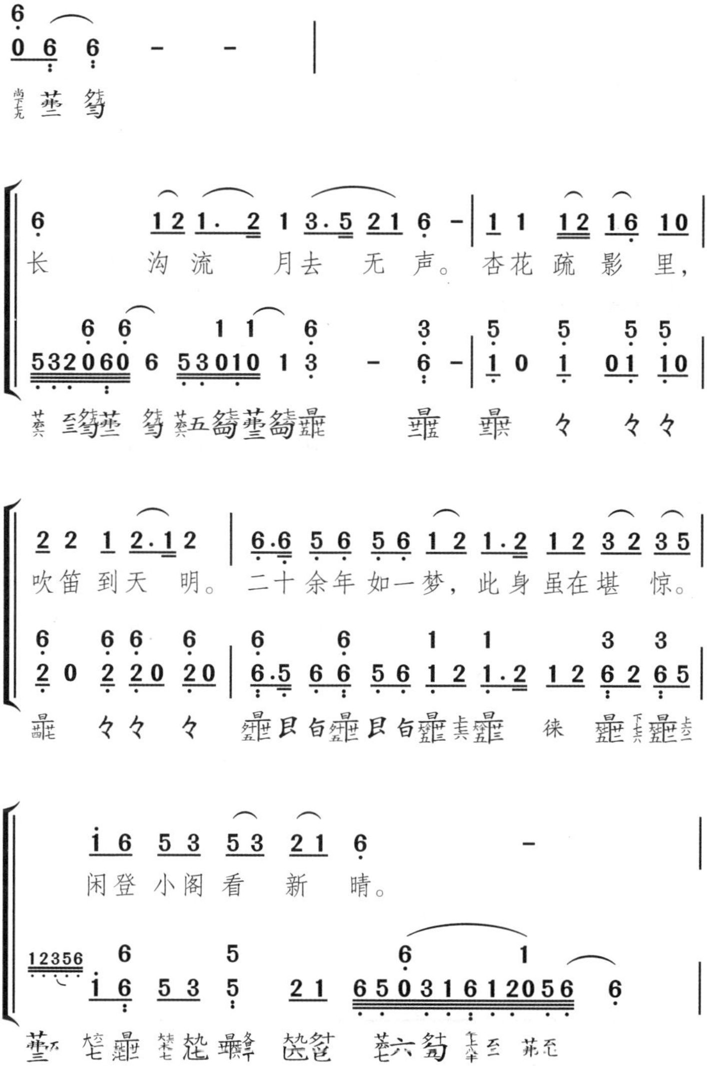
长沟流月去无声。杏花疏影里，
吹笛到天明。二十余年如一梦，此身虽在堪惊。
闲登小阁看新晴。

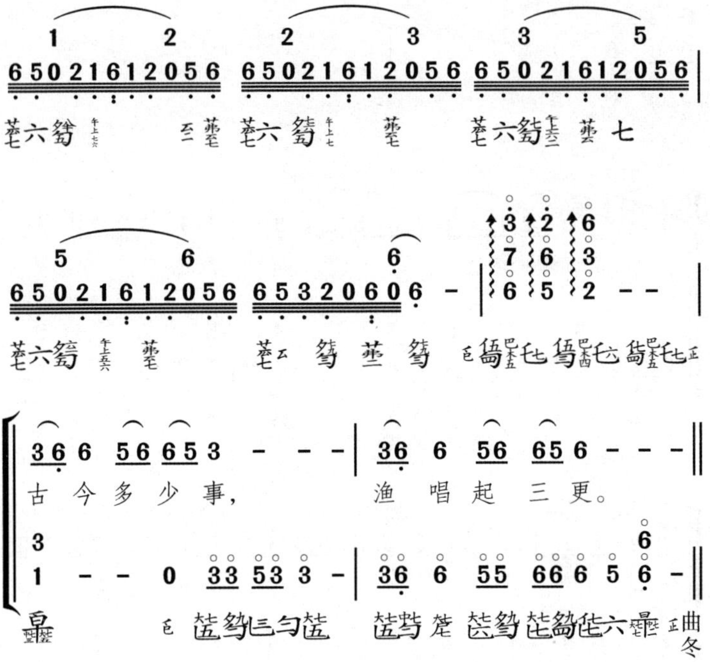

（壬寅秋分即兴，实际以录音为准）

江西诗派“一祖三宗”“点铁成金”“夺胎换骨”的诗歌理论

北宋文坛有“代际”传承的良好风气，正如当年欧阳修将下一届文坛盟主的使命交付苏轼一样，苏轼也曾将类似的使命托付给苏门四学士或苏门六君子中文学成就最高者——黄庭坚。“往在元祐初，始与秦少游、张文潜论诗，二公初不谓然。久之，东坡先生以为一代之诗，当推鲁直，而二公遂舍其旧而图新。”（黄庭坚《与王彦周书》）这段话是黄庭坚自述，苏轼认为一代之诗当推黄庭坚为魁首，虽然苏轼没有明说要将一代诗统托付黄庭坚，但是从秦观、张耒舍旧图新，以及后世“苏黄”并称的事实，可知黄庭坚实为苏轼之后最有能力继承“诗统”之人。

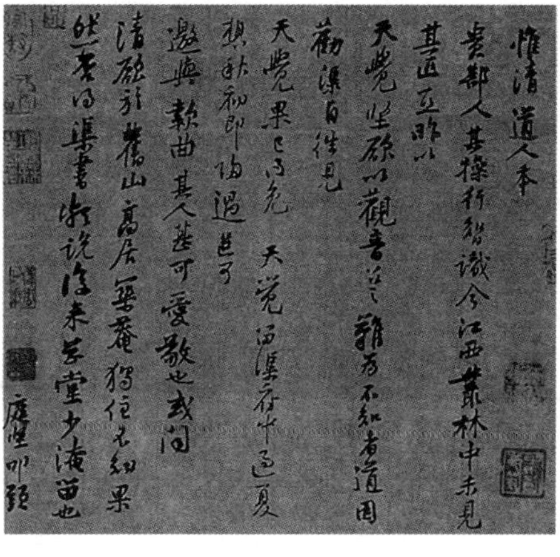

《惟清道人帖》

黄庭坚比苏轼小八九岁，相比苏轼与欧阳修三十岁的年龄差，苏黄几乎可以算是同辈人。苏黄二人神交已久，但直到元丰元年（1078）二月，时在北京大名府任国子监教授的黄庭坚写信给苏轼，并附上所作古诗两首，苏轼随即回信并次韵和诗，二人才开始订交。就在同一月，苏轼写了《春菜》一诗，描述了春天各种可口的美味之后感叹说：提起苦笋（苦竹之笋）、江豚这些美食我就口水直流，恨不得明年就上书辞职回去享受美味，可不能等到以后老了牙齿都松了只能看不能吃的时候再各种后悔啊！（苏轼《春菜》："明年投劾径须归，莫待齿摇并发脱。"）黄庭坚很快便次韵和诗，这是黄庭坚第一次和苏轼诗。黄庭坚的和诗中有"公如端为苦笋归，明日青衫诚可脱"（《次韵子瞻春菜》）的句子，苏轼收到和诗，看到这最后两句，不由得哈哈大笑，对身边的人说："我本来就是不愿意做官的，你们看鲁直硬是要用苦笋来诱惑我退休啊！"据说黄庭坚也酷爱吃苦笋，黄庭坚的诗句意思是说：先生您如果真的愿意为了苦笋辞职归隐，那我明天也脱了这身官袍陪您一起吃苦笋去！两位爱吃苦笋的大文豪就此成了一生的知交。

然而，苏黄的人生初见却直到九年后的元祐元年（1086）才得以实现。那时黄庭坚和苏轼均被调回京师任职，二人一见如故，此后更是交往密切，唱和频繁。苏轼对黄庭坚的才华非常看重，甚至还曾写诗自称"效庭坚体"（《送杨孟容》）——老师模仿学生的风格写诗，可见苏老师对这名弟子有多赏识了！

有人说，文学上的宋朝是江西人的天下，这话确有一定的合理性。除了三苏之外，北宋文坛几大领袖级人物晏殊、欧阳修、黄庭坚均是江西人。若论文学之“宋调”的代表性文学家，则黄庭坚甚至比苏轼更具范式的意味，以黄庭坚为核心形成的江西诗派更是几乎成了“宋诗”的代名词。自黄庭坚之后，宋代几乎所有的大诗人都或直接或间接地受到江西诗派的影响，其中就包括了陆游、杨万里等一流诗人。

江西诗派，或曰江西宗派，这个名称起源于吕本中（1084—1145）在宋徽宗时期所作《江西诗社宗派图》，此文已佚，散见于赵彦卫撰《云麓漫钞》及其他宋人笔记里。“江西”指的是宋代的江南西路，“宗派”本指宗教派别，被吕本中借用来称呼诗派。吕本中列举了一个以黄庭坚为宗祖、包含二十五位诗人的诗派谱系，其后又有一些诗人补入其中。这一谱系中有十余人为江西人，这说明所谓江西诗派，并非诗人全部出自江西，而是写诗师法黄庭坚、师法江西而已。吕本中自己声明过，这个宗派图是其少时戏作，名单的取舍排序可能都比较随意，但江西诗派在事实上形成了巨大影响。直到宋末元初，方回《瀛奎律髓》倡“一祖三宗”，认定江西诗派远祖杜甫，又把黄庭坚、陈师道、陈与义三人视为诗派之"宗"。"一祖三宗"说，不仅包含了"江西宗派"，还包括了北宋末及整个南宋时期师法黄庭坚的广泛的诗歌流派。

那么，黄庭坚诗歌的特色究竟该如何理解呢？用黄庭坚自己关于诗的一段论述应该是最有说服力的了：

> 自作语最难。老杜作诗，退之作文，无一字无来处；盖后人读书少，故谓韩杜自作此语耳。古之能为文章者，真能陶冶万物，虽取古人之陈言入于翰墨，如灵丹一粒，点铁成金也。（黄庭坚《答洪驹父书》）

这段话历来被视为黄庭坚诗论的核心理念，用其中的一个成语概括，即为"点铁成金"之诗法。点铁成金出自佛教禅宗经典："还丹一粒，点铁成金；至理一言，点凡成圣。"（《景德传灯录》卷十八）黄庭坚的"点铁成金"诗论至少应包含两大方面。

其一，诗人一定要有丰厚的学识基础，就像杜甫和韩愈的诗文一样，"无一字无来处"，一字一句都有出处有典故，能够充分体现诗人的学问。这就是"以才学为诗"。

其二，写诗一定要能推陈出新。虽然诗人应该饱读诗书，但如果只是停留在对经典的一味模仿，作品都是陈词滥调，这是没有意义的。一定要能够从古人的"陈言"里翻出新意来，体现出诗人的创新意识，创造一种全新的意境，有继承有新变，这就是所谓的“点铁成金”。

可见，“点铁成金”的实质是强调诗歌与学问之间的关系，正如黄庭坚谆谆告诫诗人们的那样：“闲居当熟读《左传》《国语》《楚词》《庄周》《韩非》，欲下笔略体古人致意曲折处，久久乃能自铸伟词，虽屈宋亦不能超此步骤也。”（《书〈枯木道士赋〉后》）从诗歌的学习过程来说，黄庭坚这段话是极有道理的，和杜甫所说“读书破万卷，下笔如有神”遥相呼应。从诗歌的发展历史来说，这段话亦有合理之处，任一时代的诗歌都是对前代的继承与创新，如唐诗的辉煌是建立在对汉魏六朝诗歌模仿学习的基础之上的，宋诗的个性亦是建立在对唐诗的总结与反思基础之上的。

在具体的学习对象上，黄庭坚尤其推崇杜甫。“自唐以来，钦佩杜甫的人很多，而大吹大擂地向他学习的恐怕以黄庭坚为最早”①，黄庭坚尤其推崇杜甫诗的“无一字无来处”，也就是诗歌要从学问中来的意思。

除“点铁成金”外，黄庭坚还提出了“夺胎换骨”法：

> 山谷言：诗意无穷而人才有限，以有限之才追无穷之意，虽渊明、少陵不得工。不易其意而造其语，谓之

① 钱锺书. 宋诗选注［M］. 北京：人民文学出版社，1997：96.

换骨法；规摹其意形容之，谓之夺胎法。（惠洪《冷斋夜话》）

看来，“黄庭坚敏锐地意识到个人才力与诗歌意境创新之间存在的矛盾，因此在‘点铁成金’之外又创‘夺胎’、‘换骨’二法，意在借用前辈诗人之才，或袭其意而创新词，或在旧意的启发下加以拓展，从而使诗歌创作借助于丰富的文化遗产，而达到一个崭新的高度”①。总之，在前人的基础上，或在立意上创新发展，或在遣词造句上创新，从而树立起自己的独特风格来，这便是“夺胎换骨”法的精髓。

黄庭坚在诗歌创作中也实践着他的“点铁成金”“夺胎换骨”法，前引《寄黄几复》就是典型范例。不过有趣的是，这首诗中流传最广、获评最高的“桃李春风一杯酒，江湖夜雨十年灯”反而是最没有体现其用典特征的两句。看来，就审美接受而言，读者还是更倾向于意象凝练清新、抒情色彩浓郁的诗句，因为这样的诗句更能直接感发心灵，引起强烈的情感共鸣。而那些用典繁复、标新立异的诗句在审美体验上，反倒容易让读者有“雾里看花”“隔靴搔痒”的距离感。黄庭坚有些诗“给人的印象是生硬晦涩，语言不够透明，仿佛冬天的玻璃窗蒙上一层水汽，冻成一片冰花。黄

① 章培恒，骆玉明. 中国文学史新著：增订本：中卷［M］. 2版. 上海：复旦大学出版社，2011：251.

庭坚曾经把道听途说的艺术批评比于‘隔帘听琵琶’，这句话正可以形容他自己的诗。读者知道他诗里确有意思，可是给他的语言像帘子般的障隔住了，弄得咫尺千里，闻声不见面。正像《文心雕龙》‘隐秀’篇所说‘晦塞为深，虽奥非隐’，这种‘耐人思索’是费解，不是含蓄”①。

诗歌的创作到底是来源于天赋的灵感，还是来源于广博精深的阅读？诗歌的阅读到底更重直击心灵的兴发感动，还是更重理性的分析阐释？这些问题一直是诗学界讨论的热点。或许对于这些问题的种种回答很难有绝对的对错之分，例如南宋诗评家严羽就明确反对江西诗派的理论与创作实践：“近代诸公乃作奇特解会，遂以文字为诗，以才学为诗，以议论为诗，夫岂不工，终非古人之诗也。盖于一唱三叹之音，有所歉焉。”（《沧浪诗话·诗辨》）然而不可否认的是，黄庭坚的诗歌风格与诗法理论在有宋一朝追步者众，获得了最深远、最广泛的影响力。“黄庭坚对当时的青年诗人具有多方面的典范作用：他的诗歌成就卓越，且鲜明地体现了宋代诗坛的美学风范；他作诗的方式是字斟句酌，法度井然，便于别人仿效；他的诗论是循序渐进的，并大张旗鼓地倡导以杜甫为诗家宗祖，还为诗人们设计了摆脱窘境的策略，使人有具体的门径可入。于是黄庭坚理所当然地受到众

① 钱锺书. 宋诗选注［M］. 北京：人民文学出版社，1997：97.

多青年诗人的拥戴追随”①，以他为开山之祖的江西诗派奠定了宋诗的美学风尚，并终于形成了宋诗有别于唐诗的更重理性、更重才学、更重道德意义的时代精神。

---

① 袁行霈. 中国文学史：第 3 卷［M］. 北京：高等教育出版社，1999：95-96.

陈师道《别三子》《示三子》，陈与义《临江仙》

1. 陈师道《别三子》《示三子》

在江西诗派的中坚力量中，陈师道（1053—1102，字履常，一字无己，号后山居士）无疑是追随黄庭坚最紧密的一位诗人，与黄庭坚同列江西诗派“三宗”之中。

陈师道非常有个性，他的青年时期恰逢王安石主政，他对王安石倡导的新学不以为然，遂绝意进取。陈师道十六岁的时候拜唐宋散文八大家之一的曾巩为师学习古文，对曾巩非常敬重，终生执弟子之礼；他又是“苏门六君子”之一，与苏轼有事实上的师生关系；在诗歌创作上他最服膺之人是黄庭坚，甚至在与黄庭坚初次见面之后即回家将以前的诗作全部烧毁，下定决心学习黄庭坚的诗风诗法。他给秦观的弟弟秦觏写信时就说过：“仆于诗，初无师法。然少好之，老而不厌，数以千计。及一见黄豫章，尽焚其稿而学焉。”（《答秦觏书》[①]）他还写了一首诗献给黄庭坚，宣称“陈诗传笔意，愿立弟子行”（《赠鲁直》），表达了拜师的敬意。

陈师道是一位苦吟诗人，他写诗有个奇怪的习惯。据说他每次在外灵感一来，就第一时间赶回家，往床上一躺，蒙上被子，还时不时发出呻吟之声（其实应该是在吟诗），称之为“吟榻”。家人一见这情形，就知道他要作诗了，于是

① 一作《答秦观书》。

赶紧将家里的猫儿狗儿赶出去，将婴儿稚子抱到邻居家。一直等到陈师道在被窝里吟诗已成，爬起来迅速将诗誊抄出来，家人的活动才敢恢复正常。原来陈师道作诗时精力要特别集中，不能听到一点噪声，唯恐思路被打乱。诗写下来后，他还要将诗稿贴在壁间，“坐卧吟哦”，随时修改。其用心之苦如此，难怪他的老师黄庭坚说他是“闭门觅句陈无已”。

陈师道还是一位极有骨气的诗人，不愿阿谀权贵，生活十分贫困。其实他还是有一些有权有势的亲戚朋友的。陈师道的夫人和赵挺之的夫人是姐妹，也就是说陈师道和赵挺之是连襟。赵挺之是谁呢？赵挺之是李清照丈夫赵明诚的父亲，也就是李清照的公公，曾经位至宰相。但赵挺之的人品颇受人诟病，他打击元祐党人不遗余力，甚至被目为“奸臣”，李清照都写过诗句痛斥自己的公公“炙手可热心可寒”。有一次陈师道要参加一场隆重的朝廷祭祀活动，祭祀活动通常半夜就开始了，不多穿几件保暖的厚棉衣根本抵御不了寒夜彻骨的冷。他的妻子只好去找妹妹——当时“炙手可热”的赵挺之的夫人借了件棉衣。陈师道一看，这么贵重的棉衣，自家是买不起的，就问妻子：“我只有一件棉衣，已经穿在身上了，这件棉衣又是哪里来的？”妻子老老实实说是跟妹妹借的。陈师道一听，倔脾气犯了，硬是不肯穿，“遂以寒疾死”，受了风寒，竟然病死了！

陈师道虽然师事黄庭坚，又被推为江西诗派“三宗”之一，但他的诗风格独特，自成一家，其中颇有一些作品朴实无华却又真切感人，例如他的《别三子》：

夫妇死同穴，父子贫贱离。天下宁有此？昔闻今见之！母前三子后，熟视不得追。嗟乎胡不仁，使我至于斯！有女初束发，已知生离悲。枕我不肯起，畏我从此辞。大儿学语言，拜揖未胜衣。唤“爷我欲去”，此语那可思！小儿襁褓间，抱负有母慈。汝哭犹在耳，我怀人得知！

这首诗写于元丰七年（1084），陈师道的岳父郭概出任提点成都府路刑狱。陈师道因为太穷，养家糊口十分艰难，因此郭概就把自己的女儿——陈师道的夫人及三个孩子都带到成都去了，陈师道自己则留在家里奉养老母亲。所以这首《别三子》显得极为悲怆无奈。“夫妇死同穴”，夫妻原本应该生则同衾死则同穴，奈何自己一家却不得不夫妻生离、父子惨别！做父亲的，只能眼睁睁地看着母亲拖着三个幼小的孩子一步步越走越远，他却不能去追赶。诗中描述三个孩子离别时的情状更是令人唏嘘：大女儿已是束发之龄，懂得了离别的悲哀，伏在父亲身上不肯起身，生怕一旦说了再见就再也不能见；大儿子刚刚学说话，已经能够像大人一样行礼作揖，会说“爹爹我要走了”，可是他那瘦弱得连衣服都撑不起来的样子让父亲看着着实心疼；小儿子还在襁褓中，被母亲抱在怀里享受着慈爱却依然大哭不止。孩子的哭声听在父亲耳里声声催泪，这种悲伤旁人哪里能够体会得到啊！

陈师道还有一首写于同时的《送内》诗，是专门写给妻子的：“与子为夫妇，五年三别离。儿女岂不怀，母老妹已笄。父子各从母，可喜亦可悲……”这首诗也是感叹夫妻聚少离多，他怎么会舍得离开妻子、离开孩子呢？实在是家中太穷，他上有老母要侍奉，下有成年的妹妹需要照顾和安排婚嫁，只能先遵孝道，无力再顾夫妻、父子之情。这样的诗读来并无晦涩之病，情感质朴而深沉。

有别离的痛，也有相聚的乐。陈师道又有《示三子》一诗，描写和三个孩子久别重逢的喜悦：

去远即相忘，归近不可忍。
儿女已在眼，眉目略不省。
喜极不得语，泪尽方一哂。
了知不是梦，忽忽心未稳。

三个孩子从外祖父家回来，诗人一得知这个消息，简直按捺不住快活激动的心情。离别的时间太久，孩子们长大了，乍一见面居然差点认不出来了。他欢喜得说不出话来，眼泪不听话地夺眶而出，最后才止哭为笑。这真是喜极而泣，而喜的背后又蕴藏着多少思念的煎熬与生活艰难的悲苦！他甚至害怕着：这不会只是一场空欢喜的梦吧？这不是错觉吧？“了知不是梦，忽忽心未稳”，即使已经再三确定这不是梦，这是事实，孩子们是真的又回到了他的身边，可是他的心依然放不下来，依然觉得不踏实。若不是亲身经历过，又怎能写出如此真切动人的肺腑之言！

2. 陈与义《临江仙》

陈与义生活在两宋之交，亦是江西诗派“三宗”之一。值得一提的是，江西诗派的“三宗”黄庭坚、陈师道和陈与义，都是诗词兼擅的大家，其诗歌引领宋代诗坛风尚，词也各有成就。陈与义的词作中最有名者当属这首《临江仙·夜登小阁，忆洛中旧游》：

忆昔午桥桥上饮，坐中多是豪英。长沟流月去无声。杏花疏影里，吹笛到天明。

二十余年如一梦，此身虽在堪惊。闲登小阁看新晴。古今多少事，渔唱起三更。

明代文人杨慎也写过一首《临江仙》：

滚滚长江东逝水，浪花淘尽英雄。是非成败转头空。青山依旧在，几度夕阳红。

白发渔樵江渚上，惯看秋月春风。一壶浊酒喜相逢。古今多少事，都付笑谈中。

明末清初的文学批评家毛宗岗在批注《三国演义》的时候，将杨慎这首词移过来，放在《三国演义》的开头。作为中国四大古典名著之一，《三国演义》久盛不衰，于是让这首词也跟着沾了光，跻身为历代最有名的词作之一。尤其是二十世纪九十年代，《三国演义》被拍成了电视连续剧，这首词又被谱成流行歌曲，作为电视剧的主题歌，一时之间唱遍了大江南北。

明眼人一看就知道，杨慎的《临江仙》明显有模仿陈与义词的痕迹。陈与义的《临江仙》写于北宋灭亡、宋室南渡之后。北方沦陷后，流落江南的陈与义回想起当年在故乡洛阳的聚会，午桥豪饮，座中尽是血气方刚的青年志士，那是何等的慷慨激昂！“杏花疏影里，吹笛到天明”是千古传诵的名句，清新优美的自然风景中流露出少年裘马的风流倜傥、意气风发。

一晃二十多年过去了，国家残破，身世偃蹇，词人再也回不到日思夜想的故乡，再也回不到豪迈不羁的少年，多少辛酸苦辣，历经沧海桑田，万语千言、万千感慨却无法一一倾诉。“古今多少事，渔唱起三更”，在一种旷达中暗藏着欲诉还休的无奈与苍凉。生活在两宋之交这样特殊的历史时期，陈与义的《临江仙》显然比杨慎的词感慨更为深沉，意蕴更为含蓄，情思也更为曲折悲凉。

第八講

宋代理学对文学的影响

宋

周敦颐小传

周敦颐像

周敦颐（1017—1073），字茂叔，道州营道（今湖南道县）人，原名敦实，避宋英宗讳改。宋代理学开山鼻祖，著有《太极图说》《通书》等著作。谥元公，世称濂溪先生。黄庭坚称其“人品甚高，胸怀洒落，如光风霁月。廉于取名，而锐于求志；薄于徼福，而厚于得民；菲于奉身，而燕及茕嫠；陋于希世，而尚友千古”。

周敦颐《爱莲说》

南宋乾道二年（1166），理学大家朱熹开始编写《伊洛渊源录》，系统梳理北宋理学家的渊源与思想。在这部著作勾勒的理学谱系中，周敦颐处于开山之祖的地位，然后依次是程颢程颐兄弟、邵雍、张载张戬兄弟、二程的门人（如程门立雪的杨时、游酢）等，一直到南宋与朱熹接近的理学传人。淳熙二年（1175），朱熹又与吕祖谦共同选辑前辈理学家的言论，编撰了十四卷《近思录》，包括了周敦颐、二程和张载的语录。可见，在朱熹确立的宋代理学思想谱系中，周敦颐是理学的开端，二程是理学的正宗，张载是理学的补充。[①]

---

① 葛兆光. 中国思想史：第 2 卷［M］. 上海：复旦大学出版社，2001：227-228.

在湖南长沙有千年学府之称的岳麓书院里，有一副对联相当引人注目。上联是“吾道南来，原是濂溪一脉”，下联是“大江东去，无非湘水余波”。“濂溪”就是指周敦颐，周敦颐故乡有溪名濂溪，晚年筑室庐山莲花峰小溪畔，以故乡濂溪名之，讲学于此，世称“濂溪先生”。

嘉祐八年（1063）五月，时为虔州（今江西赣州）通判的周敦颐写下了著名的散文《爱莲说》，这一年，他四十七岁。当然，周敦颐之爱莲并非从这一年开始。早在他十四五岁的时候，因为父亲去世，周敦颐和母亲便去投奔时为龙图阁直学士的舅舅郑向。郑向觉得这个外甥志向远大，遂爱之如子。甚至到了周敦颐二十岁的时候，郑向获得了封荫子侄的机会，这么好的机会郑向居然没有留给自己的儿子，却推荐了外甥周敦颐，让他迈出了仕途的第一步。在郑向的安排下，周敦颐还娶了妻成了家。舅舅在周敦颐的人生道路上起到了仅次于他父亲的重要作用，从某种意义上说，舅舅的照顾和对他人生的影响甚至超过了他的父亲。

传说，郑向发现外甥尤其痴情于莲花，于是在庭园里挖了一个池塘种上莲花。就这样，少年周敦颐在田田莲叶、亭亭莲花、幽幽莲香的陪伴中，读书、写字、思考，莲花从此成了他的精神依托。朱熹曾经说过：“先生尝以爱莲名其居之堂，而为是说以刻焉。”（《书濂溪先生〈爱莲说〉后》）按朱熹的说法，周敦颐因为爱莲而将自己的居所命名为“爱莲堂”，并为此写下了《爱莲说》，刻石以记。

不过朱熹的这个说法遭受了一定的质疑，因为周敦颐的书斋名为“濂溪书堂”，并没有“爱莲堂”一说。当然，这并不妨碍我们对周敦颐《爱莲说》一文的喜爱与理解：

> 水陆草木之花，可爱者甚蕃。晋陶渊明独爱菊。自李唐来，世人甚爱牡丹。予独爱莲之出淤泥而不染，濯清涟而不妖，中通外直，不蔓不枝，香远益清，亭亭净植，可远观而不可亵玩焉。
>
> 予谓菊，花之隐逸者也；牡丹，花之富贵者也；莲，花之君子者也。噫！菊之爱，陶后鲜有闻。莲之爱，同予者何人？牡丹之爱，宜乎众矣！

这篇小短文仅119个字，却成了经典名篇。周敦颐作为理学开山祖师，因此其《爱莲说》不仅作为文学作品传世，还被赋予了哲学的内涵。关于《爱莲说》体现的周敦颐的思想渊源，历代学者的解说颇有分歧。“有人以为，周敦颐的《通书》反映的是儒家思想，《太极图说》有了释、道并用的苗头，而《爱莲说》则完全反映了佛家思想。”也有人认为，虽然宋代理学融合了儒释道三家思想，“但作为理学开山的周敦颐并未完成这一融合的任务。也就是说，周敦颐哲学思想的渊源是儒家和道家，而不是儒、道、释三家”。①

的确，莲花和佛教的关系至为密切，甚至从某种意义上说，莲花就是佛教的象征。唐代诗人孟浩然《题大禹寺义公禅房》诗中的莲花就代表了佛教教义：“看取莲花净，方知不染心。”但我们不能忘记，佛教从汉代才开始传入中国，而在此之前，莲花已经频频出现在中国古代的典籍中了。早在《诗经》中就有“山有扶苏，隰有荷华”（《郑风·山有扶苏》）的诗句。《尔雅·释草》曰：“荷，芙蕖。……其华菡萏，其实莲，其根藕……”荷花、菡萏、芙蕖、芙蓉等名称，都可以指称莲花。

自孔子以来，“山水比德”形成了一种传统，自然山川草木往往被赋予了各种人格象征，屈原笔下出现的各类香草、恶草分别象征着君子和小人。例如《离骚》中的“制芰荷以为衣兮，集芙蓉以为裳”、《九歌·少司命》中的“荷衣兮蕙带，儵而来兮忽而逝”，莲花都是作为美好的意象而出现的。

在中国文化传统中，莲花至少有两层寓意。第一层，因为莲花美丽，且“莲”谐音“怜”，包含爱的意思，因此莲花常常用来表达爱情或形容女子的美丽。例如曹植《洛神赋》：“迫而察之，灼若芙蕖出渌波。”另外一层，莲可用来形容品格高洁美好的君子。此外，“出水芙蓉”还可以用来

① 梁绍辉. 周敦颐评传［M］. 南京：南京大学出版社，1994：88.

形容文学作品的清新雅丽，例如钟嵘《诗品》：“谢诗如芙蓉出水，颜如错彩镂金。”

周敦颐以莲比拟君子人格，在中国传统文化语境中并不算突兀，只不过在周敦颐之前，没有人将莲的象征意义提升到如此高的境界而已。那么，以莲为象征的君子人格在周敦颐心目中到底应该具备怎样的品质呢？

《出水芙蓉图》

首先，是生于尘俗却又不染于尘俗的清高雅洁。“出淤泥而不染，濯清涟而不妖”，这体现了周敦颐思想的包容、通达之处，他认识到世俗是不可避免的客观存在，承认即便是真正的君子亦无法抛弃世俗。这正是周敦颐君子理想的通达之处：不因生于尘俗而自甘沉沦，亦不因理想高远而目空一切、矫揉造作。

其次，是低调质朴却又超凡脱俗的智慧与气节。“中通外直”体现了内心的智慧与外在的刚直的结合；“不蔓不枝”既是莲花外形的实写，更彰显了君子的至专、至简的恒心与定力，不因外界的各种诱惑而动摇心志，不因欲望的驱使而见异思迁；“香远益清，亭亭净植”则是指君子人格虽低调却自然散发优雅气质，故而拥有巨大的魅力和深远的影响力；“可远观而不可亵玩”的庄严与高雅，则“写出了莲花凛然不可侵犯的特点，使人自然地联想到‘士可杀而不可辱’的名言。所以，周敦颐笔下的莲花形象，实际上是儒家历来提倡的‘士君子’的典型形象”①。

最后，将莲花之爱与陶渊明的菊花之爱、世人的牡丹之爱对比，凸显莲花之爱的独特品质。陶渊明的菊花之爱代表的是出世的隐逸人格；唐朝以来世人对牡丹的追捧和热爱代表的是追求富贵的世俗人格；而莲花之爱既不同于幽居空谷的隐者，又不同于追名逐利的俗人，莲花代表的是真正的君子，既有胸怀天下的儒者精神，亦有高蹈脱尘的道德追求。正如理学的后继者张载的名言所宣称的那样：“为天地立心，为生民立命，为往圣继绝学，为万世开太平。”勇于担当使命不逃避责任，却绝不随波逐流改变初心，这也是宋代儒者的普遍追求。

① 梁绍辉. 周敦颐评传［M］. 南京：南京大学出版社，1994：94.

周敦颐的莲花之爱是高尚和脱俗的，也是通达和包容的。他并不否认世人对牡丹之爱的合理性，也相当欣赏与敬佩菊花之爱，他只是在众多“可爱”的水陆草木之花中，独独选择了在出世与入世中取得完美平衡的莲花。他清醒地看到牡丹之爱的普遍性，也悲哀地意识到菊花之爱的孤独，于是他呐喊“莲之爱，同予者何人”，又何尝不是在孤独的信仰之路上寻觅着可以与他一路同行的知音君子呢？

爱莲说

1=C
借正调定弦
1 2 4 5 6 1 2

周敦颐　词
宋　明　曲并指

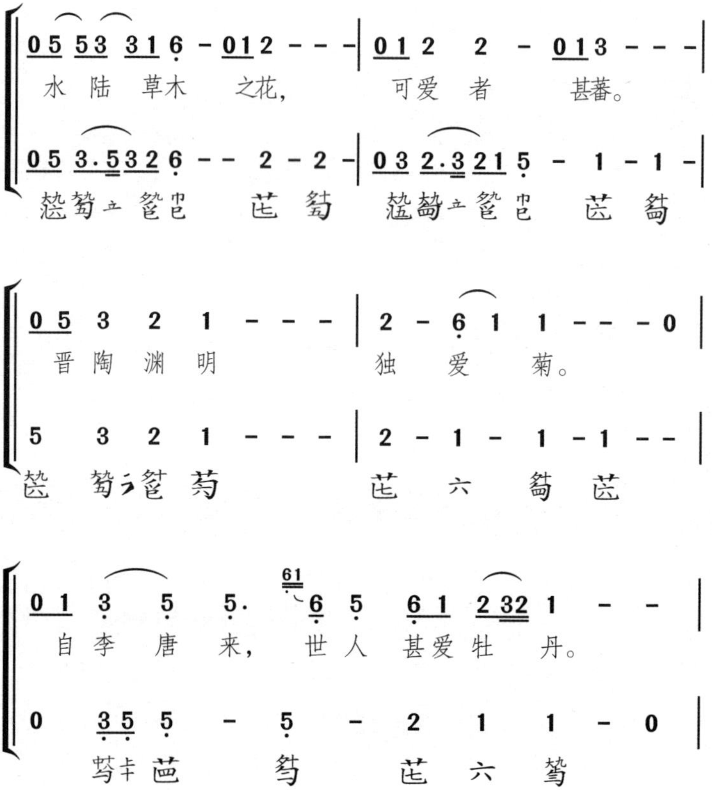

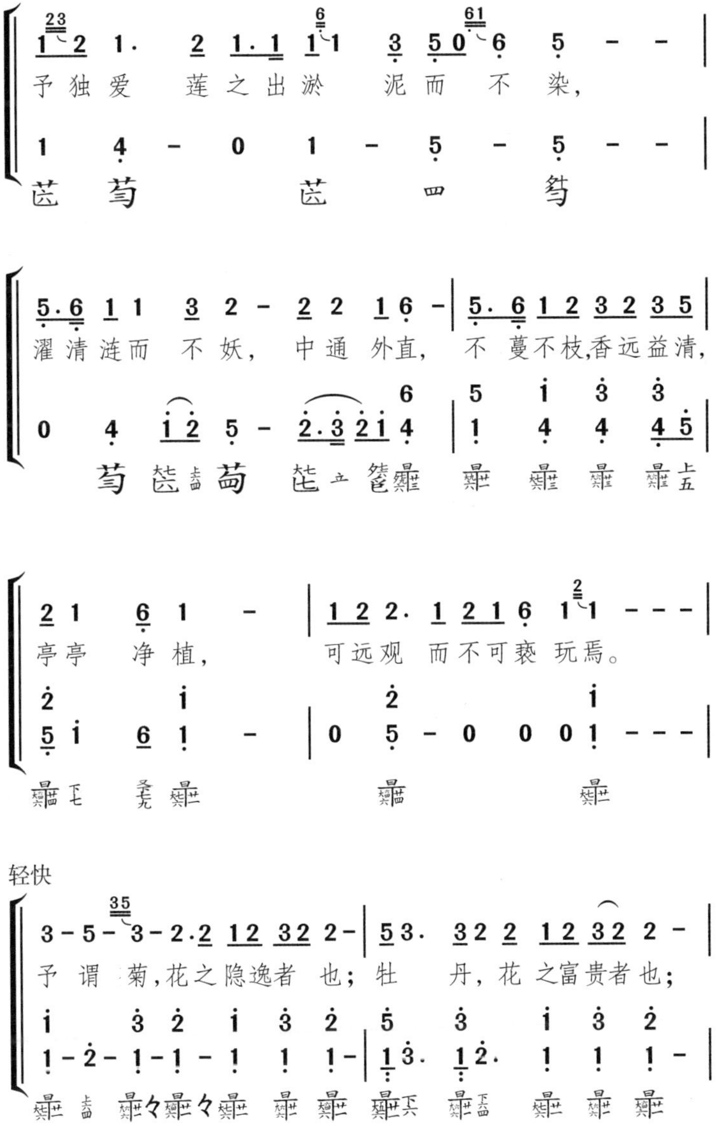
予独爱莲之出淤泥而不染，
濯清涟而不妖，中通外直，不蔓不枝，香远益清，
亭亭净植，可远观而不可亵玩焉。
轻快
予谓菊，花之隐逸者也；牡丹，花之富贵者也；

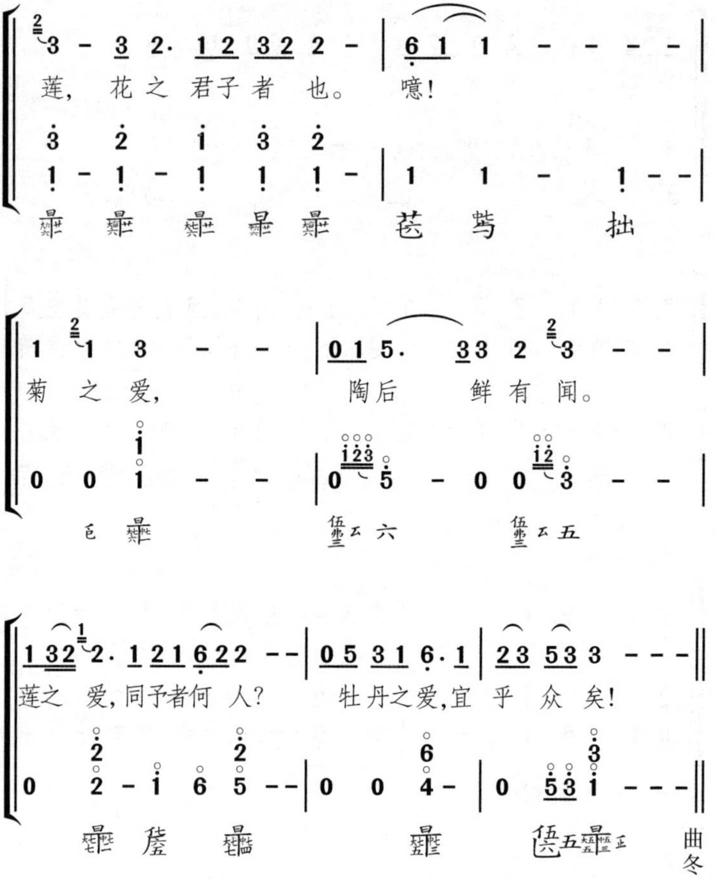

（2023 年 11 月 16 日即兴，实际以录音为准）

理学兴起对宋代文坛的影响

先说两个和北宋理学大家有关的小故事。

一天，程颐见到了秦观，于是问他：“‘天若有情，天也为人烦恼’，是先生的词吗?”秦观一听，心中暗喜：没想到连理学大师程颐前辈都听说过自己写的词，还记得那么清楚，还那么喜欢！于是秦观连忙拱手，一边谦逊地说：“是晚辈的涂鸦，还请您批评指正。”没想到，程颐先生脸一板，严肃地说：“老天是何等尊严，怎容得你辈随意侮辱!”秦观只好满脸惭愧地告退了。①

第二个故事的主角还是程颐。程颐听到有人在吟唱晏几道的词“梦魂惯得无拘检，又踏杨花过谢桥”，忍不住笑着说：“鬼语也!”那语气还是颇为欣赏这两句词的。②

这是两个看上去颇有些矛盾的故事。秦观和晏几道是同时代的著名词人，又都是擅长描写爱情、以一往情深见长的婉约派词人，可是他们的词句在程颐这里得到的评价却是大相径庭。看上去，程颐批评了秦观却表扬了晏几道。

第一个故事中程颐提到的秦观词已经散佚，不能确定是哪一首，不过秦观还有一首《水龙吟·小楼连苑横空》词，

---

① 《瓮牖闲评》：程伊川一日见秦少游，问：“‘天若有情，天也为人烦恼’，是公之词否?”少游意伊川称赏之，拱手逊谢。伊川云：“上穹尊严，安得易而侮之?”少游惭而退。

② 事见《邵氏闻见后录》。

其中有两句与之意思类似："天还知道，和天也瘦。"这两句词化用了唐代诗人李贺的"天若有情天亦老"。据学者考证，秦观此词是写给一位名叫娄婉的蔡州营妓。所以这个故事还有另外一个版本：程颐听到了"天还知道，和天也瘦"两句之后，大为反感，说："高高在上，岂可以此渎上帝！"①

第二个故事中晏几道的词其实也是狎妓的艳情题材。"谢桥"是指古代美女谢娘家附近的桥。唐代宰相李德裕有一位侍妾谢秋娘，曾经是红极一时的歌女，后来人们就以"谢娘"代指歌女或者恋人，将其所住的地方称为"谢家"或者"谢桥"。晏几道《鹧鸪天》词中的"梦魂惯得无拘检，又踏杨花过谢桥"两句，大意是写词人对一位歌女一见钟情，却苦于没有机会与她接近，在漫漫长夜中陷入了苦苦的相思。只有梦魂可以不受现实的约束，就像杨花一样随风飞起，在睡梦中一次又一次地飘到她的身边。程颐平素最看不惯那些写儿女情长的艳情词，可是连他这样古板的人，当他听到有人唱晏几道这两句词的时候，也忍不住夸了一句，真"鬼语也"。程颐的言外之意大约是：晏几道这鬼家伙，亏他怎么想得出来"梦魂惯得无拘检，又踏杨花过谢桥"这样的句子，简直是神来之笔啊！

同样是狎妓的艳情词，秦观被批评了，晏几道却被表扬了。这位理学大家，难道评判文学作品用的是双重标准？于

① 事见《耆旧续闻》。

是有人猜测程颐表扬晏几道的原因，是因为“程晏二家有连”——程、晏两家有亲戚关系啊。

总体而言，程颐对秦观的批评基本可以反映理学对待文学的态度。对于理学家来说，纯粹审美和抒情的文学是可以没有，甚至不应该有的；语言和文字都应该是用来阐释与传播“理”和“道”的。“若从根本上讲，诗歌当然是可有可无，完全不作也无妨，甚至更好。他（朱熹）说：‘今人不去讲义理，只去学诗文，已落第二义。’‘不知穷年穷月做得那诗要作何用?’（朱熹）告诉门人‘诗律杂文，不须理会’。而就诗歌本身而言，则判断其优劣的根本标准自然是内容合道与否。”① 朱熹这种重道轻文的思想实在是极具代表性的。其实周敦颐早就已经提出了“文以载道”的观点，将文学视为纯粹的“载道”之工具；二程又紧接着宣称文学不过是玩物丧志而已，“《书》曰‘玩物丧志’，为文亦玩物也”，这种观点发展到极致就是所谓的“文学无用论”了。

理学家对于文学的认识，直接影响了宋诗风格的奠定。宋人的诗就表现出鲜明的哲理之诗、学问之诗的特点，“唐诗多以风神情韵擅长，宋诗多以筋骨思理见胜”②，宋人严羽的《沧浪诗话》也有“本朝人尚理，而病于意兴；唐人

① 朱熹，郭齐. 朱熹诗词编年笺注：上［M］. 成都：巴蜀书社，2000：前言 13.

② 钱锺书. 谈艺录：补订本［M］. 北京：中华书局，1984：2.

尚意兴，而理在其中”的认识。“唐代诗人几乎都是纯粹的诗人，除韩愈、柳宗元、刘禹锡等数位中唐诗人外，很少有身兼学人者。宋代则不同，当时较有成就的诗人大都兼为学者。翻开清人编著的《宋元学案》，大抵都可以看到他们的名字和学术渊源，如欧阳修列入《庐陵学案》，黄庭坚列入《范吕诸儒学案》，江西诗派中人大都出于理学家吕希哲、杨时之门，等等。他们喜欢以诗谈理，是顺理成章的事情。正是理学对诗学的这种影响与渗透，形成宋代诗学思想的独特风貌。”①

我们读唐诗或宋诗或许就有这样的整体印象：唐诗重感性，宋诗偏理性，钱锺书还曾将唐诗风貌比拟为才气发扬、激情充沛的少年，而宋诗风貌则好比思虑深沉、沉稳内敛的晚年。“宋代五七言诗讲‘性理’或‘道学’的多得惹厌，而写爱情的少得可怜。宋人在恋爱生活里的悲欢离合不反映在他们的诗里，而常常出现在他们的词里。如范仲淹的诗里一字不涉及儿女私情，而他的《御街行》词就有‘残灯明灭枕头欹，谙尽孤眠滋味；都来此事，眉间心上，无计相回避’这样悱恻缠绵的情调……”② 的确，宋代人的“情”受到“理”的约束，几乎完全撤出了诗文的领地；而词因为是

① 萧华荣. 中国诗学思想史［M］. 上海：华东师范大学出版社，1996：158.

② 钱锺书. 宋诗选注［M］. 北京：人民文学出版社，1997：序 8.

宋人茶余饭后的消遣，还没有受到理学的较大影响，被视为不登大雅之堂的“小道”“卑体”，反而成了宋人“私情”集中爆发的阵地，亦散发出了不同于宋诗的浪漫气质。

有学者曾说，中国古典诗歌的发展以宋代为界可以划分为两大阶段，宋代以前是以“礼”节“情”的阶段，宋代及以后是以“理”节“情”的阶段。这个“理”其实就是理学之“理”了。那么为什么理学会在宋代兴起？葛兆光的《中国思想史》对此有非常中肯的分析：

每个朝代的建立都有一个重建国家权威与思想秩序的过程，而这一过程往往非常艰难。“特别是在宋初，经历了五代纷乱，权威失坠，又看到了陈桥兵变，黄袍加身，斧声烛影，千古之谜，人们如何确信这是一个拥有合理性的合法权力？……在权力总是需要证明自身‘奉天承运’的古代中国，也许还需要一系列的文化策略来支持自己的合法性，仿佛就像古人所说，‘马上得天下，焉能马上治天下’。于是，以下的举措就相当有意味——首先，通过礼制的恢复与重建，由一系列的礼仪，确认权力的天赋正当性。其次，建立一个有权威的国家系统，恢复和确认政治、经济与文化的秩序，获得民众的认同。再次，是恢复与重建知识、思想与信仰世界的有效性，以教育和考试培养阶层化的知识集团，建立制度化的文化支持系统，以重新确立思想秩序。”①

“理”就是宋代知识分子运用知识与文化的力量，试图制约皇权、重建思想信仰的途径，“他们希望有一种拥有普遍适用性的‘理’，而这个‘理’超越一切自然与社会存在的原则……‘天下唯道理最大，故有以万乘之尊而屈于匹夫之一言，以四海之富而不得以私于其亲与故者’，皇帝不能拥有对‘理’的审判的豁免权……因此，在宋代的思想史上，我们看到被特别凸显的，是‘天下’与‘太平’、‘道’与‘理’、‘心’与‘性’这样一些超越具体君主、国家和个人的语词”②。宋代士大夫阶层强化了从孔孟到中唐韩愈的真理谱系，不再以《礼》为中心构建政治学经典系统，而是“以《易》为中心，诠释宇宙的终极道理，以《中庸》《大学》为中心，探索尽性的途径，以《春秋》为中心，讨论政治的大义名分，渐渐影响了人们对经典的阅读兴趣，他们同样继承韩愈等人对‘古文’的叙述，把这种庄重、典雅的文体与真理表达等同，渐渐使人们对这种文体的阅读产生真理的联想。特别是他们沿袭并放大了中唐以来关于人性的思路，更把过去仅仅是道德要求和行动规范的伦理提升为至

---

① 葛兆光. 中国思想史：第 2 卷 [M]. 上海：复旦大学出版社，2001：170-171.

② 葛兆光. 中国思想史：第 2 卷 [M]. 上海：复旦大学出版社，2001：181-182.

高无上、超越一切的本原，并奠定了‘理学’的基础”①。

总而言之，“文学”与“真理”的结合——并且在理学家看来应是唯一必要的结合，改变了人们对文学审美性与抒情性的追求，仅仅强调了文学言志载道的实用性功能；而道德高于一切的君子人格亦成为理学家的理想，这一理想在周敦颐的《爱莲说》中已初见端倪，后来程颐宣称的“饿死事极小，失节事极大”更是这种道德至上思想的反映。宋代理学家对于这种“高调的理想主义”的追求与坚守，不仅深刻改变了中国思想史，也改变了思想界对于文学的态度。

① 葛北光. 中国思想史：第 2 卷［M］. 上海：复旦大学出版社，2001：183.

司马光《孙权劝学》

若要做一个在中国家喻户晓的古代名人排行榜，司马光（1019—1086）应该毫无争议地榜上有名，因为那个“司马光砸缸”的故事实在太有名了，基本上妇孺皆知。但这个故事太过有名产生的“负面影响”可能就是：大众对司马光的认知大多就停留在了他的童年时代——那个果断砸缸救人的机智小孩。那时，司马光才七岁，因为父亲职位调动的原因，他此时正跟随父母和兄姐住在洛阳。

中国历史上大多数神童的故事都是从七八岁开始写诗作文开始的，例如骆宾王七岁时写《咏鹅》，又如杜甫“七龄思即壮，开口咏凤凰”，等等。而司马光登上历史舞台却是以“砸缸”开始的，一个人的辉煌人生以这样的形式开启，不能不说是别具一格。

当然，司马光的人生成就绝不会只停留在七八岁时候的“砸缸”。他是一代大儒，清代编修的《四库全书》收录其著作十多种，涵盖经、史、子、集四大门类，可谓“通才”。他是那个时代士大夫的精神领袖，也是老百姓心中“君子”形象的代言人：“司马文正公（司马光，字君实，号迂叟，谥文正）以高才全德，大得中外之望，士大夫识与不识，称之曰君实，下至闾阎匹夫匹妇，莫不能道司马。”（王辟之《渑水燕谈录》）

他是北宋政坛上颇孚众望的政治家，宋神宗去世之后，退居洛阳十多年的司马光前往京师开封奔丧。“卫士见公入，皆以手加额曰：‘此司马相公也。’民遮道呼曰：‘公无归洛，留相天子、活百姓。’所在数千人聚观之。”（苏轼《司马温公行状》）看到司马光回京，连守城的卫士都欢呼雀跃，民众更是发出了“先生别再回洛阳了，留下来辅佐天子，给老百姓一条活路吧”的呐喊。朝野的一致呼声让司马光在他人生的最后岁月当上了大宋的宰相。

当然，他还是宋代首屈一指的历史学家，也是中国最伟大的历史学家之一，和汉代司马迁并称“史界两司马”，《资治通鉴》是他代表性的历史著作。《孙权劝学》这篇短文就节选自《资治通鉴》：

> 初，权谓吕蒙曰：“卿今当涂掌事，不可不学！”蒙辞以军中多务。权曰：“孤岂欲卿治经为博士邪？但当涉猎，见往事耳。卿言多务，孰若孤？孤常读书，自以为大有所益。”蒙乃始就学。及鲁肃过寻阳，与蒙论议，大惊曰：“卿今者才略，非复吴下阿蒙！”蒙曰：“士别三日，即更刮目相待，大兄何见事之晚乎！”肃遂拜蒙母，结友而别。

这篇短文描写了三个主要人物：东吴的开国皇帝孙权、

孙吴名将吕蒙和政治家鲁肃。其中的主角当然是吕蒙。吕蒙原本依附姐夫邓当为孙策部下，后以出众的军事才能受到孙权倚重，立下赫赫军功。孙权对吕蒙寄予厚望，希望他成为文武双全的一代名将，因而有了劝吕蒙读书的这一情节。这段历史在前代史书中已有较为详细的记载，如《三国志》注引《江表传》载：

> 初，权谓蒙及蒋钦曰：“卿今并当涂掌事，宜学问以自开益。”蒙曰：“在军中常苦多务，恐不容复读书。”权曰：“孤岂欲卿治经为博士邪？但当令涉猎见往事耳。卿言多务，孰若孤？孤少时历《诗》《书》《礼记》《左传》《国语》，惟不读《易》。至统事以来，省三史、诸家兵书，自以为大有所益。如卿二人，意性朗悟，学必得之，宁当不为乎？宜急读《孙子》《六韬》《左传》《国语》及三史。孔子言‘终日不食，终夜不寝以思，无益，不如学也’。光武当兵马之务，手不释卷。孟德亦自谓老而好学。卿何独不自勉勖邪？”蒙始就学，笃志不倦，其所览见，旧儒不胜。后鲁肃上代周瑜，过蒙言议，常欲受屈。肃拊蒙背曰：“吾谓大弟但有武略耳，至于今者，学识英博，非复吴下阿蒙。”蒙曰：“士别三日，即更刮目相待。大兄今论，何一称穰侯乎？兄今代公瑾，既难为继，且与关羽为邻。斯人长

而好学，读《左传》略皆上口，梗亮有雄气，然性颇自负，好陵人。今与为对，当有单复，以卿（乡）待之。”密为肃陈三策，肃敬受之，秘而不宣。权常叹曰：“人长而进益，如吕蒙、蒋钦，盖不可及也。富贵荣显，更能折节好学，耽悦书传，轻财尚义，所行可迹，并作国士，不亦休乎！”

这段文字中孙权的“戏份”很重，而被“劝学”的对象除了吕蒙还有蒋钦。孙权劝此二人在公务之余读书，吕蒙以军务繁忙没时间读书为由推辞，于是孙权说了很长一段话阐述治国者、治军者读书的必要性，他不仅以自己的读书经历现身说法，同时还列举了汉光武帝刘秀手不释卷、曹操老而好学的例证以加强自己观点的说服力。孙权的态度非常明显：你说你军务繁忙，能忙得过我吗？能忙得过光武帝和曹孟德吗？所以这个借口根本不能成立！

论据太充分太强大以至于吕蒙无法辩驳，于是吕蒙真的开始折节读书并且笃志不倦，久之其学问见识甚至赶超一般旧儒。这才有了鲁肃再见吕蒙时惊叹其不仅有武略居然还学识渊博的戏剧性效果。鲁肃本来是颇为轻视吕蒙的，以为吕蒙还和从前一样不过是一介武夫而已，没想到今日之吕蒙不仅博学，还能给鲁肃提供极为高超的战术策略。当鲁肃感叹“非复吴下阿蒙”时，吕蒙的答复更是精彩，成为至今仍被广泛使用的经典成语：士别三日，当刮目相待。

相比于前人的记载，司马光《资治通鉴》对于孙权劝吕蒙读书的这一段描写，主旨更为明确，笔法更加凝练，人物形象更为突出。

首先，“劝学”的主旨更为明确且更具普适性。孙权劝武将吕蒙读书以增长见识，本来是一个针对特定对象的事件，且孙权推荐的书目主要是兵书和史书，显然这只是一个“劝学”的特例。但经过司马光的改写，“劝学”则从一个个体事件升华为一个具有普适性的话题。任何人，无论从事何种职业、达到何种地位，“读书”都应该是贯穿一生不可偏废的重要习惯。读书并非为了成为某个领域的专家博士，事实上，除了专业之外，多读书是为了“见往事耳”，即广泛涉猎不同领域的知识以增广见识、开阔视野、增强判断能力与决策能力。这种“学”就不仅仅是针对“军人”这一特定职业、针对“吕蒙”这一特定对象，而是针对所有人了：任何人，都应该读书；而且只要读书，就可以取得令人刮目相看的进步，“学”对于任何人都有不可替代的重要性。

其次，采取侧面烘托的手法来塑造吕蒙的形象。吕蒙是孙权劝学的主要对象，但事实上，对于吕蒙的描写司马光采取的是简笔勾勒，只有三句对吕蒙的正面描写：第一句，当孙权提出“不可不学”的时候，“蒙辞以军中多务”，表示拒绝。这个描写在读者的意料之中，因为吕蒙本就是武夫，不想读书实属寻常，这就为后面的戏剧性转折埋下了伏笔。第二句，当孙权指出吕蒙的借口不成立并以自己为例说明学习的必要性之后，吕蒙被说服并付诸实际行动——“蒙乃始就学”。至于吕蒙到底读了哪些书，学了哪些内容，又是如何发愤用功学习的，文章一概省略。因为所有这些问题都可以通过另外一个人的反应来侧面揭示。这个人就是最后登场的鲁肃。鲁肃和吕蒙重逢，“非复吴下阿蒙”表面上是鲁肃的惊叹，实际上反映的是吕蒙学习用心投入的过程以及大有进益的学习效果。吕蒙的“台词”只有最后一句：“士别三日，即更刮目相待，大兄何见事之晚乎！”吕蒙的这一句回答进一步强化了“劝学”这一主题。只有读书，才能够让人产生根本性的变化！

短文对吕蒙的正面描写只有三句话。第一句塑造的是吕蒙的“武夫”形象，只会打仗不想读书。第二句塑造的是吕蒙的谦虚品质与超强的毅力和执行力——既然承诺要读书，就一定会读并且好好读，绝不敷衍应付。第三句塑造的是吕蒙文武双全的自信的形象，这种自信不再是以往一介武夫的盲目自负，而是胸中有丘壑的、踏实有底气的自信。

当然，在通过简笔勾勒与侧面烘托成功塑造吕蒙这位男主角的同时，司马光还顺带塑造了一个循循善诱的君主形象（孙权），以及一个尊重人才、礼敬人才的政治家形象（鲁肃）。

人物形象鲜明，主题明确，言简义丰却又层次丰富，是这篇短文尤其令人称道的特色，也难怪《资治通鉴》被誉为自《史记》之后最为杰出的历史著作。其“史料的充实，考证的详细，文字的简洁，综合评论，确算它首屈一指”①，从《孙权劝学》这篇短文，我们亦可略窥司马光的文学与史学造诣。

① 岑仲勉. 通鉴隋唐纪比事质疑［M］. 北京：中华书局，1964：自序 1.

第九講

宋徽宗与大晟乐府

周邦彦小传

周邦彦（1056—1121），字美成，自号清真居士，钱塘（今浙江杭州）人。元丰初，以布衣入京师；七年（1084）因献《汴都赋》称颂新政而得到神宗皇帝的赏识，由太学诸生擢为太学正。政和四年（1114）宋徽宗颁《大晟乐》，六年（1116），周邦彦入拜秘书监，进徽猷阁待制，提举大晟府。后复放外任，辗转顺昌、处州等地。集名《清真集》，一名《片玉词》，存词两百余首。

周邦彦《苏幕遮》

《苏幕遮》是唐代教坊曲，来源于唐代高昌国（今新疆吐鲁番）的民间音乐。当地盛夏时节，人们互相泼水取凉，载歌载舞，可能有点儿类似于今天傣族的泼水节。高昌的方言把女子头上戴的一种油帽称为“苏莫遮”，这大概就是这个词牌名的来历了。有意思的是，周邦彦这首《苏幕遮》恰恰就是描写夏天的景致：

燎沉香，消溽暑。鸟雀呼晴，侵晓窥檐语。叶上初阳干宿雨，水面清圆，一一风荷举。

故乡遥，何日去。家住吴门，久作长安旅。五月渔郎相忆否，小楫轻舟，梦入芙蓉浦。

燎就是燃烧的意思，沉香是一种名贵的香料，放到水中会下沉，又名沉水香。据说沉香的香味可以辟恶气辟邪气，因此在酷暑盛夏点燃沉香来“消溽暑”，溽就是炎热潮湿的暑气。开篇的两句词，显然是室内的景象，呈现出一种香雾缭绕、暑气消退的宁静气氛。

接下来的两句词转向了室外：“鸟雀呼晴，侵晓窥檐语。”和室内的静态相比，室外立即显出了一种动态活泼的气氛。因为雨后初晴，大概室外的暑气也消退了不少，所以不仅人会感到身心舒爽，连鸟儿雀儿好像都在开心地啁啾鸣啭了。尤其是“侵晓窥檐语”这一句非常生动活泼，一个“窥”字，仿佛鸟儿雀儿都通了人性。它们调皮地在屋檐下窥视室内静静燃烧的沉香，并且还叽叽喳喳提醒着词人：外面已经雨过天晴啦，气温也降下来啦，你可以起床啦……通过这一个“窥”字，视角自然地从室内人物的活动转向了室外的自然风景。上半阕的时间脉络十分清晰：先是凌晨，然后是侵晓（也就是拂晓），再到太阳初升……随着词句的铺展，时间也在自然而然地静静流动着。

既然时间从安静的凌晨来到了太阳升起的上午，场景也从室内转向了室外，接下来这几句就是描写室外风景了：“叶上初阳干宿雨，水面清圆，一一风荷举。”歇拍三句是咏荷花的经典名句，王国维《人间词话》评价“此真能得荷花之神理者”，认为这三句写足了荷花的神韵。

细细品读之下，我们会发现这短短的三句词竟然也是层次分明的：第一句“叶上初阳干宿雨”纯粹是客观的描写，初升的太阳照在荷叶上，昨晚下的雨也被晒干了；接下来一句“水面清圆”写水面上的荷叶经过宿雨的濯洗和初阳的照耀显得清新圆润；最后一句“一一风荷举”是三句中写得最为生动别致的。“一一”极写雨后满池荷花盛开的情景——不是只有一两朵荷花，而是满池的荷花都盛开了。“举”真是一个特别有立体感的字，而且还必须先有“水面清圆”的平面背景铺垫，才更能突出“举”的立体感。因为一个“举”字，平面空间立即变成了立体空间。“风荷举”，既勾勒出荷茎“亭亭净植”的清高姿态，又呈现出荷花在夏日微风吹拂下的翩翩神韵。难怪前人评价周邦彦词“结构天成”“抚写物态，曲尽其妙”，从这短短的几句词中我们就能看出周邦彦确实功力不凡了。

上片纯写夏日风景，下片又从自然风景过渡到了思乡之情。过片两句“故乡遥，何日去”，开门见山点出了思乡主题，而且一入题就渲染出情感的深沉：一个“遥”字，强化了远离故乡和滞留他乡的无奈；一个问句“何日去”，问得尤其凄惨，故乡迢迢，何时能够重返故乡呢？

“家住吴门，久作长安旅。”吴门本来是指苏州，周邦彦是杭州人，这里应该是以吴门代指以苏杭为中心的江南一带了。“久作长安旅”，一个“久”字，从远离故乡的空间距离转到了阔别故乡的时间距离。长安本是西汉和唐朝的都城，后代的古典诗词常常用“长安”来代指京城，这里当然是指北宋的都城汴京。

“故乡遥，何日去。家住吴门，久作长安旅。”一个江南游子长年“北漂”的辛酸无奈，就通过这几句词含蓄而又惆怅地流露出来。既然词人说到了“北漂”的艰辛和思乡的痛苦，那我们就来回顾一下周邦彦的“北漂”经历吧。

宋神宗元丰二年（1079），周邦彦二十四岁，他第一次来到都城汴京，成了一名太学生；元丰七年（1084），周邦彦写了一篇文采飞扬的《汴都赋》献给宋神宗，神宗大为叹赏，当即命令一位很有学问的朝廷高官当众朗诵这篇赋。可是这个博学的官员竟然好多字都不认识，所谓“秀才认字认半边”，只能按偏旁去推测字的读音。宋神宗觉得周邦彦简直是个奇才，年纪轻轻，“大学”还没毕业，可学问已经超过了很多名家宿儒，于是将他从一个太学生直接破格提拔为“太学正”，相当于从一个大学生直接晋升为大学的教务处处长或者是学工部部长之类的职务了。一直到五年后，也就是宋哲宗元祐四年（1089）春，周邦彦才第一次告别京城，出任庐州（今安徽合肥）教授。

第一次入京，周邦彦从一名“大学生”被破格提拔为“公务员”，在京城一待便是十年。

宋哲宗绍圣三年（1096），四十一岁的周邦彦在江苏溧水任满，接到了回京的调令，第二年开始担任国子主簿，后来又屡次升迁。直到宋徽宗政和二年（1112），五十七岁的周邦彦以奉直大夫直龙图阁知隆德府（府治在今山西长治）。这是他第二次告别京城到外地赴任。这一次，周邦彦在京城逗留了十六年之久。

宋徽宗政和六年（1116），六十一岁的周邦彦回到京城任秘书监，两年后，也就是重和元年（1118），六十三岁的周邦彦出知真定府（治所在今河北正定）。这是他第三次也是最后一次挥别汴京。

从《苏幕遮》词意来看，这首词应该是写于周邦彦第一次客居京城期间（1079—1089），这是他从二十四岁到三十四岁的青年时期，是他希望能够在京城谋得一席之地的奋斗时期，也是他离开家乡“吴门”，第一次成为“北漂”一族的时期，思乡之情自然浓烈。

而且，虽然周邦彦的仕途看上去还比较顺利，但到了中晚年的时候，他也身不由己地被卷入了激烈的党争之中。周邦彦在北宋朝廷活跃的时代，正是宋神宗、哲宗、徽宗三朝，应该说是大宋王朝政治斗争颇为剧烈的时候。政治斗争从神宗朝一直持续到徽宗朝，新旧两党交替执政，斗得不可开交。可是无论谁上台谁主政谁风光得意，周邦彦从不依附于任何一党，只是凭借自己的真才实学，一点一点获得职位的晋升。可以说，他不是靠结交朋党获得在朝廷的立身之地，靠的是业务上的专业实力。

可是不偏不倚的政治立场也不能给他带来完全的安稳。重和元年（1118），六十三岁的周邦彦不得不离开京城，就是因为不愿依附蔡京一党才从大晟府提举任上被外放。在经历了朝廷党争之后，晚年的周邦彦在词中流露出更为复杂、更为隐秘的情绪。

不过这首《苏幕遮》表现的情感非常单纯，只有一股还浓似淡、欲说还休的思乡之情。这样的单纯之词，周邦彦中晚年饱经情感波折后就再难写出来了。

举个例子，周邦彦在五十四岁左右的时候，写过一首思乡的《点绛唇》词：

辽鹤归来，故乡多少伤心地。寸书不寄，鱼浪空千里。

凭仗桃根，说与凄凉意。愁无际，旧时衣袂，犹有东门泪。

这首《点绛唇》的用笔就重得多了，像“伤心地”“凄凉意”“愁无际”“东门泪”这一类词语或者意象、典故的运用，都显示出一个中老年人饱经世事沧桑的伤感，和《苏幕遮》里那种虽然强烈却依然很单纯的思乡情感，风格是不一样的。

回到《苏幕遮》：“故乡遥，何日去。家住吴门，久作长安旅。五月渔郎相忆否，小楫轻舟，梦入芙蓉浦。”“久作长安旅”一句将思乡情感推向高潮之后，煞拍三句又回归了轻灵和淡雅。“五月渔郎相忆否”，五月正是仲夏季节，从结构上说，这一句正是承上启下的句子，因为五月是溽暑初发、风荷正举之时，所以词人才会由此处京城的五月联想到记忆中故乡的五月。水面清圆，风荷正举，京城的夏季风景与故乡的夏季如此相似，怎不令游子倍增思乡情愫呢？

因此，“相忆否”的反问是将情感加倍的写法，言下之意正是不能不忆。有了这一句的过渡，接下来再继续写回忆中的江南夏日——“小楫轻舟，梦入芙蓉浦”，就更显得自然浑成了。

一首短短的《苏幕遮》，从上阕的眼前实景，落脚到京城的荷花胜景，转入下阕的思乡之情，最终落笔于记忆中的江南芙蓉浦，前后呼应，脉络井井。以荷花为轴，串联起现在与过去的对比、京城与故乡的对比、实景与回忆的对比、宁静风景与强烈情感的对比，在时空的转换中，虚虚实实，词人那种久客帝都、思念家乡却又欲归不能的情绪抒发得曲折回环、余味无穷。

“故乡遥，何日去。家住吴门，久作长安旅。”这首词虽然是周邦彦的思乡之作，又何尝不是“北漂”游子共同的心声呢？

苏幕遮

1=F
正调定弦
5 6 1 2 3 5 6

周邦彦 词
宋 明 曲并指

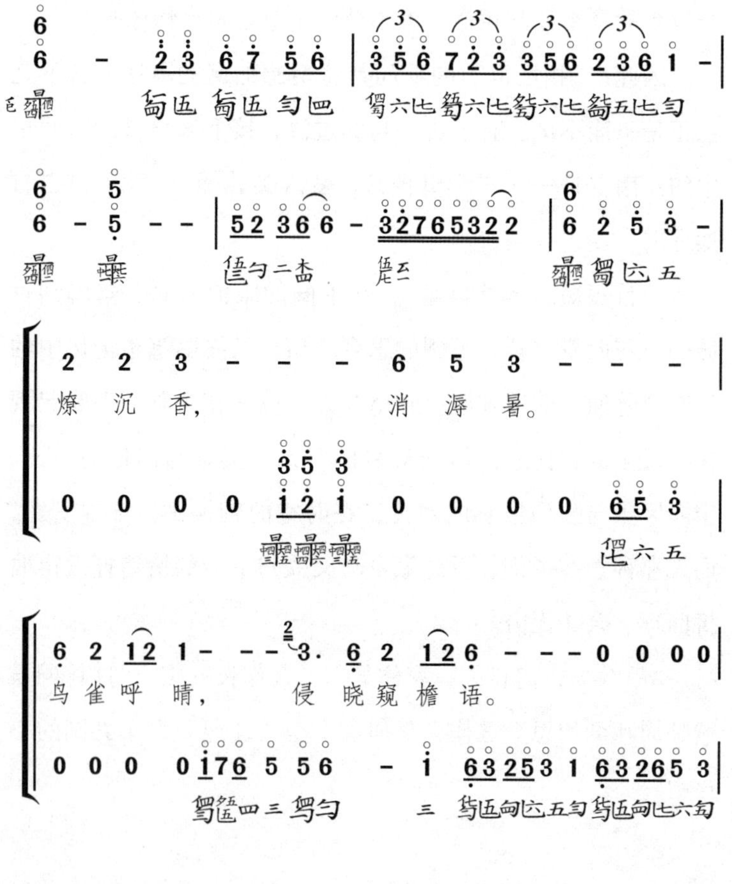

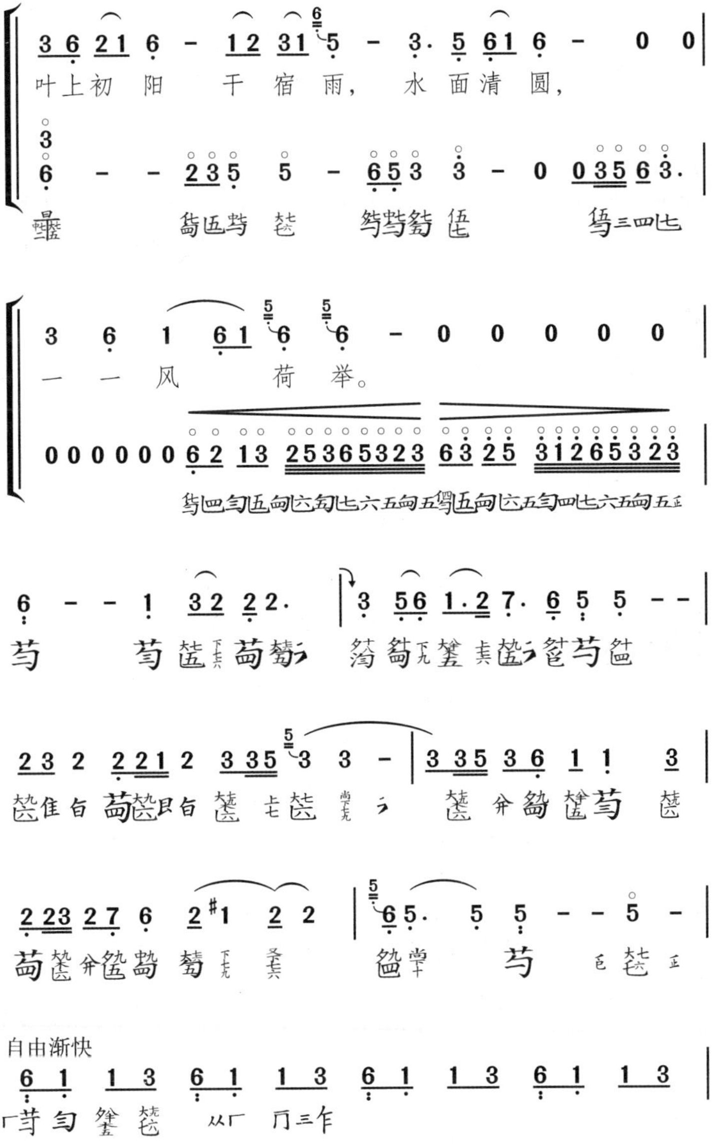
叶上初阳干宿雨，水面清圆，
一一风荷举。
自由渐快

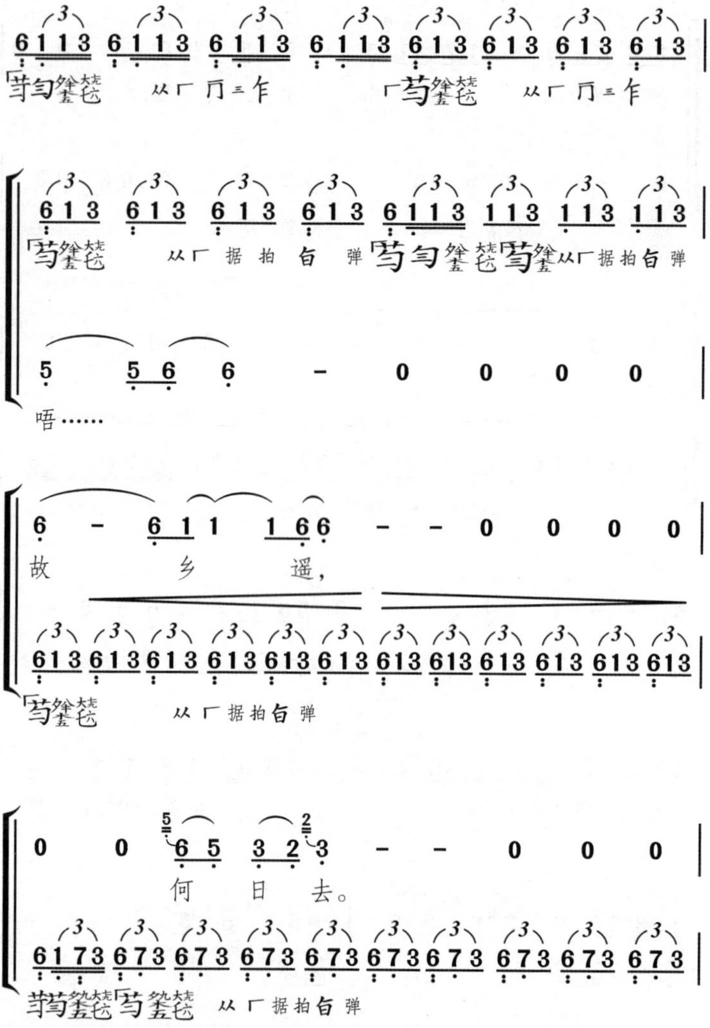
唔……
故 乡 遥，
何 日 去。

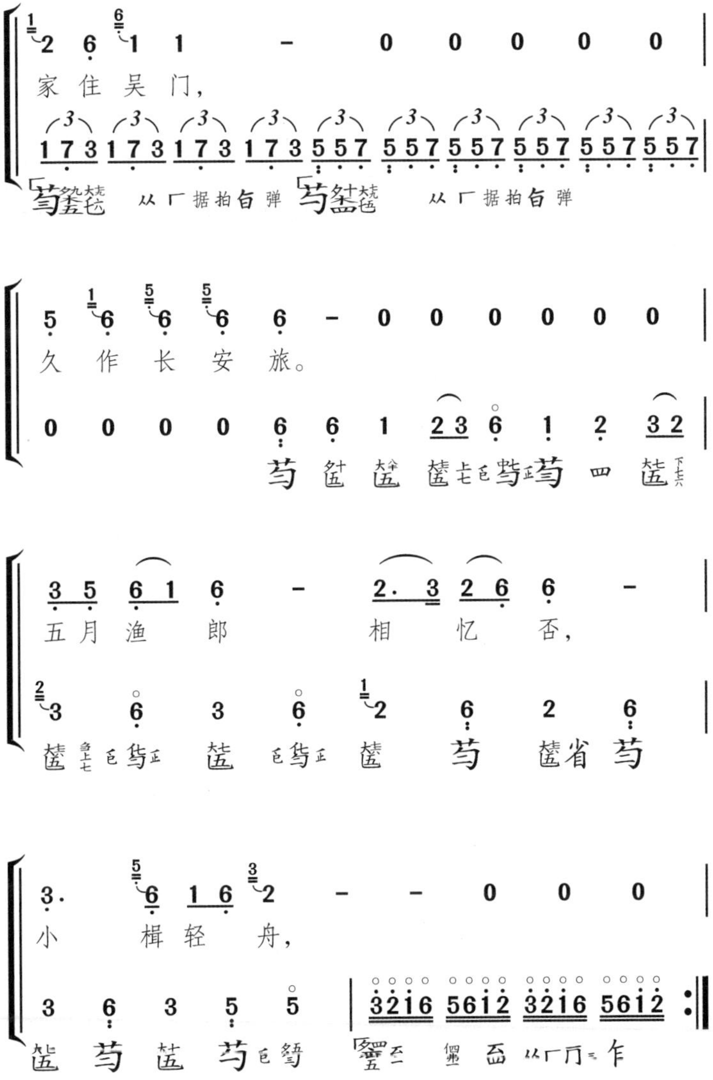
家 住 吴 门，
久 作 长 安 旅。
五 月 渔 郎 相 忆 否，
小 楫 轻 舟，

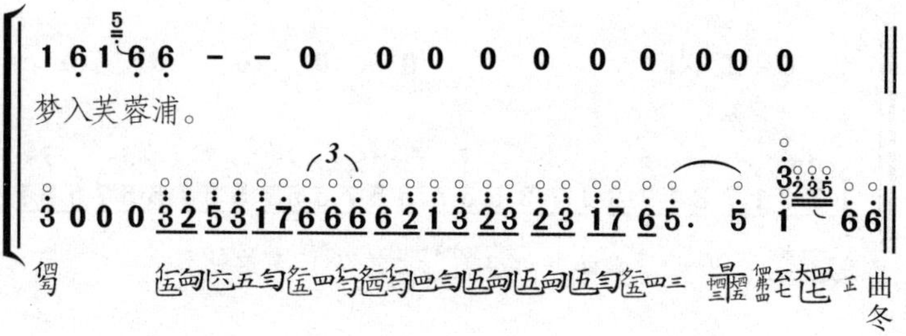

（即兴创作，实际以录音为准）

宋徽宗文艺气质对北宋后期词坛的影响

中国历史上有两位身兼最优秀的艺术家和最失败的帝王这双重身份的人——南唐后主李煜与宋徽宗赵佶。一个人在诗乐书画这四大艺术领域均能达到登峰造极的水准，这在中西方历史上都是极不寻常的。即便是号称全能型人才的苏轼，也有自己的“软肋”——音乐。

《芙蓉锦鸡图》

而李后主和宋徽宗却做到了，他们多才多艺，且不说在帝王之中，就算放在整个文学艺术领域，也算得上是出类拔萃的。李后主被称为一代“词帝”，在词史上的地位极其崇高，其创造的“金错刀”颤笔书法别具一格，“画亦清爽不凡”（《宣和画谱》），他还是鉴赏力极高的音乐家。与之相似，宋徽宗独创的瘦金体书法作品一直为收藏界所追捧，其绘画技艺也相当精湛，现存的数百首诗词作品显示出他还是水准颇高的诗人、词人。虽然李后主和宋徽宗在历史上背负了亡国之君的"骂名"，但他们以自己卓越的艺术成就赢得了文学艺术史上的尊敬。甚至在一些西方学者看来，对待李后主、宋徽宗这样的帝王，还可以换一种角度来评价："在欧洲历史上，统治者被视为应当是高贵奢华的，建造宏伟华丽的宫殿、吸引才华横溢的艺术家并构建丰富的艺术收藏，这些都是伟大统治者的分内之事，值得赞许。"①

当然，作为一位帝王，仅仅靠自己的才艺还不足以对文化的走向产生决定性影响。然而帝王的爱好本身就是一个"风向标"，它会通过帝王本身至高无上的权威与影响力在一定程度上带动文化的走向；如果这个皇帝还有意识地通过某些制度化、机构化的建设来主动引导文化潮流的话，那么这种影响的结果很可能就是具有划时代意义的了。例如唐玄宗扩充教坊、在内廷设置梨园，客观上促进了音乐的分工，燕乐的流行更是直接促进了词这一文体的迅速发展。

词的真正辉煌是在宋代，而且是在徽宗朝达到巅峰。作为徽宗朝音乐制定与管理的最高机构，大晟府的创建在词的发展历程中具有重要意义。徽宗在《赐大晟乐名御笔手诏》中云：

---

① 伊沛霞. 宋徽宗［M］. 韩华，译. 桂林：广西师范大学出版社，2018：Ⅳ.

昔尧有《大章》，舜有《大韶》，三代之王，亦各异名。今追千载而成一代之制，宜赐名曰《大晟》，朕将荐郊庙、享鬼神、和万邦，与天下共之，岂不美欤？①

徽宗宣称其一手创建大晟乐意在远绍尧舜之乐，再现上古三代之清明盛世。他模仿尧舜作《大晟》，除了教化功用之外，更是为了展示其圣明政治，彰显其作为一代帝王的丰功伟绩，因此大晟府这一音乐机构的主要职能就在于展示徽宗朝的“盛世之音”了。

大晟府对词在宋代发展的直接影响就在于客观上形成了一个所谓的大晟词派：

崇宁间，建大晟乐府，周美成作提举官，而制撰官又有七。万俟咏雅言，元祐诗赋科老手也。三舍法行，不复进取，放意歌酒，自称大梁词隐，每出一章，信宿喧传都下。政和初，召试补官，置大晟乐府制撰之职。新广八十四调，患谱弗传，雅言请以盛德大业及祥瑞事迹制词实谱。有旨依月用律，月进一曲，自此新谱稍传。时田为不伐亦供职大乐，众谓乐府得人云。（王灼《碧鸡漫志》）

大晟乐府中除周邦彦之外，尚有万俟咏、田为等擅名一

① 司义祖. 宋大诏令集［M］. 北京：中华书局，1962：551.

时的重要词人。《中国词学大辞典》关于“大晟词派”一条也有这样的解释：“宋徽宗于崇宁四年（1105）设置大晟府，周邦彦于政和六年（1116）被任命为大晟府提举。据王国维《清真先生遗事》考证，其僚属有徐伸、田为、姚公立、晁冲之、江汉、万俟咏、晁端礼等，他们新制的曲调即大晟乐，依新曲调而填的词世称大晟词，从而形成以周邦彦为首的大晟词派。北宋后期征歌选舞成风，大晟词派的出现正适应当时社会生活的需要。”①

当然，包括周邦彦在内的大晟词人在供职大晟府之前大多已有相当丰富的填词经验。例如周邦彦任大晟府提举是在政和六年（1116），其时他已经六十一岁，平生主要的词在此前就已完成，词坛大家的地位也已稳固。而且他在大晟府任职的时间很短，上任后旋即外放。这样来看，大晟府对词人创作风格的影响似乎是有限的。但我们必须注意到，大晟府存在时间长达十六年，其间陆陆续续供职于此的专业音乐人才实际上已经成为人们心目中具有标志性的人物“群像”，乃至被视为“大晟词派”。这一词派中的词人无论在入职大晟府之前倾向于何种词风，在入职之后必然会受到官方理念的约束和指引。例如万俟咏年轻时颇多侧艳之词，可是在召试入官之后，就将“无赖太甚”的“侧艳体”删去。周邦

① 马兴荣，吴熊和，曹济平. 中国词学大辞典［M］. 杭州：浙江教育出版社，1996：264.

彦亦有类似举动。

既然徽宗创建大晟府的初衷是再现上古三代的盛世雅乐，为适应朝廷粉饰太平、鼓吹盛世的需要，那么大晟词人倡导音乐与词调的雅化就成为题中应有之义了。大晟府对大晟词人的规范可简单概括为三点：一是讲究音律，二是创制新曲，三是崇尚典雅。在大晟词人群体中，周邦彦毫无疑问是集大成者，也就是说，他在守律、制曲、尚雅三个方面都达到了最高水准，成了这一群体中的典范词人，正如《四库全书提要》所云：

> 邦彦妙解声律，为词家之冠，所制诸调，不独音之平仄宜遵，即仄字中上、去、入三音，亦不容相混，所谓分刌节度，深契微芒，故千里和词，字字奉为标准。

所谓"故千里和词，字字奉为标准"，说明周邦彦之于词坛的影响已不局限于大晟词派内部，其词作几乎被整个词坛奉为圭臬，还成为后来南宋词坛主流风雅词派的源头：南宋的大多数一流词人如姜夔、史达祖、蒋捷、王沂孙、张炎等无不从周邦彦处吸收营养。从某种角度上说，以周邦彦为代表的大晟词人群体决定了此后词坛发展的主流趋势。除了周邦彦的个人影响力之外，大晟府作为官方音乐机构的作用力不可小视。毕竟，官方的宣扬相较于民间自发的流传总是更具权威性和影响力，如果没有大晟府的助力，北宋的格律派词人就失去了中心支柱，个人的才力与官方助力相结合的群体，其影响往往是更加深广、更加不可抵挡的。

大晟府从崇宁四年（1105）创立，到宣和二年（1120）废止，几乎贯穿了徽宗执政的大部分时段，大晟府不仅颁布乐律、教习音乐，还创制新曲、制造乐器，从制律到制器，再到制乐撰辞，其职能几乎覆盖了新乐创制的各个方面。徽宗在推行新乐的过程之中，同样不遗余力，除了在朝廷重要典礼仪式上使用之外，还将大晟乐推广到太学、辟雍及各州县，并将大晟乐作为大宋王朝的国礼赠予高丽。在宋徽宗的支持下，大晟府不仅在主观上成了他构建太平盛世理想的音乐机构，而且在客观上促成了词坛创作的鼎盛。大晟乐府在北宋词坛的地位或如陈洵《海绡说词》所云：

> 宋词既昌，唐音斯畅，二晏（晏殊、晏几道）济美，六一（欧阳修）专家，爰逮崇宁，大晟立府，制作之事，用集美成（周邦彦）；此犹治道之隆于成康，礼乐之备于公旦，且监殷、监夏，无间然矣。①

从北宋的大晟词人群体，到南宋的风雅词人群体，宋代

① 上彊村民，唐圭璋. 宋词三百首笺注［M］. 上海：上海古籍出版社，1999：107.

格律派词人群体终于完成了创作和理论双方面的任务。其一脉相承的音律论，从大晟词派的温厚和雅发展到风雅派词人的醇正骚雅，至此格律派在宋代词坛的地位已经牢不可破，而从《花间集》以来奠定的婉约词风也经由格律派词人的集体推动，最终成为词史由始至终颠扑不破的主旋律。

宋徽宗《燕山亭》

靖康元年（1126）闰十一月三十日，宋钦宗亲赴完颜宗望（斡离不）的大营，向金国投降称臣，金军进入开封大肆劫掠。第二年（1127）二月初六，金国正式废黜宋钦宗，已经是太上皇的宋徽宗也被逼来到了金兵军营。“金人要求，必须在二月二十五日之前将所有的宗室交出，于是开封府官员下令彻底搜查全城，‘如捕盗贼’。官吏们在城中一边巡查一边叫喊：‘不得隐藏赵氏，如有收藏者，火急放出，庶免连累。’”“宋朝已建立了一百六十多年，宋太宗、宋太祖及其兄弟的后代已经繁衍到好几千人。在徽宗统治时期，宗室中有第四代、第五代、第六代、第七代和第八代的族人，总人数超过一万人。”①

金兵对开封洗劫了三个多月后，于靖康二年四月押解着一万四千多名宋朝俘虏开始北迁，其中包括了宋徽宗、宋钦宗父子俩。这一路的艰辛与屈辱是不言而喻的，“北行过程中的艰辛之一是宋俘会不断目睹身边发生的各种凄惨景象。在很多地方，宋俘的尸体被抛于荒野。囚俘们经常因为车辆倾覆而受伤，女性也常常遭强奸。四月十六日，徽宗的弟弟燕王赵俣去世，据说是饿死的。徽宗将他的尸体放在一个马

① 伊沛霞. 宋徽宗［M］. 韩华，译. 桂林：广西师范大学出版社，2018：402.

槽中，由于马槽太短，双脚都露在外面。徽宗请求将燕王的尸体运回开封安葬，但被拒绝了，尸体只能就地火化。徽宗在余下的旅途中一直抱着装骨灰的盒子。”① 到达韩州（今辽宁昌图）后，徽宗最喜爱的儿子赵楷去世。徽宗、钦宗最终于1130年达到五国城（今黑龙江依兰）。1135年四月二十一日，被囚禁四年之后，徽宗在五国城去世。

据徽宗的女婿蔡鞗记载，北迁期间宋徽宗写了一千多首诗，例如他在途经燕京的时候，在一家寺庙中题写了这样一首诗：“九叶鸿基一旦休，猖狂不听直臣谋。甘心万里为降虏，故国悲凉玉殿秋。”亡国悔恨之意溢于言表。

北迁途中宋徽宗留下来的最著名的词作当属这首《燕山亭·北行见杏花》：

裁剪冰绡，轻叠数重，淡着胭脂匀注。新样靓妆，艳溢香融，羞杀蕊珠宫女。易得凋零，更多少、无情风雨。愁苦，问院落凄凉，几番春暮？

凭寄离恨重重，这双燕，何曾会人言语？天遥地远，万水千山，知他故宫何处？怎不思量？除梦里有时曾去。无据，和梦也、新来不做。

---

① 伊沛霞. 宋徽宗［M］. 韩华，译. 桂林：广西师范大学出版社，2018：416.

这首词的上片吟咏杏花的色泽与形态，而且徽宗严格遵循了词体的“闺情”本色，将花儿与女性的美貌相比拟，既突出了杏花的艳丽，又抒发了鲜花在风雨摧残下凋残零落的“愁苦”与“凄凉”。显然，宋徽宗绝不仅仅是为了吟咏杏花而吟咏杏花，“更多少、无情风雨”无疑蕴含着对外敌入侵导致国破家亡的剧痛。下片抒情，将这种亡国的剧痛抒发得更为曲折深婉。他越往北走，离故国就越遥远。“天遥地远，万水千山，知他故宫何处?”在徽宗生命中的前四十五年，他几乎没有离开过“故宫”——开封，那个曾经繁花盛开、歌舞升平的地方。然而，在他生命中的最后八年，却遭遇了地狱般的折辱和煎熬。他永远不可能再回到他的故国，他永远不可能再回到他的从前，他只能借希望于梦境回到故宫、与故人重逢：“怎不思量？除梦里有时曾去。”

这首《燕山亭》向来被视为亡国之词的范例，常常被拿来与李煜的《浪淘沙令》相比较，因为两首词都写到了亡国之君的故国之梦。一百五十多年之前，李煜作为南唐的亡国之君被囚于开封，写下了这样哀婉的词句：

帘外雨潺潺，春意阑珊，罗衾不耐五更寒。梦里不知身是客，一晌贪欢。

独自莫凭栏，无限江山，别时容易见时难。流水落花春去也，天上人间。

和宋徽宗的命运相似，李煜的前半生作为一国之君，享受着富贵风流的帝王生活，夜夜笙歌，美女如云，那是他人生的上半场。可是，李煜的后半生，却只有在梦里才能重返故国；只有在梦里，他才能和南唐的故人一起重享短暂的欢娱，“梦里不知身是客，一晌贪欢”。只有在梦里，他才能暂时忘却作为亡国奴的屈辱和痛苦，这也是李煜在后半生总是贪恋梦境的主要原因。除了这首《浪淘沙令》，他还有很多词也表现出梦回故国的凄婉哀伤，如“故国梦重归，觉来双泪垂”“往事已成空，还如一梦中”（《子夜歌》），“世事漫随流水，算来梦里浮生”（《乌夜啼》），等等。

在艺术成就方面，李煜无疑是宋徽宗崇拜的偶像。梁启超曾经说宋徽宗是李煜的“后身”，甚至宋徽宗的词比李煜的词更加凄惨，因为李煜还能在梦中贪恋帝王的快乐，宋徽宗却只能绝望地悲叹“无据，和梦也、新来不做”——现实太残酷，连梦都不肯给他重回故国的机会，不肯给他这样短暂逃避现实的机会啊！

王国维在《人间词话》中也将李后主与宋徽宗相比：

尼采谓：“一切文学，余爱以血书者。”后主之词，真所谓以血书者也。宋道君皇帝《燕山亭》词亦略似之。

历史从来不是简单的轮回，可是命运却有如此惊人的相似。作为一个在政治上失败到了极点却又在艺术领域成功到极致的帝王，宋徽宗和李后主一样，用“血”的悲剧命运，书写出了动人心魄的文学经典。

第十講

女性词人翘楚

李清照 宋

李清照小传

李清照（1084—1155?），号易安居士，济南人。父李格非，母王氏。易安雅善诗文，才名卓著。《宋史·李格非传》：“女清照，诗文尤有称于时。嫁赵挺之之子明诚，自号易安居士。”

李清照曾协助其夫赵明诚编定《金石录》一书，并为之作后序。据《宋史·艺文志》记载，著有文集《易安居士文集》七卷，不传。词集名《漱玉词》，一称《漱玉集》，各本著录卷数不一，但大多亡佚。清人王鹏运以毛晋《诗词杂俎》本《漱玉词》为基础，从宋人选本、说部中广为搜集，辑为《漱玉词》一卷，为近代李清照词辑本之祖。明末清初学者沈谦《填词杂说》云：“男中李后主，女中李易安，极是当行本色。”将南唐后主李煜与宋代女词人李清照视为最能代表词体“当行本色”的词人，并称“词坛二李”，或可说明其在词坛的崇高地位。

李清照《一剪梅》

作为宋代最优秀的女词人，李清照流传下来的词作并不多，确切可靠的大约有四十多首，加上疑似的也不过六十来首，可是就在这区区几十首中，堪称经典的占了一多半。这首《一剪梅》就是其中广为流传的经典之一：

红藕香残玉簟秋。轻解罗裳，独上兰舟。云中谁寄锦书来，雁字回时，月满西楼。

花自飘零水自流。一种相思，两处闲愁。此情无计可消除，才下眉头，却上心头。

从内容来看，此词可以看成是李清照写给丈夫赵明诚的一封“情书”，因为它表达的就是相思情绪。我想用三句话来概括这首词的魅力：文字清丽，情感细腻，心思巧妙。这三大特点其实也正是李清照词的基本特点，在这首《一剪梅》中得以淋漓尽致地展现出来。

首先写景就很美："红藕香残玉簟秋。"红色的荷花渐渐凋零了，这已经是凉风飒飒的秋天了，凋零的荷花简直就是秋天的形象代言人。既然红藕就是荷花，那李清照为什么不直接说荷花或者莲花呢？除了格律平仄的要求之外，"藕"还是一语双关，因为莲藕的"藕"谐音配偶的"偶"，且"红藕"在古典诗词当中本来就有爱情的象征意义。例如花间词人顾夐的《醉公子》词："漠漠秋云澹，红藕香侵槛。"用秋天的红藕来兴起闺中思妇的相思幽怨。李清照显然是巧妙地化用了顾夐的词，含蓄地暗示这首词的相思主题。

"红藕香残玉簟秋"，簟，是竹席的意思。竹席用"玉"来形容，可见是非常精美、光洁如玉的竹席了。可是"玉簟"如果解释为竹席，逻辑上有点牵强：既然已经是秋天，为什么床上不换上暖和的被褥，还要铺着冰冷的竹席呢？而且紧接着的两句"轻解罗裳，独上兰舟"显然又是室外的活动，若强行插入"玉簟秋"这个室内意象，是不是有点儿突兀呢？

因此，这里将"玉簟"解释为床上铺的竹席似乎有点不大合适。既然前面说的是荷花，那么将"玉簟秋"解释为像竹席的纹路一样的水波、涟漪显然更为妥帖。古典诗词中确实有将簟纹比喻成水纹的传统，例如唐代诗人李益写过一首诗："水纹珍簟思悠悠，千里佳期一夕休。从此无心爱良夜，任他明月下西楼。"（《写情》）苏轼也写过"簟纹如水帐如烟"的诗句（《南堂五首》其五），都是将簟纹比作水纹。反过来，将水纹比作簟纹当然也是可以的。这样理解的话，我们再来读"红藕香残玉簟秋"这句词，是不是就觉得更流畅了呢？

凋落的荷花随着微波荡漾的秋水飘零而去，这是多么凄美的初秋景致！趁着天气还不是太寒冷，也趁着荷花还没有完全凋零，李清照决定泛舟出游，踏秋赏荷了。"轻解罗裳，独上兰舟。"她轻轻挽起罗裙，上了小船，"兰舟"就是小船儿的美称。

荷花是"红藕"，竹席是"玉簟"，小船是"兰舟"。文字清丽，名不虚传！

不过光文字清丽还不够，李清照偏偏还别出心裁，安排了一个"独"字。"独上兰舟"，这分明是在向丈夫撒娇吧？你看，我又是一个人"独"自去秋游的啊！为什么每次我最需要你陪伴的时候，你都不在我身边呢？不能陪我也就算了，写封信给我报个平安也好啊。可是丈夫出差那么久，估计是忘我地沉浸在自己的事业中，暂时忘了家中的娇妻了："云中谁寄锦书来，雁字回时，月满西楼。"这三句写得实在是太美了！

现在送信的快递小哥一般是骑电动摩托，可是李清照笔下的“快递小哥”是踏着祥云飘然而来的：“云中谁寄锦书来。”云中的“快递小哥”当然就是古代传说中能够传递书信的鸿雁了。锦书是书信的美称。据说锦书是一个叫作苏蕙的女子发明的，苏蕙是十六国时期秦州刺史窦滔的妻子，窦滔因为犯了事而被流放，苏蕙非常想念他，就用织锦绣了840个字的回文诗（又名“璇玑图”）寄给丈夫。璇玑图编排极为精妙，无论怎么读，都是一首首饱含相思的凄婉诗篇。后人常用“锦书”来代指女子写给丈夫的书信。李清照其时也陷入苦苦的思念中，盼望着远方丈夫的书信。那一行行飞过的大雁，在传递着谁写的“锦书”呢？只可惜，她等啊，盼啊，直等到大雁早已飞过，直等到夜幕降临，直等到“月满西楼”，也没有等来属于她的那一封“情书”。

在古典诗词中，“西楼”“西窗”等意象往往和爱情密切相关。从古代的家居习惯来看，一般长辈居于正屋，也就是坐北朝南的位置，例如诗词中往往以“北堂”代指母亲，因为这是主妇的居室。东厢房一般是长子居住，女儿则居于西厢房。即使是皇宫，居所的分配也大致如此，例如东宫为太子居所；西宫则往往是太后、妃嫔或公主等女眷居住。于是，在古典诗词中，“西楼”“西窗”便因其与女性的渊源而延伸出旖旎爱情的浪漫怀想，成为独具风情的爱情或相思意象了。像白居易的“遥知别后西楼上，应凭栏干独自愁”

（《寄湘灵》），李商隐的“何当共剪西窗烛，却话巴山夜雨时”（《夜雨寄北》），还有李益的“从此无心爱良夜，任他明月下西楼”（《写情》）等，都是用“西楼”“西窗”的意象来寄托爱情。北宋词人晏几道笔下的“西楼”意象更是蕴含着满满的爱恋：“西楼月下当时见，泪粉偷匀”“谁堪共展鸳鸯锦，同过西楼此夜寒”“有人凝澹倚西楼，新样两眉愁”……

《一剪梅》的上片从踏秋赏荷的白天，一直写到了月满西楼的深夜，而李清照的相思情意也在字里行间绵绵不绝地流淌着。

这是李清照的西楼，这是李清照的相思明月夜，这是李清照的残荷玉簟秋。

秋天的流水带走了飘零的荷花：“花自飘零水自流。”两个“自”字，让我们看到了李清照毫不掩饰的幽怨之情：你看那落花自顾自飘零，秋水自顾自流走，有谁能怜惜我的孤独呢？

李清照的情感真的很细腻，她一方面是感叹花的飘零，一方面也是再一次暗示赵明诚：你的妻子也像花儿一样，再美的花朵也会有凋零的时候；而时光就像这无情的流水，带走了我的青春岁月，一去不复返了，你就不能好好珍惜我对你的这一番情意吗？

“花自飘零水自流。一种相思，两处闲愁。”李清照到底还是怕丈夫看不懂自己一而再、再而三的暗示，在“情书”快要结尾的时候，忍不住挑明了说：但愿我的相思不是自作多情的单相思，虽然人在两处，但是心要在一起！希望你想念我，是跟我想念你一样的刻骨铭心啊！

李清照小像

既然都已经挑明了，最后三句，李清照也不再遮遮掩掩、羞羞答答了：“此情无计可消除，才下眉头，却上心头。”因为难以忍受相思的折磨，所以才“独上兰舟”，想去散散心。可是，这浓浓的相思之情，是任何娱乐都排遣不了的；赵明诚这个人，也是任何人都代替不了的。“才下眉头”，李清照强颜欢笑，把因为思念而皱着的眉头舒展开来，可思念却又悄悄地转移到了心头，原来，这相思是无孔不入、无处可逃的折磨……

外面的世界再精彩，可是我只愿意许给你我的一生！这就是李清照的爱情与相思。

当然，这样美丽的句子也是出自李清照心思巧妙的化用，因为，在李清照之前，北宋名臣范仲淹已经写过类似的句子：“都来此事，眉间心上，无计相回避。”（《御街行·秋日怀旧》）只不过，范仲淹的词中将“眉间心上”并列，就少了李清照“才下眉头，却上心头”的灵动、曲折之美。

不过，平心而论，范仲淹的《御街行·秋日怀旧》也写得非常美，借这个机会不妨也分享一下。

纷纷坠叶飘香砌，夜寂静，寒声碎。真珠帘卷玉楼空，天淡银河垂地。年年今夜，月华如练，长是人千里。

愁肠已断无由醉，酒未到，先成泪。残灯明灭枕头欹，谙尽孤眠滋味。都来此事，眉间心上，无计相回避。

范仲淹是一位出将入相的人物，有过镇守边疆的经历，无论在政治上还是在军事上都堪称一流名臣；同时他也是数一数二的文学家，有柔肠百结、情感细腻的一面。这首《御街行》抒发的就是思乡与相思的深情。在失眠的深夜里，在如水的夜色下，词人深深地思念着远方的爱人。他想借酒消愁，可是每一滴酒都化作了相思的泪，每一个孤眠之夜都化作了相思的怨。他的眉间心上都刻满了孤独，他想逃避却无法逃避。

思念就是一张网，铺天盖地，你越想挣脱，却缠绕得越紧，这就是范仲淹的“都来此事，眉间心上，无计相回避”和李清照的“此情无计可消除，才下眉头，却上心头”所要表达的情感。

钱锺书先生曾经评论过这两首词。他说："如范仲淹的诗里一字不涉及儿女私情，而他的《御街行》词里就有'残灯明灭枕头攲，谙尽孤眠滋味。都来此事，眉间心上，无计相回避'这样悱恻缠绵的情调，措词婉约，胜过李清照《一剪梅》词'此情无计可消除，才下眉头，却上心头'。"（《宋诗选注·序》）看来，钱锺书是更喜欢范仲淹的词。

当然，是更欣赏范仲淹的直白坦率，还是更喜欢李清照的曲折灵动，自是因人而异，读者可以见仁见智。不过，李清照的化用的确是别具匠心的："才下眉头"隐隐有努力排遣愁绪、掩盖愁容的意思，可是表面的平静又怎能真的掩盖得了内心奔涌的相思呢？"才下眉头"是词人主观的努力，"却上心头"又泄露了词人拼命努力之后的失败。这一"下"、一"上"之间，到底蕴含着词人多少欲言又止的爱啊！

如梦令

1=♭B 紧五弦定弦 2 3 5 6 1 2 3

李清照 词
宋 明 曲并指

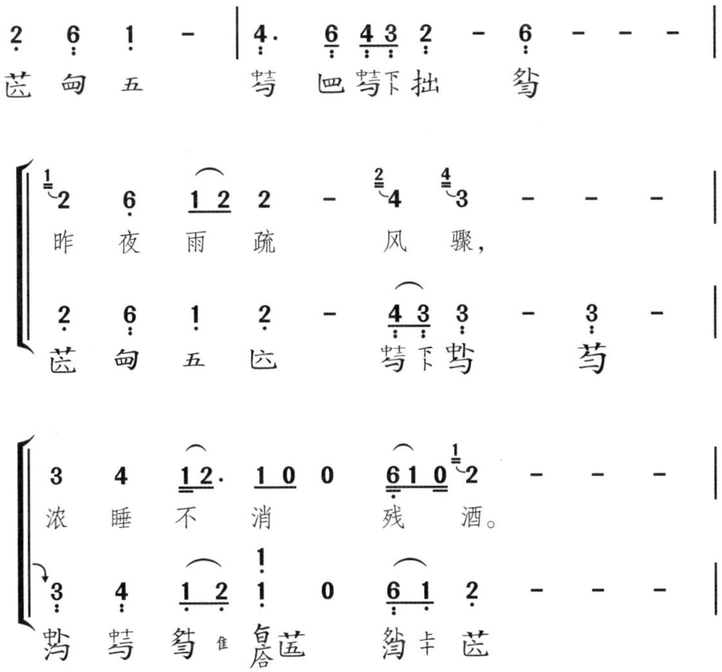

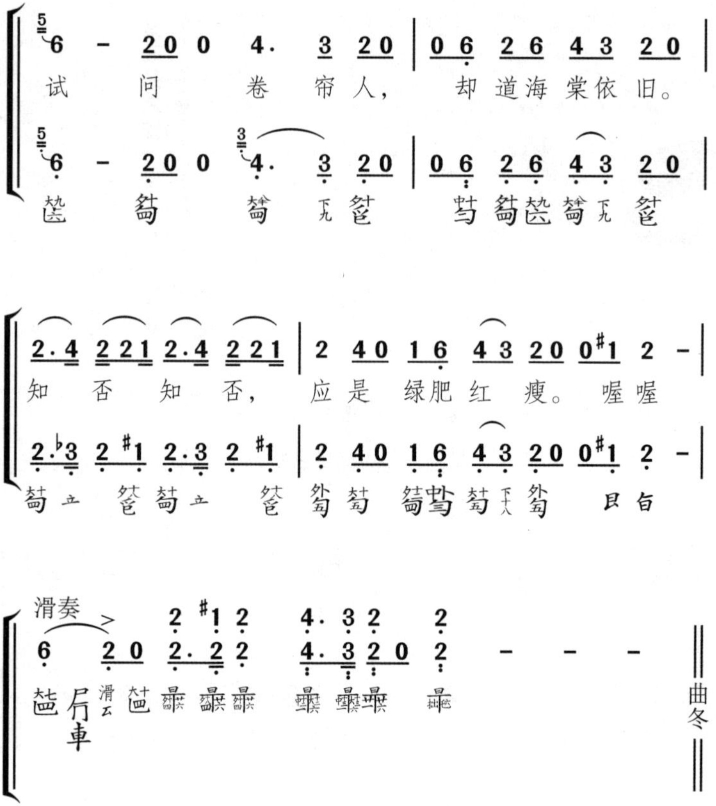

（2023 年 11 月 26 日即兴，实际以录音为准）

词史上第一篇词学批评论著——李清照《词论》

从词史上来看，从唐代的民间发源，经由晚唐五代、北宋的大批文人不断壮大其声势，词上升为有宋一代之文学的势头不可遏制。曲调完善，格律精审，文字典雅，作者群体庞大，传播群体和消费群体上至王公贵族，下至市井百姓，遍及各个社会阶层、文化阶层。相对于主要掌握在精英文化人手中的宋诗而言，词的普及范围之广，影响之大，均为宋诗所不及。但词发展到周邦彦这里，随着精英文化层日渐成为主要创作群体并不断引导着歌词发展的主流趋势，词的创作呈现文人化的苗头。而后，李清照《词论》以及其中一系列相关词学范畴的推出，无疑为北宋以前的词史做了一次总结，并标志着词作为一种新兴抒情文体的成熟和词学理论体系的初步形成。因此，作为词史上唯一一位堪称大家的女性词人，第一篇词学专论由李清照来完成似有其偶然性；但从词作为一种新文体的发展过程来看，第一篇词学专论在这个时期出现却是必然的。

另外，从李清照的个人经历来看，她出身书香门第、官宦世家，有家学渊源。《宋史》记载，其父李格非“以文章受知于苏轼”，“用意经学，著《礼记说》至数十万言，遂登进士第”，“苦心工于词章，陵轹直前，无难易可否，笔力不少滞”；继母王氏是状元王拱辰的孙女，“亦善文”。少女时期的李清照不仅深受家学渊源的影响，而且因其父母交游多为当时颇负盛名之文人，李清照耳濡目染，“自少年便有诗名，才力华赡，逼近前辈”（王灼《碧鸡漫志》）。可见，作为一位博学多识、天赋灵性的女子，李清照不仅具备了词创作的才力基础，而且拥有了词学批评理论的识见基础。

李清照的词学理论主要见于她的《词论》一文：

乐府声诗并著，最盛于唐。开元、天宝间，有李八郎者，能歌擅天下。时新及第进士，开宴曲江。榜中一名士，先召李，使易服隐姓名，衣冠故敝，精神惨沮，与同之宴所，曰：“表弟愿与坐末。”众皆不顾。既酒行乐作，歌者进，时曹元谦、念奴为冠，歌罢，众皆咨嗟称赏。名士忽指李曰：“请表弟歌。”众皆哂，或有怒者。及转喉发声，歌一曲，众皆泣下，罗拜曰：“此李八郎也。”

自后郑、卫之声日炽，流靡之变日烦。已有《菩萨蛮》、《春光好》、《莎鸡子》、《更漏子》、《浣溪沙》、《梦江南》、《渔父》等词，不可遍举。五代干戈，四海瓜分豆剖，斯文道熄。独江南李氏君臣尚文雅，故有“小楼吹彻玉笙寒”、“吹皱一池春水”之词。语虽奇甚，所谓“亡国之音哀以思”也。

逮至本朝，礼乐文武大备。又涵养百余年，始有柳

> 屯田永者，变旧声作新声，出《乐章集》，大得声称于世；虽协音律，而词语尘下。又有张子野、宋子京兄弟，沈唐、元绛、晁次膺辈继出，虽时时有妙语，而破碎何足名家。至晏元献、欧阳永叔、苏子瞻，学际天人，作为小歌词，直如酌蠡水于大海，然皆句读不葺之诗尔。又往往不协音律者，何邪？盖诗文分平侧，而歌词分五音，又分五声，又分六律，又分清浊轻重，且如近世所谓《声声慢》、《雨中花》、《喜迁莺》，既押平声韵，又押入声韵；《玉楼春》本押平声韵，又押上去声，又押入声。本押仄声韵，如押上声则协；如押入声，则不可歌矣。王介甫、曾子固，文章似西汉，若作一小歌词，则人必绝倒，不可读也。乃知词别是一家，知之者少。后晏叔原、贺方回、秦少游、黄鲁直出，始能知之。又晏苦无铺叙，贺苦少典重。秦即专主情致，而少故实。譬如贫家美女，虽极妍丽丰逸，而终乏富贵态。黄即尚故实，而多疵病。譬如良玉有瑕，价自减半矣。①

作为第一篇词学专论，李清照将理论基点立足于音律方面，包括其在文首所引用的李八郎故事也是为了说明词的音乐特质，然而紧接着她又认为词之兴起是“郑、卫之声日

① 陈良运. 中国历代词学论著选［M］. 南昌：百花洲文艺出版社，1998：71-72.

炽，流靡之变日烦”的表现，说明李清照的理论完全是建立在儒家诗教传统之上的。虽是一名女子，其识见却完全遵循，甚至比同时代游戏歌词的大多数文人士子更加有意识地维护着儒家传统。出于这样的理论基点，她关于五代“斯文道熄”的议论，矛头针对的当然是以《花间》为代表的侧艳之词。随后她又特别提出江南李氏君臣不在《花间》范围，虽则其词“尚文雅”，却不免流露出“亡国之音”。

李清照还对词的音律标准，作出了可以称得上是苛刻的要求：传统的诗歌只需分平仄即可，但词为满足歌唱的需要，不仅要分平仄，还需分五音、五声、六律及清浊轻重等。“可歌”，这是词区别于诗文的独特体性。“不可歌”的词对她来说就是不合乎要求的作品。她对苏轼等人的批评也是因为他们“作为小歌词”“皆句读不葺之诗尔”，再如“王介甫（王安石）、曾子固（曾巩），文章似西汉，若作一小歌词，则人必绝倒，不可读也”。

不过，“可歌”只是一首优秀词作的必要而非充分条件。许多精通音律的词人在李清照看来也是不无瑕疵的，例如柳永的“词语尘下”，张先、宋祁等人的“破碎”，晏几道“无铺叙”，贺铸“少典重”，秦观“少故实”，黄庭坚“多疵病”，等等。这些词学范畴的提出显然已经与音律无关，而将着眼点放在了词的文学性上。

在《词论》一文中，李清照提出了一系列词学批评范畴，如“文雅”“铺叙”“典重”“情致”“故实”“妍丽”“丰逸”“富贵”等。

李清照论词推崇“文雅”。在李清照看来，相对于《花间》词的绮靡艳丽，南唐君臣如李璟、李煜、冯延巳等人的词确实呈现出深沉凄婉的美学特质。身份的矜贵、学养的深厚、生活环境及情趣的高雅和对音乐的造诣都使得他们的创作不同于沉迷花前月下的普通文人，而表现出更高境界上的美学追求。

李清照论词亦力求“情致”。词本是缘情之作，李清照本人所作也确实基本是围绕一个“情”字在作文章，因此她对于词以“情”为本是持肯定态度的。当然此“情”乃深挚久远之真情，而非短暂欢会之艳情。

李清照论词还讲究学养和“故实”。词虽以言情为本，但只有“情”却还远远不够，例如李清照认为秦观词虽主情致但其缺陷在于“少故实”。所谓“故实”，即典故也。李清照当然不是说要在词中堆砌典故，而是指虽是依曲填词，也要以深厚的学养、内涵为基础。有“学”而无“情”固然不是词体本色；如果只有“情”而无“学”，就像贫家美女，虽也有自然天成的“妍丽丰逸”之美，却缺少了名门闺秀雍容高贵的气度。这里极应注意的一点是，词本就起源于民间的乐工歌妓，在发展之初又在坊间歌楼恣意生长，其“贫家美女”的天性——或更确切一点说——其“风尘女子”的天性是抹杀不掉的。对出身宦家的李清照来说，她可能终其一生都没有机会像男性文人那样与歌女有着长期而密切的接触和了解，因此她着意摆脱词的“贫寒”之气甚至是“风尘”之气。她对于柳永“词语尘下”的批评，正如一贵族女子对民间风尘女子的蔑视。李清照正是这样或有意或无意地想要摆脱词“应歌而作”的樊篱，而使其归于传统儒家诗教下的温厚雅正。

综上所述，李清照的《词论》既从词的音乐性和文学性两方面对词的创作提出要求，又从词史的角度理顺词发展的脉络，最后从创作主体的角度对词人的创作实践提出批评，理论体系相较前人是更为完备的。

《词论》中尤为引起争议的是李清照对词坛大家的逐一批评。在她眼中，同时代或前代居然无一完美之词人，因此有人说她狂妄至极，不自量力：“退之诗云：‘不知群儿愚，那用故谤伤。蚍蜉撼大树，可笑不自量。’正为此辈发也。”（胡仔《苕溪渔隐丛话》）可是换个角度来看，李清照并非像他人认为的通过肆意批评其他词坛大家来抬高自己的地位，她的本意应是通过对主要词人的逐一点评，来推出她认为作词须遵循的美学标准，为填词真正立下一个指导性的规范。

朱淑真《减字木兰花》

纵观唐宋时代，能在词坛上留下名姓并引起关注的女性词人只有三位：北宋曾布的夫人魏玩，人称“魏夫人”；两宋之交的李清照和朱淑真。关于这一点，前代论者有云：“妇人能词者，代有其人，未有如易安之空绝前后者。”“朱淑真词风致之佳，情词之妙，真不亚于易安。宋妇人能诗词者不少，易安为冠，次则朱淑真，次则魏夫人也。”（陈廷焯《词坛丛话》）此三位才女在宋代女性词坛三足鼎立，虽则魏玩和朱淑真在词史上的实际地位远远不能与李清照相比，但在女性词史上仍足以占据重要的位置。

关于朱淑真的生活年代，诸说纷纭，但观其作品，受李清照风格影响十分明显，甚至经常袭用易安词之成句，所以她生活于李清照之后的可能性较大。

朱淑真的词留存至今的约 27 首，归纳其词作的总体特点，可以用清末词人况周颐的“词婉而意苦，委曲而难名”（《蕙风词话》）概括之。“词婉而意苦”是说她的作品在表现形式上婉约含蓄，情感基调为愁苦凄凉；“委曲而难名”是说表现内容深隐于文辞之中，令人难以指实。她的作品集名为《断肠集》，可知其词整体上的愁苦基调。《减字木兰花》就是表现其愁苦心境的经典之作：

独行独坐，独倡独酬还独卧。伫立伤神，无奈轻寒著摸人。

此情谁见？泪洗残妆无一半。愁病相仍，剔尽寒灯梦不成。

“独行独坐，独倡独酬还独卧。”起首两句就连下五个动词：行、坐、倡、酬、卧。这五个动作又全部冠以同一个修饰语“独”。虽然是五个很明确的动词，但其实五个动作是“泛指”，实则囊括了词人一天之中的主要活动。一气抛出的五个动词以及五个“独”字，强烈地渲染出了词人一天中无孔不入的孤独。

在这五个动作中，尤其要注意到的是其中两个活动：倡和酬。倡，通“唱”，本来是带头歌唱、领唱的意思，引申到文学中则是发起创作、率先进行创作；酬，是应和、对答的意思。诗词的酬唱应和是文人圈中常见的文学活动，它既是文人之间同气相求、结交朋友的主要渠道，也是展示才华，互相学习切磋并提高艺术技巧的主要交流方式。可见，正常意义上的酬唱，必须是两个及以上的文友形成的交流圈。可是在这首词中，词人只能“独倡独酬”，她既是原唱，同时又是应和者。

这种孤独的场景，很容易让人想起金庸武侠小说《射雕英雄传》中的一个情节：老顽童周伯通被黄老邪关押在桃花岛，长期的禁闭中，他发明了一个新的比武方法。比武至少应该是两个人对打，一个人怎么比武呢？闲不住的周伯通就发明了左右手互搏的比武方法，左手进攻，右手反击，如此再三，自得其乐地消磨着漫漫光阴。

朱淑真的自唱自酬就类似于周伯通的左右手互搏，看上去乐在其中，事实是极度的寂寞孤独。

这种孤独场景，还能令人联想到李白的“花间一壶酒，独酌无相亲。举杯邀明月，对影成三人”。敬酒与饮酒，本来也起码要有两个人才行。没有酒友，就只能自斟自饮。朱淑真的自唱自酬，又何异于李白的自斟自饮？

尽管孤独像滴水不漏的铁桶一样包围着词人，词人还是企图做最后的挣扎。如果是当代的女性，感到孤独的时候可以想到好多种排遣的办法。比如约上闺密喝个下午茶，逛逛街；或者打个电话、发个微信给远方的亲人和朋友；或者是网聊，和认识或不认识的人倾诉倾诉；哪怕是一个人跑到电影院或者酒吧宣泄一下；又甚至是背上背包踏上旅途，在旅途中结识几个“驴友”……这些都有可能帮助我们暂时从孤独中解脱出来。朱淑真也想找到一种摆脱孤独的途径，哪怕只是暂时的也好。

可是，所有这些办法对近一千年前的女人来说都是天方夜谭。“伫立伤神”，词人想到的逃避方法，就是离开狭小的日常起居室，来到室外的小院。也许她是希望园子里的花草树木、清风微雨能够稍微抚慰她的孤独。但是“伫立”一词流露出来的还是如影随形的孤独。“伫立”的意思就是久久地站立、等待，“伫立”的必然结果，是孤独的进一步加深——“伤神”。

如果说此前的行、坐、倡、酬、卧、立，都是指孤独的外在表现，那么“伤神”则表明孤独已深入内心，造成精神的痛苦。内心已经如此孤独痛苦，奈何连大自然也不肯抚慰词人的心灵：“无奈轻寒著摸人。”

“著摸”有捉摸、撩拨、沾惹的意思。大自然是通人性的，它知道词人内心的孤独；但大自然又是无情的，正当词人在独自黯然神伤的时候，它又以“轻寒”撩拨起词人更深的愁绪，让词人在孤独之外更加感到了入骨的寒意。这一丝寒意，不是身体的冷，而是心冷。“无奈”一词，再一次透露出词人的脆弱：孤独已经如此沉重，再加上不断袭来的寒意，更让人痛苦不堪。

由“轻寒”一句可知，这应该是早春的季节。《减字木兰花》原有词题“春怨”，也可见此词仍是伤春的传统主题。

伤春是古代诗人、词人常见的“季节病”。但朱淑真的伤春显然不是“季节病”引起的“为赋新词强说愁”。据说，“钱塘朱淑真自以所适非偶，词多幽怨。每到春时下帏趺坐。人询之，则云：‘我不忍见春光也。’”（《古今词话》

引《女红志余》）词人的孤独伤春是因何而起的？这则记载可以解答我们的疑问："所适非偶。"

关于朱淑真的生平，文献记载不甚明确，但"所适非偶"这一点倒是公认的。和李清照早年的婚姻幸福比起来，朱淑真一生最大的不幸，就是嫁错了人。

朱淑真的丈夫，一说为"市井民"，一说为地位较低的官吏。无论其夫身份如何，可以确定的是：这是一桩没有爱情的婚姻。每到春来的时候，窗外春光明媚，鸟语花香，她却放下窗帘，将自己关在屋内，在窗下的昏暗中长久地盘坐，因为她"不忍见春光"。

"不忍见春光"的朱淑真和后半生经历了国破家亡的李清照有着惊人的相似。在洋溢着欢歌笑语的元宵节，李清照也是把自己关在家中，谁都不想见："如今憔悴，风鬟霜鬓，怕见夜间出去。不如向、帘儿底下，听人笑语。"（《永遇乐》）

词人内心深处的寂寞，让她们选择了斗室独处、拒绝热闹。

"此情谁见？泪洗残妆无一半。"过片两句，着力最重的一个字是"洗"。词本以含蓄柔婉为美，"泪"是描写女性形象常见的意象，但用"洗"字形容泪下的程度却不多见。既然是"洗"，可见不是一般的伤心落泪，而是泪如雨下，滂沱不断，以至于将脸上的脂粉冲洗掉了一大半。

显然，如果仅是孤独，还不至于让一个坚强的女人以泪洗面，在孤独的背后，一定还有更多不为人知的痛苦。“（朱淑真）一生抑郁不得志，故诗中多有忧愁怨恨之语。每临风对月，触目伤怀，皆寓于诗，以写其胸中不平之气。”（魏仲恭《断肠诗集序》）

“愁病相仍，剔尽寒灯梦不成。”词人没有说是因愁得病，还是因病得愁，但精神上的愁与身体上的病从来都是“难兄难弟”，在身体与精神的双重折磨下，漫长的白昼终于熬过去了，词人又面临着黑夜的凄凉。剔，是指拨动、剪剔灯芯，让灯光更明亮。“剔尽”二字，显然是说词人一次又一次剪剔灯芯直至灯芯已尽，暗示了词人在经历了一整天的孤独之后，等来的又是整夜无眠。

现实的悲剧难以逃避，但词人还要做最后一次努力，她最后努力的途径是梦，梦成了词人期待的“安慰天使”。

可是，词人终于还是绝望了。“剔尽寒灯梦不成”，这与李清照《蝶恋花》中的“独抱浓愁无好梦，夜阑犹剪灯花弄”如出一辙。

一天的孤独，象征的是一生的孤独，这是词人无法摆脱的宿命。

当身心的双重折磨越来越沉重，到她再也无力承担的时候，她只有选择最后的路——自尽。她想以结束生命的方式来逃避现实的苦难，警醒世人。然而，更可悲的是，不要说丈夫，连朱淑真自己的父母都没有因为她的死而悔悟。他们甚至因为有这样桀骜不驯的女儿而感到羞愧，将她的遗体与诗稿付之一炬，让她死后还“不能葬骨于地下，如青冢之可吊”（魏仲恭《断肠诗集序》）。

孤独是朱淑真的宿命，也是那个时代几乎所有女性的宿命。只不过对于才女来说，孤独会来得更加猛烈一些，她曾在诗中说：“女子弄文诚可罪，哪堪咏月更吟风。磨穿铁砚非吾事，绣折金针却有功。”诗题为《自责》，似乎是在“责备”自己没有像一般的女性那样恪守妇道。那个时候的世俗观念认为，女子应该做的正事就是生儿育女，持家做女红，女性勤劳有功的标志是“绣折金针”。至于吟咏风月、吟诗作赋根本就不是女人该做的事，“磨穿铁砚”是对寒窗苦读的男人的一种赞美，可对一个女人来说，那就是“不守本分”。

显然，朱淑真就是一个“磨穿铁砚”“不守本分”的女子。朱淑真曾骄傲地宣称：“翰墨文章之能，非妇人女子之事，性之所好，情之所钟，不觉自鸣尔。”（朱淑真《掬水月在手》小引）这说明，朱淑真是“知错犯错”，明知翰墨文章非女子分内之事，仍然不顾世俗成见，坚持舞文弄墨，因为诗词已成了她宣泄愁苦心情的唯一途径。她创作诗词，不是为了沽名钓誉，而只是为了尽情抒发自己的性情和内心的感受。

第十二講

靖康之难与南渡词人群

朱敦儒小传

朱敦儒（1081—1159），字希真，号岩壑，人称伊水老人、洛川先生、少室山人等，河南洛阳人。早年“自乐闲旷”，隐居故里。南宋绍兴二年（1132）①，经故人力劝，始赴临安，赐进士出身，为秘书省正字，官至两浙东路提点刑狱，被劾罢官，退隐嘉禾。晚年为秦桧强起，任鸿胪少卿，以此而被议论纷纷。朱敦儒有词集《樵歌》传世，其词内容广泛，清新流丽，音节婉谐，是为独具一格的“樵歌体”。

---

① 一说绍兴五年（1135）。今从《宋史》。

朱敦儒《相见欢》

南宋人汪莘认为唐宋词发展的历史经历了三次最关键的转变，可以称之为“三变”。第一变的标志性人物是苏轼，“其豪妙之气，隐隐然流出言外，天然绝世，不假振作”；第二变的标志性人物是朱敦儒，他的特点是“多尘外之想，虽杂以微尘，而其清气自不可没”；第三变的标志性词人是辛弃疾，“乃写其胸中事，尤好称渊明”。朱敦儒是第二变的灵魂人物。朱敦儒和李清照生活在同一时期，李清照的词被公认为“清丽”，朱敦儒则获得了“清气”的高度评价，这两位词人堪称南渡词坛上的两颗耀眼的明星。

那么，朱敦儒的词又何以能得到“清气自不可没”的高度评价呢？试看这首《相见欢》：

金陵城上西楼，倚清秋。万里夕阳垂地，大江流。

中原乱，簪缨散，几时收？试倩悲风吹泪，过扬州。

词的起句交代了登临的具体地点和时间：“金陵城上西楼，倚清秋。”金陵，就是今天的南京，秋天的南京天清气朗，正是最好的季节。更何况，登上金陵城楼，放眼四望，开阔的景象令人更添豪情：“万里夕阳垂地，大江流。”长江波涛汹涌，滚滚东流，水天相接处落日正圆，缓缓西沉的斜阳，向大地洒下了最后一片金辉。

“金陵城上西楼，倚清秋。万里夕阳垂地，大江流。”这是何等清澈澄明却又雄浑苍茫的景色！

上片纯粹写景，下片笔锋陡变，抒情色彩骤然变得浓厚起来：“中原乱，簪缨散，几时收？试倩悲风吹泪，过扬州。”一个“乱”字，道出了那个特殊时代的特殊背景。而这个“中原乱”，就是岳飞《满江红》里写到的“靖康耻，犹未雪。臣子恨，何时灭？”，也就是北宋王朝的靖康之难。

靖康元年（1126）闰十一月二十五日，北宋的京城东京沦陷。亲自到金兵军营投降的宋钦宗，连同父亲宋徽宗，一起被废为庶人。第二年，金兵撤离东京，将两位皇帝以及大批皇亲国戚、年轻貌美的后宫妃嫔掳走，国库里的金银财宝、文物图书也被洗劫一空。这就是历史上著名的靖康之难。

随着京城的陷落，无论是世家大族还是平民百姓，纷纷加入了南渡逃难的队伍，歌舞升平的北宋盛世永远结束了。宋钦宗的弟弟，康王赵构于 1127 年五月在南京（今河南商丘）被拥立为皇帝，改元建炎，这就是历史上的宋高宗，南宋王朝的第一个皇帝。

朱敦儒这首《相见欢》正是作于建炎元年也就是 1127 年秋天的金陵。

朱敦儒生长在河南洛阳，其父亲朱勃，宋哲宗元祐至绍圣年间，曾奉使西京（洛阳），历官河东转运判官、右司谏等。母亲张氏，封齐国夫人。青少年时代的朱敦儒，因为家境富裕，生活得比较率性，他无意于科举仕途，一身清高之气，过着诗酒风流、隐逸遁世的潇洒生活。他在洛阳期间写过一首《鹧鸪天·西都作》，完全可以看作他早年生活的真实写照：

我是清都山水郎，天教分付与疏狂。曾批给雨支风券，累上留云借月章。

诗万首，酒千觞，几曾着眼看侯王？玉楼金阙慵归去，且插梅花醉洛阳。

词人以山水郎官自诩，直言自己懒慢疏狂的天性，又掌管着风雨云月的批给支配，以此表明自己摆脱尘俗羁绊之心。下阕用纵情诗酒、醉卧花间的隐士生活来表达对王侯富贵的睥睨。词人在字里行间流露出鄙夷富贵、傲视王侯、只管风月不问俗务的狂傲洒脱之气，将一个傲骨疏狂的隐士形象展露无遗。

当然，放浪不羁只是朱敦儒少年生活的一个侧面，其实他更是一位颇负盛名的大才子。朱敦儒有“词俊”之名，和“诗俊”陈与义、“文俊”富直柔等人并称为“洛中八俊”，时人还称其为“东都名士”。《宋史》也记载：“敦儒志行高洁，虽为布衣，而有朝野之望。”宋徽宗宣和年间，朱敦儒或曾入朝为官，不过他最终还是选择了辞官归隐。

后来，宋钦宗又慕名召他到京城，并准备任命他为学官，但是朱敦儒居然再次谢绝了皇帝的征召，他宣称自己“麋鹿之性，自乐闲旷，爵禄非所愿也”，又一次放弃了入仕的机会。

可是，这样诗酒风流的生活终究还是随着靖康之难而烟消云散了。国难当头，一个有良心的文人又岂能置身事外？“中原乱，簪缨散，几时收？”在《相见欢》下阕一开始，朱敦儒就直奔主题，揭示了靖康之难给国家带来的巨大创伤。簪缨是古代官吏帽子上的冠饰，这里代指朝廷显贵。中原战乱，连世家显贵都如丧家之犬，又何况老百姓呢！

亲身经历了南渡逃亡的词人，一改此前流连花丛的词风，将国耻家难一一倾泻于词笔之下，他的一系列词作甚至串起了他南渡的真实行踪。

例如《醉思仙·淮阴与杨道孚》和《水调歌头·淮阴作》这两首词都是朱敦儒逃难经过江苏淮阴时写下的作品。在《朝中措·登临何处自消忧》中，朱敦儒有“朱雀桥边晚市，石头城下新秋”的句子，还有这首《相见欢》中的“金陵城上西楼，倚清秋”，表明其时词人已逃至金陵，时为秋天。

可以想见，国家多事之秋，与金陵城中瑟瑟之秋，带给了词人何等悲凉的感慨。

这一路南逃，朱敦儒的足迹最远竟然到过江西以及两广地区。

覆巢之下，焉有完卵？国家的倾覆必然影响到每一个人的人生轨迹，但并不是每一个人都能记录下这个特殊的时代与特殊的心路历程。而朱敦儒的词描写亡国灭家之恨和颠沛流离之苦，既是个人南渡历程的记录，更是靖康之变后整个民族悲惨命运的缩影。甚至可以这么说：朱敦儒是唯一一个用词作完整记录南渡前后士人生活轨迹和心态转变过程的词人。这样看来，《相见欢》中写到的“中原乱，簪缨散，几时收？试倩悲风吹泪，过扬州”，记录的就不仅仅是词人在金陵的暂时停留，而是那个时代士人群体的患难身影。

国家的患难不仅改变了朱敦儒的词风，也改变了他的人生志向。早年的他诗酒疏狂，可是南渡之后，对于国家命运的忧心让他改变了人生选择。

绍兴年初，南宋政府终于得到了暂时的喘息机会，而后五十多岁的朱敦儒在友人劝说下应召，来到临安，赐进士出身，授秘书省正字，开始了他在南宋的仕途生涯。这个时候的朱敦儒，满怀着收复中原、报仇雪恨的慷慨志向，可是，南宋政府奉行的主和政策却一再摧毁着仁人志士的希望。爱国志士诸如陆游、辛弃疾尽皆壮志难酬，朱敦儒的仕途也不顺利，他曾经愤慨地说：我“有奇才，无用处。壮节飘零，受尽人间苦。欲指虚无问征路，回首风云，未忍辞明主”（《苏幕遮》）。尤其是绍兴八年（1138），宋高宗正式定都临安以后，朝廷北伐恢复之心越来越淡薄了，“山外青山楼外楼，西湖歌舞几时休。暖风熏得游人醉，直把杭州作汴州”啊！

南宋统治者的不思进取，让朱敦儒的内心充满了痛苦的挣扎。他在临安写的《风流子》词就毫不掩饰地倾诉了这种强烈的痛苦：“有客愁如海，江山异，举目暗觉伤神。空想故园池阁，卷地烟尘。但且恁、痛饮狂歌，欲把恨怀开解，转更销魂。只是皱眉弹指，冷过黄昏。”在当权者觥筹交错、醉生梦死之际，只有词人在黯然神伤、缅怀故国，哪怕他对南宋朝廷偏安享乐的现状有再多的不满，也都无力回天。他也想过，索性像别人一样“痛饮狂歌”，借酒浇愁吧，可是酒醒之后“转更销魂。只是皱眉弹指，冷过黄昏”。忧国之情溢于言表。

绍兴十六年（1146），朱敦儒被弹劾，有人说他“专立异论，与李光交通”。李光是抗金名士，也是秦桧的死对头。被弹劾与李光交往密切，结果就可想而知了：朱敦儒被罢职，并且在绍兴十九年（1149）上疏请归。

致仕之后，朱敦儒隐居在嘉禾。和早年在洛阳的隐居不同，曾经意气风发、睥睨王侯的山水郎官此时已经是一位漂泊异乡、饱经风霜的古稀老人了，一首《西江月》很能看出晚年朱敦儒的心境：

> 元是西都散汉，江南今日衰翁。从来颠怪更心风，做尽百般无用。
>
> 屈指八旬将到，回头万事皆空。云间鸿雁草间虫，共我一般做梦。

词人从早年的“西都散汉”到晚年的“江南衰翁”，同是隐居，心态却已大不相同：一个“散”字道尽往日豪迈不羁的浪漫生活；现如今呢，一个“衰”字又诉说着英雄暮年的穷途之悲，读来不免令人潸然泪下。

1159 年，79 岁的朱敦儒在嘉禾逝世。一代历史的见证者，一代“词史”的记录者，在悲愤与无奈中黯然陨落。

读完了朱敦儒的一生，再回过来头品读这首《相见欢》，也许我们的感觉又会有一些不同吧：

金陵城上西楼，倚清秋。万里夕阳垂地，大江流。

中原乱，簪缨散，几时收？试倩悲风吹泪，过扬州。

如此壮美的景色，唤起的却是词人悲恸欲绝的心情。中原离乱未平，朝臣仓皇南渡，万里锦绣河山都被金人掠去，不知何时能够收复，词人不由得清泪纵横。萧瑟秋风中，江水无语，默默东流，在夕阳余晖的映照下更显悲凉。

小重山

1=F

正调定弦 5 6 1 2 3 5 6

岳飞 词

宋明 曲并指

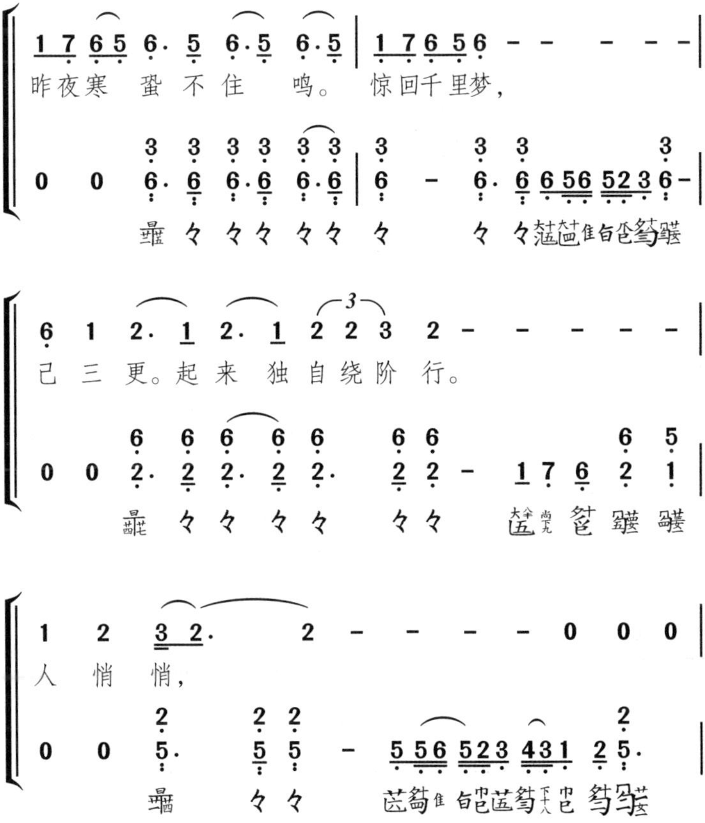

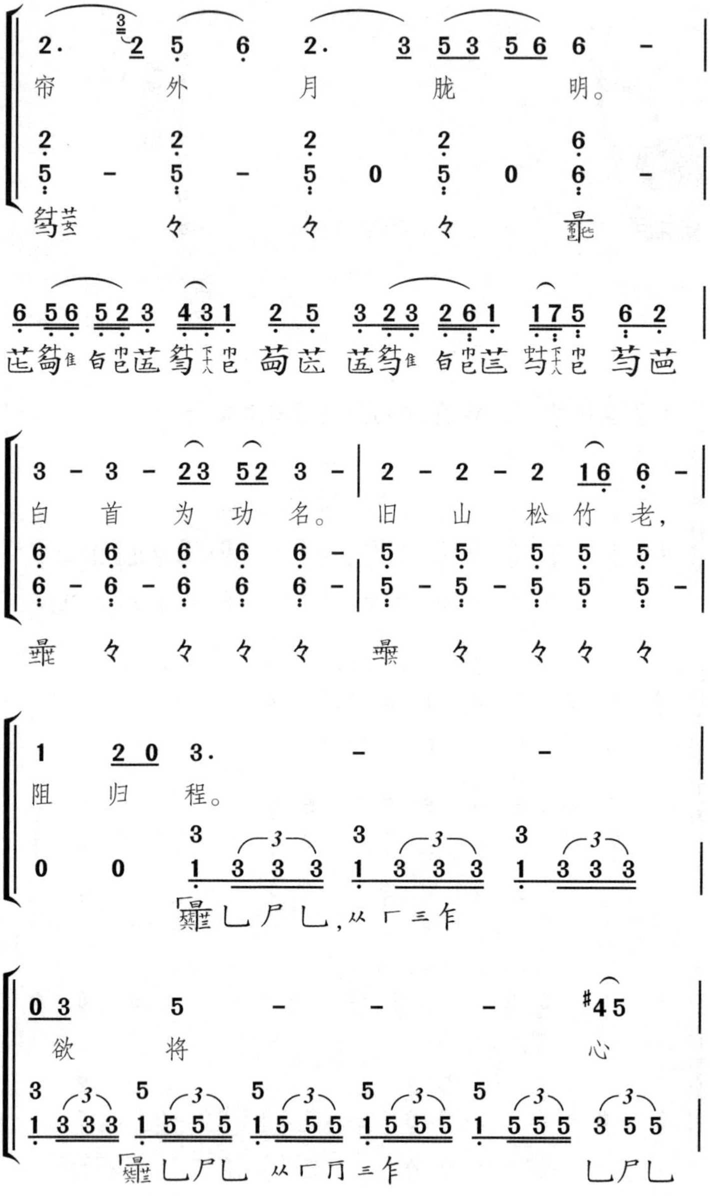
帘外月胧明。
白首为功名。旧山松竹老，
阻归程。
欲将心

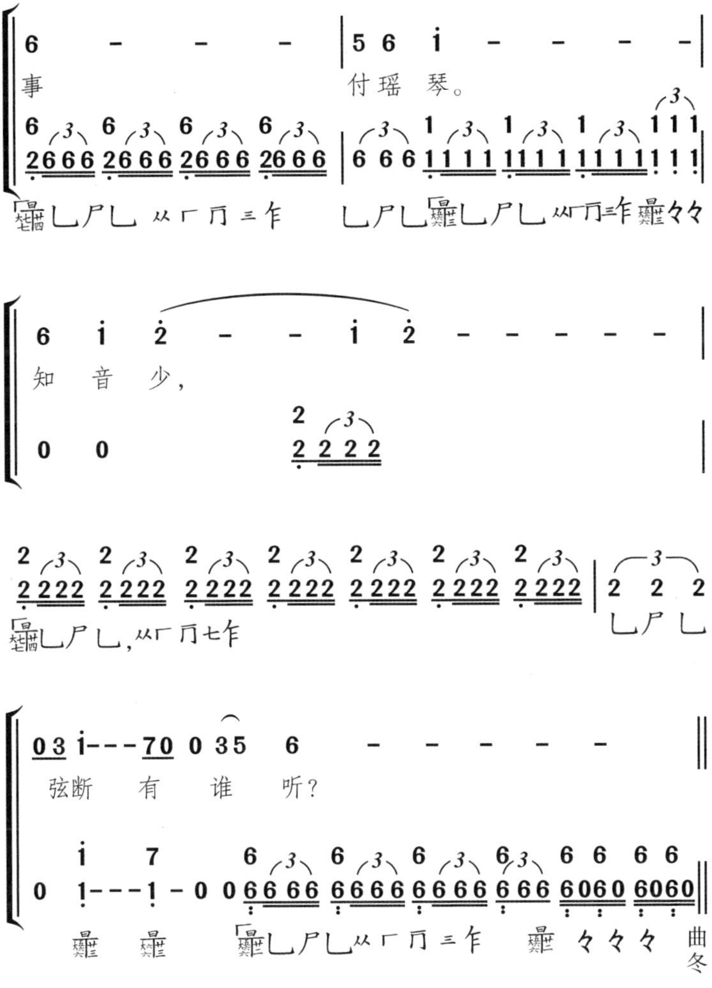

（2023 年 11 月 24 日即兴，实际以录音为准）

靖康之难与南渡词风转变

宣和七年（1125）十月，北方的金人派两路大军直取中原，尤其是东路军，一路所向披靡，根本就没遇到过什么像样的抵抗。短短一两个月的时间，金人长驱直入，很快直逼宋朝的都城东京……

金人兵临城下的时候，宋徽宗以最快速度禅位给了儿子赵桓（即宋钦宗）。次年正月初一，宋钦宗接受百官朝贺，并改元靖康。正月初四，宋徽宗带着皇后、大部分子女及最宠信的几位老臣一溜烟往南方逃了。据说太上皇宋徽宗过浮桥的时候，以前的御前卫士们还追着皇帝，攀住浮桥，悲痛地大哭，不肯让太上皇走。童贯看着不肯松手的卫士，急得要命，生怕耽误了逃命的宝贵时间，竟然命令随行的士兵用弓箭射退那些痛哭的卫士们，赶紧溜之大吉。

再说宋钦宗赵桓，刚刚将太上皇送走，他自己心里也开始打小算盘：要不，我也走吧？老头子都走了，我还傻乎乎地留在这里当替死鬼啊？

大臣们也分成了两派：一派坚决主张向金兵求和，皇帝赶紧带着亲信逃跑；另一派以李纲为首，坚决主张抵抗到底。宋钦宗自己本来是很想逃跑，再派人与金兵求和的，可惜金兵很快便将开封围得跟铁桶似的，根本不给他逃跑的机会了。所以，他只好硬着头皮同意了李纲的主张，一边派李纲领兵坚守开封，一边号令四方军队赶快前来救援。

在李纲的领导下，金兵久攻开封无果，而从四面八方陆续赶来勤王的宋军已经达到了二十多万人。金人看到形势不利于己了，当然愿意跟宋朝议和，但条件是要求宋朝送给他们五百万两金子、五千万两银子，还要求宋朝割让太原、中山、河间三镇。这样屈辱的议和条件，宋钦宗不顾李纲的反对，居然全部答应下来了！

靖康元年（1126）二月，金兵撤退。撤退后的金兵还对李纲心有余悸，每次宋朝派大使去金国首都“请安”的时候，金国朝廷一定会问：你们的李纲身体还好吗？

金兵撤退后，南逃的宋徽宗又回到开封。而沉浸在“胜利”中的钦宗不仅没有加强守备，反而命令四方的援军全部撤回原地，还罢免了开封保卫战的头号功臣李纲。

历史惊人地重现了：当年在寇准的坚持下，宋真宗朝取得了澶州大捷；在李纲的坚持下，开封保卫战取得了胜利。可是，历史又绝对不会简单地重复：宋钦宗没有真宗那么好的命，在开封大战后还能安安稳稳坐他的皇帝宝座。

撤退半年之后，金兵卷土重来，并且于靖康元年十一月再一次包围了开封。一国之君宋钦宗，彻底慌了手脚，逃也不能逃，战也不会战，只能像个无知小儿，在宫里号啕大哭。

东京城沦陷了。

第二年，金兵撤离东京，也掳走了两位亡国之君宋徽宗和宋钦宗，这就是历史上著名的靖康之难。南宋人一直羞于提起这段历史，说到两位皇帝被俘虏的事，还要委婉地掩饰说皇帝是“北狩”去了，也就是说：我们的皇帝只是到北方打猎去了！

宋徽宗和宋钦宗被俘虏到金国去以后，徽宗的第九个儿子、钦宗的弟弟康王赵构于这一年五月，在应天府（今河南商丘）当上了皇帝，改元建炎，这就是南宋的第一个皇帝——宋高宗。

尽管“北狩”的徽宗、钦宗父子日夜盼望赵构能够将他们接回故国，但显然赵构完全站在了主和派一边。1128 年，也就是宋高宗当上皇帝的第二年，他已经逃到了扬州。二月，金人再次发兵攻打东京，被留守在东京的抗金大将宗泽打败，金人狼狈撤退。宗泽和李纲都强烈要求高宗回銮东京。皇帝如果能回到京城，肯定能起到鼓舞士气、安定民心的作用，这样才有可能进一步收复北方的失地。尤其是宗泽，他更是前前后后一共上了二十多道奏折，恳请皇帝回京。可是赵构一门心思只想往南边逃，哪里敢回去？当年七月份，七十高龄的宗泽忧愤成疾，临终的时候还大呼了三声：渡河！渡河！渡河！

由于高宗的软弱，收复黄河以北的愿望终于没有实现，一代抗金名将死不瞑目。

爱国诗人陆游在六十四岁的时候，曾经写过一首《感秋》，诗中写道："君不见昔时东都宗大尹，义感百万虎与狼？疾危尚念起击贼，大呼过河身已僵。"抒发的就是对宗泽的敬仰、对中原沦陷的痛惜之情。

建炎四年（1130），秦桧从金国回到南宋，他对高宗说是杀了监视他的金兵之后逃回来的，其实，他就是金人派回来的内奸。宋高宗听信了秦桧的花言巧语，加以重用。秦桧得以两次拜相，在位一共十九年。秦桧掌权后所作所为，无不令人咬牙切齿。他解除了抗金前线东南三大将——韩世忠、张俊、岳飞的兵权，还以"莫须有"的罪名将岳飞陷害致死。所以后来陆游痛心疾首地高呼："公卿有党排宗泽，帷幄无人用岳飞！"说的就是朝廷在秦桧这样的奸佞之臣的掌控下，宗泽、岳飞这样的抗金大将都受到排挤，北伐收复中原丧失了最好的机会。

绍兴十一年（1141），在秦桧的操纵下，宋金签订了绍兴和议。这是一次丧权辱国的和议，议和的结果是：宋金东边以淮水为界，西边以秦岭大散关为界，并割唐州、邓州等地给金国。北方诸县至此全部沦为金国的属地。另外，宋朝皇帝还要向金国皇帝称臣，每年进贡大量的金银绢帛。第二年，金国甚至还派使臣册封赵构为"大宋皇帝"。堂堂大宋皇帝，居然要得到金国的承认，才能取得"合法"的地位，这是何等荒谬、何等屈辱！

靖康之难、南渡之耻，不仅改变了宋朝的国家命运，改变了宋朝士大夫的命运，也改变了宋词的命运：此前的北宋词坛，主要还是继承花间、南唐词风，以婉约风格、闺情题材为主旋律。虽有苏轼等个别词人的少量豪放词作偶尔“吹皱”北宋词坛这一池“温柔的春水”，但“豪放”在北宋词坛毕竟未成气候。然而，宋室南渡，二帝“北狩”，处于这一交替时期的文人士子倍感亡国之痛，即使闺阁之人如李清照也发出了“南渡衣冠少王导，北来消息欠刘琨”和“南来尚怯吴江冷，北狩应悲易水寒”的慷慨激愤之音。闺阁女子尚且有如此胸怀，更何况身处乱世心忧天下的大夫士子！从和平到战乱再到偏安一隅局面的形成，南渡词人目睹战争的残酷、国家山河的破碎、老百姓流离失所的悲惨境遇。亡国的屈辱和流亡的苦难，让他们的词笔不再只是停留于吟风弄月的闲适之中，而是转向了更为广阔的时代风云，苏东坡式的豪放词风终于在南渡词坛上得到了群体回应。宋词，从这个时候开始，也融入了深沉的家国情怀，甚至是救亡图存的悲愤呐喊。词境之扩大，词风之转变，让南渡词坛彰显出了慷慨激昂、悲壮雄浑的气势，爱国主义潮流迅速席卷了整个词坛。这一批南渡词人，除了李清照和朱敦儒之外，代表人物还有叶梦得、陈与义、向子諲、张元干、岳飞、李纲、赵鼎、胡铨、李光等人，他们中的不少人兼具抗金名将的身份，抗金救国、收复神州的呐喊成了他们笔下的最强音。李纲的“调鼎为霖，登坛作将，燕然即须平扫”（《苏武令》）、赵鼎的“西北欃枪未灭，千万乡关，梦遥吴越”（《花心动》）、胡铨的“欲驾巾车归去，有豺狼当辙”（《好事近》）、张元干的“底事昆仑倾砥柱，九地黄流乱注，聚万落千村狐兔”（《贺新郎》）等词作，无不铿锵如金石之声，壮怀激烈，读之令人张脉偾兴，即生横刀立马、驰骋疆场之豪迈意气！

当然，南渡之后的词坛，豪放派的最高潮还有待另外一位伟大词人来掀动，那就是辛弃疾。

岳飞《小重山》、李纲《喜迁莺·真宗幸澶渊》

1. 岳飞《小重山》

岳飞像

岳飞，字鹏举，他出身农家，在北宋徽宗宣和年间，以敢战士应募参军，是著名的抗金英雄，南宋中兴名将。岳飞主要是一位抗金英雄，流传后代的文学作品并不多。有《岳武穆集》十卷，可是早已失传。词作传下来的就更少了，仅有三首，一首便是《小重山》，还有两首《满江红》。而那首最著名的《满江红·怒发冲冠》是不是岳飞写的至今存疑。因为在宋元时期的所有文献中，都找不到这首词，连岳飞的孙子岳珂在主编《金陀粹编》的时候，也没有将这首《满江红》收录进去。直到明代中期以后这首词才突然冒出来，因此学者们多怀疑这首《满江红》是明代人的伪作。

不过，无论《满江红》是不是岳飞所作，那首词的壮怀激烈、凛凛生气，读来确实让人顿生仰天长啸、气吞山河的慷慨豪情。所以，在没有更充分的证据否认岳飞的著作权之前，我们还是宁愿相信，“三十功名尘与土，八千里路云和月。莫等闲、白了少年头，空悲切”就是岳飞最真实的感慨。

严格说来，岳飞的词作，最可靠的还是这首《小重山》。

昨夜寒蛩不住鸣。惊回千里梦，已三更。起来独自绕阶行。人悄悄，帘外月胧明。

白首为功名。旧山松竹老，阻归程。欲将心事付瑶琴。知音少，弦断有谁听？

和《满江红》的壮怀激烈相比，这首《小重山》的整体风格更为沉郁悲凉。从词的艺术风格来说，《小重山》也更加符合含蓄婉约的词体本色。

“昨夜寒蛩不住鸣。”词的起句貌似比较平淡。“寒蛩”是指蟋蟀，也就是俗话说的蛐蛐儿。晋崔豹《古今注》释曰：“蟋蟀，一名吟蛩，一名蛩。秋初生，得寒则鸣。”在古典诗词中，蟋蟀这个意象往往是秋天的代言人。当岳飞写下“昨夜寒蛩不住鸣”的时候，应该也正是农历九十月这样的秋冬之际了。“不住鸣”，表面上是写蟋蟀不停地在鸣叫，实际上，岳飞想要表达的还是一夜无眠的情绪状态。

不知道是蟋蟀的鸣叫打扰了词人的睡眠，还是词人本就失眠，所以才听了一夜的蟋蟀声呢？

“昨夜寒蛩不住鸣。惊回千里梦，已三更。”原来是蟋蟀冷得叫个不停，所以惊醒了词人的“千里梦”。三更具体是指夜里十一点到凌晨一点，这里当然有可能就是泛指深夜。而耐人寻味的“千里梦”，应该是指千里之外的中原吧！

岳飞生于1103年，1127年靖康之难发生的时候，岳飞二十五岁。亡国之耻对于二十多岁、正值年轻气盛的岳飞，当然是非常震撼的。岳飞曾是宗泽麾下的一员骁将，宗泽的爱国气节对岳飞影响深远。宗泽去世之后，岳飞继续举着抗金的大旗，战斗在宋金对峙的最前线。

建炎四年（1130），岳飞率军拦截金兵，收复了建康，宋高宗亲笔手书“精忠岳飞”四个大字，制成旗帜赐给他，以表彰他的忠勇报国。

这首《小重山》中写到的“惊回千里梦”，毫无疑问，就是岳飞恢复千里中原之梦。这种抗金报国的慷慨之情，岳飞在另外一首《满江红·登黄鹤楼有感》中也有所流露：“兵安在，膏锋锷。民安在，填沟壑。叹江山如故，千村寥落。何日请缨提锐旅，一鞭直渡清河洛。”

可是，同在建炎四年，本来被俘虏到金国的秦桧被放了回来，秦桧是非常强硬的主和派，力主对金国割地、称臣、上贡，对于抗金志士的恢复大业则是千方百计地阻挠、打压。

理想和现实的差距实在是太大。对山河残破的沉痛之情，对朝廷和议汹汹的忧虑之情，让岳飞感到深深的悲凉。“起来独自绕阶行。人悄悄，帘外月胧明。”让他无法入睡的，并不只是深秋蟋蟀的鸣叫声，当他独自徘徊在月色之下的时候，对国事的深切忧虑紧紧地缠绕着他，愤慨、遗憾、辛酸……种种情绪一齐涌上心头，让他再也无法安睡。

绍兴九年（1139），在秦桧的主导下，宋金再次议和。绍兴十年（1140）五月，金人单方面撕毁和议，都元帅完颜宗弼率军分四路大举攻宋。七月，岳飞击败宗弼于郾城，并且一直追到朱仙镇，再一次大破金兵。

岳飞这一轮挥师北伐，连连收复蔡州、郑州、洛阳，渡河恢复指日可待。可是，因为秦桧力主与金国议和，就在岳飞率军逼近汴京、金兵全面溃退的大好形势下，岳家军被宋高宗一日之内以十二道金牌召回。岳飞班师回朝以后，黄河以南各州郡再一次被金人攻陷。

大好的恢复形势，就这样毁于一旦。

在南宋急切地与金国求和的时候，岳飞曾经上表朝廷，他说：“莫守金石之约，难充溪壑之求。图暂安而解倒悬，犹之可也。顾长虑而尊中国，岂其然乎！”（《谢讲和赦表》）“金石之约”应该是指像金石一样坚固的约定，“溪壑之求”当然就是指金国的贪欲是没有止境的。岳飞的言下之意非常明显，和议只能带来暂时的太平，却无法满足敌国无穷无尽的欲望。

可是宋高宗和秦桧，一君一臣，高度一致的主和态度，让岳飞这样的抗金志士只能是扼腕叹息，高唤奈何、奈何。《小重山》下阕流露的，就是岳飞这种无奈、悲凉的情绪。

白首为功名。旧山松竹老，阻归程。欲将心事付瑶琴。知音少，弦断有谁听？

换头几句看上去有些消极和悲观。随着时光飞逝如电，随着抗金的大好机会一个个丧失，英雄终究会有白头迟暮的一天，建功报国的理想迟迟不能实现。什么时候才能够恢复中原，率领沙场征战多年的将士们班师回朝、庆祝凯旋呢？

“欲将心事付瑶琴。知音少，弦断有谁听。”词的最末三句化用了钟子期和俞伯牙知音相惜的故事，沉痛地抒发了岳飞的这一番报国志向无人理解的孤独感慨。

传说伯牙擅长弹琴，钟子期擅长听琴。当伯牙弹到志在高山的曲调时，钟子期就会感叹：“峨峨兮若泰山。”当伯牙弹到志在流水的曲调时，子期又会说：“洋洋兮若江河。”通过琴音的流淌，钟子期和俞伯牙达到了心有灵犀的最高境界。后来钟子期去世，伯牙感叹世上再无知音，于是破琴断弦，从此不再弹琴。

绍兴十一年（1141），完颜宗弼致书秦桧，命令秦桧杀掉岳飞后才允许议和。十月，岳飞被捕，下大理寺狱。十一月，在秦桧的操纵下，宋金签订了绍兴和议……

回顾了这一段屈辱的历史，也许我们更能体会岳飞那种“知音少，弦断有谁听”的沉痛、无奈与悲凉吧！

十二月，岳飞以“莫须有”的罪名被赐死于大理寺狱，年仅三十九岁。岳飞的儿子岳云也被杀害。直到宋孝宗时期，岳飞才被追谥“武穆”，宁宗朝被追封“鄂王”，理宗朝又改谥号“忠武”，因此后人又尊称岳飞为“岳武穆”，或者“岳忠武王”。

“知音”虽然来得太晚，但英雄的悲愤之怀、壮烈之志，依然会在历史的流转中驱散曾经的黑暗。

2. 李纲《喜迁莺·真宗幸澶渊》

边城寒早。恣骄虏、远牧甘泉丰草。铁马嘶风，毡裘凌雪，坐使一方云扰。庙堂折冲无策，欲幸坤维江表。叱群议，赖寇公力挽，亲行天讨。

缥缈。銮辂动，霓旌龙旆，遥指澶渊道。日照金戈，云随黄伞，径渡大河清晓。六军万姓呼舞，箭发狄酋难保。虏情詟，誓书来，从此年年修好。

这是一首咏史词，李纲借宋真宗亲征契丹并取得澶州大捷的历史事件，试图激励当朝皇帝的斗志，放弃逃跑策略。

咸平二年（999），辽兵大举南侵，宋真宗命令傅潜带兵抵抗。傅潜驻扎在定州，边城被犯，百姓惊惶，他统兵八万，却关上大门，缩在城里不敢迎敌。当时的定州行营都部署范廷召气得指着傅潜的鼻子大骂："你怎么胆小得还不如一个老太婆!"

胆小得不如一个老太婆的可不止傅潜一个人。景德元年（1004），辽兵再犯，侵入澶州，直逼当时宋朝的都城东京，宋真宗吓得不知所措，大臣们有的主张逃到南京去，有的请皇帝"驾幸"成都。宋真宗正在犹豫逃往何处时，幸亏硬骨头的宰相寇准强硬反对，逼着宋真宗御驾亲征。这就是李纲词中所说的"叱群议，赖寇公力挽，亲行天讨"了。

皇帝亲征，自然鼓舞了将士们的士气。据说当年宋真宗的伞盖还只在城头上飘扬了几下，士气就大振，辽军主帅被一箭射死："六军万姓呼舞，箭发狄酋难保。"澶州得守，宋军获胜，此战的结果是"虏情詟，誓书来，从此年年修好"。

用皇帝御驾亲政取得澶州大捷的历史典故，来激励金兵威胁下的宋朝君臣，李纲实在可以说是用心良苦，词的现实针对性极强，"表现出政治家的雄才大略和远见卓识，赋予了咏史词以强烈的时代精神和战斗性"。南渡以来，词不再只是闺阁间的儿女情长，其慷慨言志的雄浑之气足以匹敌传统的边塞诗、战争诗，且“叙事性和议论性有机结合，直接开启了辛弃疾‘以文为词’的先河”①。

① 袁行霈. 中国文学史：第 3 卷［M］. 北京：高等教育出版社，1999：135.

第十二講

两宋之交的江西诗派

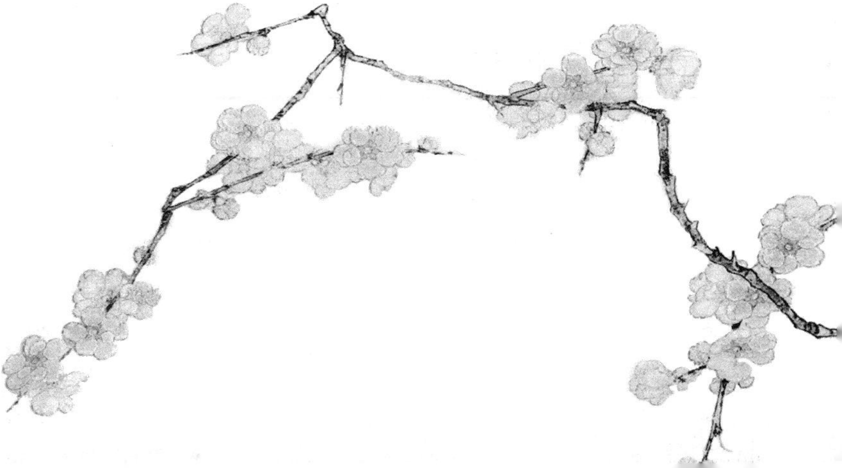

曾几小传

曾几（1084—1166），字吉甫，自号茶山居士，有《茶山集》。其先赣州人，徙居河南府。曾几与其兄曾开均为南宋有名的抗金主战人士，因忤秦桧均被罢官。秦桧死后，被重新起用，官至权礼部侍郎。曾几诗学黄庭坚，亦被列入江西诗派。陆游曾师从曾几，曾几的诗法及爱国志向均对陆游产生了巨大影响。

曾几《三衢道中》

曾几是南渡诗人群中的重要人物，他特别推崇黄庭坚，自称把《山谷集》读得烂熟，又曾经向韩驹和吕本中学习诗法，故而被视为江西诗派的中坚力量之一。

曾几还是南宋著名爱国诗人陆游的老师，是青年陆游最为崇拜的偶像之一，他的诗歌及为人处世的态度都对陆游影响极大。曾几不但是诗人，而且和他的哥哥曾开一样都是有名的爱国志士。据说有一次，秦桧和曾开在一起聊天，曾开故意问秦桧："丞相觉得本朝和金国之间应该是什么关系啊?"

秦桧当时正在积极主张绍兴和议，他可能一时没有听出曾开问题里面带的"刺儿"，就漫不经心地回答了一句："本朝和金的关系，那就相当于高丽和本朝的关系一样啊。"

当时宋朝跟位于朝鲜半岛的高丽国的关系是：高丽向宋朝称臣，每年要派使臣向宋朝进贡。秦桧这样的回答，就说明在他心里，大宋王朝向金国称臣也是理所当然的了。

曾开一听，不禁勃然大怒："丞相的任务，应该是帮助陛下富国强兵，怎么能奴颜婢膝到这个地步呢？你的话，我曾开可不敢听从！"

这样一来，曾开就把秦桧彻底得罪了。曾开的弟弟曾几也是坚决反对秦桧的和议政策的，所以兄弟俩一起丢了官。曾几被罢官后，曾经到山阴来拜访陆游的父亲陆宰。当时陆游已经十八岁，看到自己崇拜的偶像居然从天而降，高兴得不得了，当即就拜曾几为师。他对这位老师非常尊重，陆游写诗的名声，一开始主要还是靠曾几宣传出去的。曾几曾经盛赞陆游为人正直，写的诗文也有"古作者余风"，他甚至以"陆子"称呼这位得意弟子，对弟子的欣赏和赞许溢于言表。因为曾几在当时诗坛的地位很高，后来又在朝中担任过权礼部侍郎等官职，在政坛也极具影响力，被他赞不绝口的人，名气很快就能传扬开去。除了写诗之外，陆游的爱国主战思想也深受曾几的影响，他每次去拜见老师的时候，听到的都是曾几的"忧国之言"，他说老师一家百来口人，却从来没有担忧过自己家里的私事，操心的都是国家的命运。

不过，曾几虽然被视为江西诗派后劲，但"他的风格比吕本中的还要轻快，尤其是一部分近体诗，活泼不费力，已经做了杨万里的先声”①。试看其名作《三衢道中》：

梅子黄时日日晴，小溪泛尽却山行。

绿阴不减来时路，添得黄鹂四五声。

这是一首风格清新明快的小诗，诗意也很容易理解。三衢指的是浙江衢州，境内有三衢山。显然这是诗人在旅途中感受到的夏日清景。“梅子黄时”自然是说江南的梅雨季节。梅雨是江南（主要是江淮流域）特有的季候特征——江南梅子成熟变黄的时节，常常阴雨连绵，故称“梅雨”，也称黄梅雨，大多发生在六七月间。梅雨季节气温往往比较高，空气中湿度很大，衣物、棉被等纺织品容易受潮发霉，因此梅雨又称“霉雨”。江淮流域的居民都有霉雨之后在太阳下晾晒衣物、通风防霉的习惯。旧时风俗七月七日便是家家户户晾晒衣物、书籍的日子，也有的地方将六月六日定为“晒霉日”，据说这样可以防虫蛀、防霉变。诗词当中一提到梅子黄时，几乎必提下雨的气候特点，最有名的当属北宋词人贺铸的“试问闲愁都几许，一川烟草，满城风絮，梅子黄时雨”（《青玉案》）了。

不过，曾几此诗却出乎意料地来了一句“梅子黄时日日晴”，几乎是颠覆了人们对梅雨季节的一般认知，这也说明

① 钱锺书. 宋诗选注［M］. 北京：人民文学出版社，1997：126.

这一年的梅雨季大气特殊，正因为特殊才能引起诗人特殊的情感——在这样难得“日日晴”的梅雨季，行走在江南的山水之间，心情该是分外的轻松愉悦吧？

《溪山行旅图》

说起有关梅雨的诗句，还有个特别有趣的小故事。清朝乾隆年间桐城派的两大文学巨擘方苞、姚鼐名气相当，可两人经常议论相左，每每因为一个问题而“辩驳累日”，谁都不服输。有一天，他俩到一位张姓朋友家小聚，酒后闲聊起气候来，方苞说黄梅时节多雨，姚鼐则偏要说黄梅时节常晴。方苞就引经据典地说：“古诗‘黄梅时节家家雨’，难道你没听说过吗？”姚鼐毫不示弱地反驳：“还有‘梅子黄时日日晴’的句子，你就忘记了？”方苞气得怒目圆瞪，姚鼐也愤愤不平，正相持不下的时候，张姓朋友急忙从旁劝解：“二位先生说得都有道理，可惜二位大概都忘了还有一句诗，不然二位肯定不用再争执不休了。”方、姚二人连忙问是哪一句，张先生说：“‘熟梅天气半阴晴’啊！”话音刚落，三人不约而同相视大笑。①

这个故事里出现的三句诗都是吟咏黄梅天气的名句。“黄梅时节家家雨”出自宋代诗人赵师秀的《约客》：“黄梅时节家家雨，青草池塘处处蛙。有约不来过夜半，闲敲棋子落灯花。”“熟梅天气半阴晴”当出自宋代诗人戴敏的《游张园》：“乳鸭池塘水浅深，熟梅天气半晴阴。东园载酒西园醉，摘尽枇杷一树金。”（此诗一说为戴敏之子戴复古作）

至于“梅子黄时日日晴”就是引自曾几的这首《三衢道中》了，从这个小故事亦可见此诗之脍炙人口。

“梅子黄时日日晴，小溪泛尽却山行”，天气这么好，心情又这么舒展，这似乎是一段很闲适自在的旅途。浙江多山多水，所以诗人泛舟小溪，行到尽头处，又沿着山间小路前行。显然，诗人并未觉得旅途奔波劳苦，而是十分享受在山水之间徜徉。移步换景总是能给人带来一个又一个的惊喜，船坐久了，改走一段浓荫蔽日的山路，不也别有一番情趣吗！

果然，“绿阴不减来时路，添得黄鹂四五声”。山路和水

① 事见徐珂《清稗类钞》。

路的风景是不一样的，何况，从这两句也能得知，原来这条路诗人并非第一次来，这一次其实是返程。他很欣喜地看到，此前经过这里时看到的景色并没有大的变化，熟悉的山路、熟悉的绿树成荫、熟悉的清幽凉爽——然而熟悉并不等于腻烦，你听，在熟悉的山林中偶然传来几声黄鹂的清脆啼鸣，这却是上一次经过时没有留意到的——或许，这新添的几声黄鹂也在暗示时光的悄然变迁吧？

曾几虽然被视为江西诗派中的顶尖诗人，可是这首《三衢道中》并没有江西诗派所强调的那种“以学问为诗”的特点，没有因为堆砌典故而显得晦涩难懂，而是淡而有味，似乎毫不费力，简单几笔却勾勒出一幅动静和谐、令人悠然神往的初夏风景图。

三衢道中

1＝G

慢三弦定弦 $\underset{\cdot}{4}\,\underset{\cdot}{5}\,\underset{\cdot}{6}\,\underset{\cdot}{1}\,\underset{\cdot}{2}\,\underset{\cdot}{4}\,\underset{\cdot}{5}$

曾 几 词

宋 明 曲并指

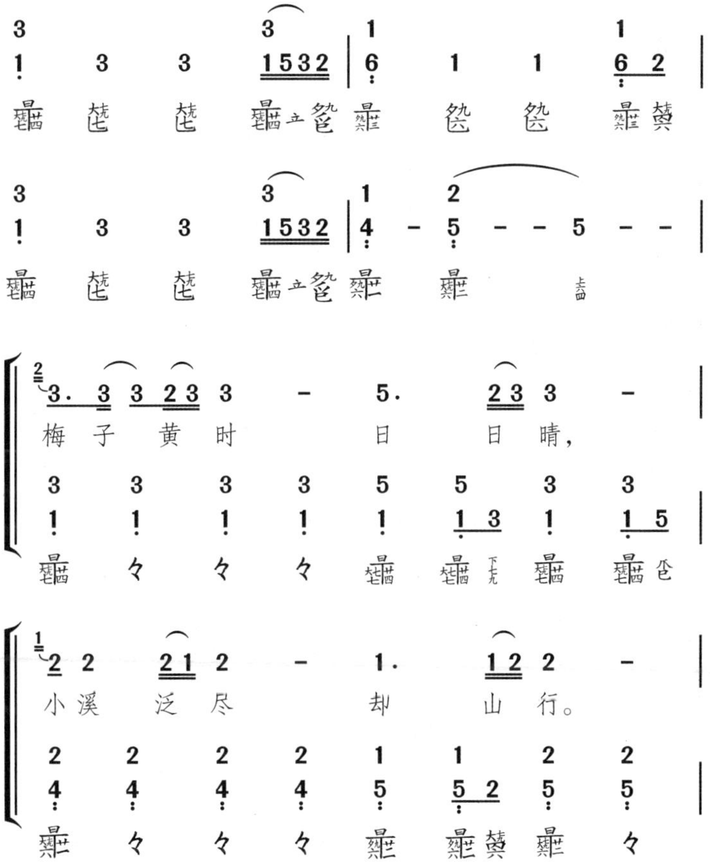

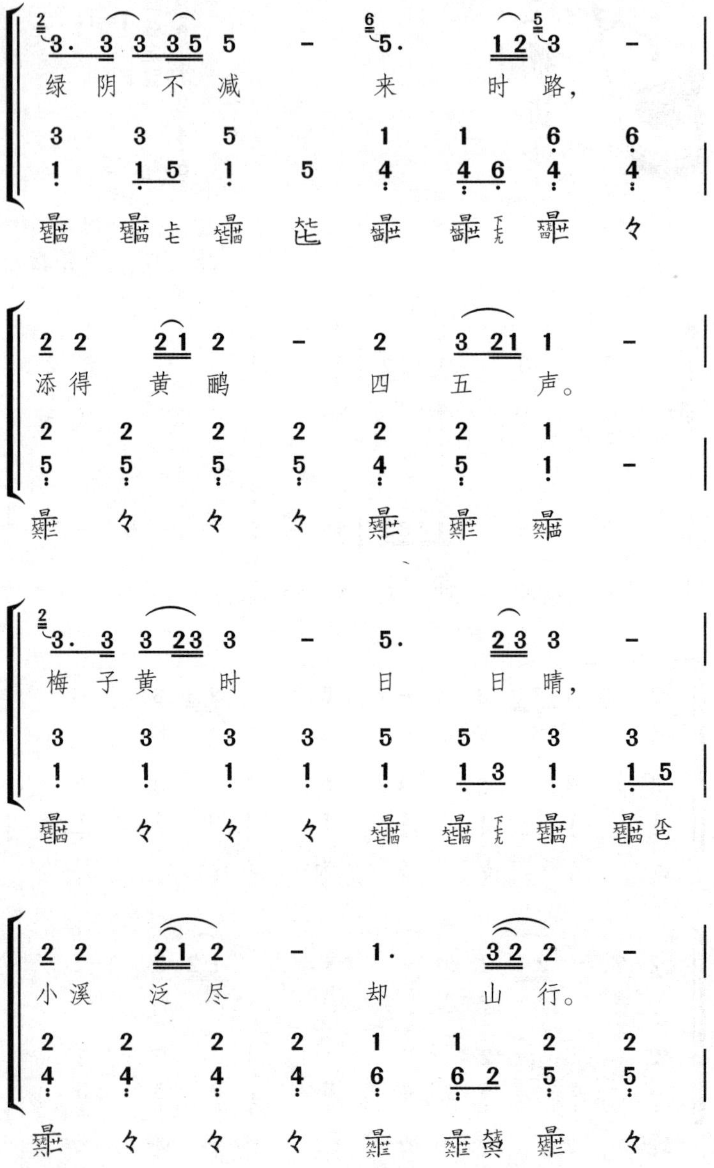
绿阴不减来时路，
添得黄鹂四五声。
梅子黄时日日晴，
小溪泛尽却山行。

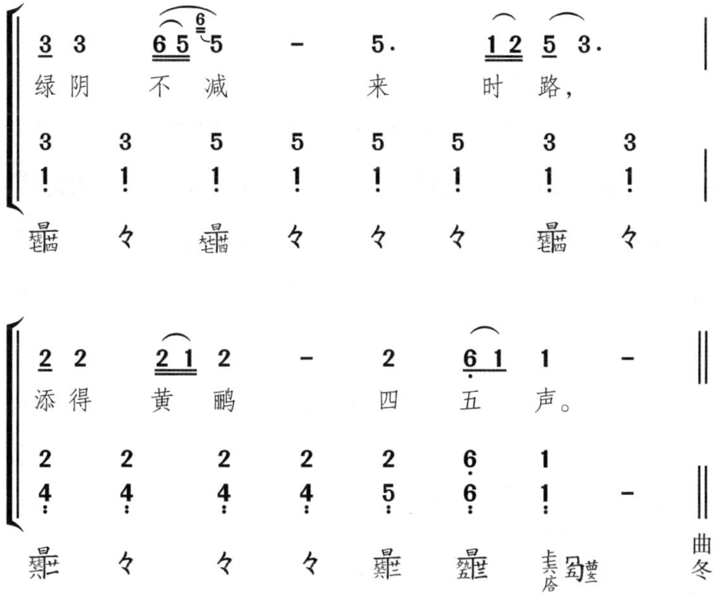

（即兴创作，实际以录音为准）

南宋诗人对江西诗派的反思与突破

江西诗派名义上的正式形成，通常是以吕本中在北宋末年所作的《江西诗社宗派图》为标志的。然而江西诗派真正成为诗坛占据压倒性优势的主旋律，却是在南宋高宗朝。黄庭坚曾在集中盛赞其外甥徐俯。高宗朝，徐俯以诗才、人品名于当时，受到诸多朝臣的荐举。宋高宗于是着力提拔徐俯，徐俯后来官至参知政事。黄庭坚的三个外甥徐俯、洪刍、洪炎都是“以诗人进居从官大臣之列。一时学士大夫向慕……”（孙觌《西山老文集序》）南宋文学家胡仔也在其《苕溪渔隐丛话》中说道：“近时学诗者，率宗江西。”

宋高宗对黄庭坚等人的推尊无疑成为南渡之后诗坛的风向标，而江西诗派在宋高宗绍兴年间最著声望者当属韩驹、吕本中和曾几。而此三人虽被视为江西诗派在南渡诗坛的后劲，但其实，他们的诗歌创作既有继承黄庭坚的一面，也有融合苏东坡式的性情与风格的一面，韩驹就是其中的佼佼者。就连苏辙都称赞韩驹说：“恍然重见储光羲。”（《题韩驹秀才诗卷》）韩驹因此声名大振。后来在徐俯的引荐下，韩驹又认识了黄庭坚，进入江西诗派门庭。

南宋诗人王十朋评价韩驹“近来江西立宗派，妙句更推韩子苍（韩驹字子苍）。非坡非谷自一家，鼎中一脔曾已尝”。（《陈郎中（公说）赠韩子苍集》）说明韩驹的诗歌既对苏轼、黄庭坚都有所继承，又能自成一家，形成自己的个性与风格。例如韩驹很讲究“点铁成金”，注重典故的运用，追求“字字有来历”，“据说他的草稿上都详细注明字句的出处”①，对于字句章法更是悉心锤炼，这显然是受到黄庭坚诗法的影响。但他的诗同时又有晓畅明快接近苏轼风格的一面，典故与诗意能够水乳交融，不显得牵强生硬。正是这种转益多师的特点，使得韩驹能在南渡诗坛上独树一帜，一度被视为当时的文坛领袖，例如汪藻就称他为“承作者百年之师友，为诗文一代之统盟”（吴曾《能改斋漫录》）。

韩驹最为人所称道的代表作当为《夜泊宁陵》：

汴水日驰三百里，扁舟东下更开帆。
旦辞杞国风微北，夜泊宁陵月正南。
老树挟霜鸣窣窣，寒花垂露落毵毵。
茫然不悟身何处，水色天光共蔚蓝。

此诗的特点是“意脉贯通，晓畅明快，能救当时过分讲究琢句用字而滞涩生硬的江西诗风之弊”。“如果说韩驹只是在诗歌创作中不自觉地透露出融合苏、黄的思想倾向的话，那么，吕本中则是有意识地想这么做。”② 吕本中作《江西

① 钱锺书. 宋诗选注［M］. 北京：人民文学出版社，1997：113.
② 张毅. 宋代文学思想史［M］. 北京：中华书局，1995：159.

诗社宗派图》并没有将自己列进去，但后人却会理所当然视其为江西诗派中人。韩驹去世后，吕本中继之为文坛领袖。而吕本中自己的诗学观念在后期也有所变化，如果说当初他作《江西诗社宗派图》明确表示了对黄庭坚的极度推崇，那么他后来则对此思想有所修正，即黄庭坚的诗也并非十全十美，学诗者只学杜甫和黄庭坚是不够的，还必须向李白和苏轼这样的诗人学习，尤其应该学习苏轼。有个小故事可以说明吕本中对自己早年诗学观念的修正，这个故事记载在范季随的《陵阳先生室中语》中。

据范季随说，吕本中和韩驹曾在他家聚会，吕本中先到，经过范季随书房的时候，看到书桌上放着一本他早年所作《江西诗社宗派图》，便对范氏说："安得此书？切勿示人！乃少时戏作耳！"

为什么早年奉黄庭坚诗法为圭臬的吕本中，在晚年反思自己诗学观念的时候，会发生这样的变化呢？原因大致有二。一是靖康之耻为南渡诗坛注入了悲歌慷慨之气，片面追求"以学问为诗"已经无法适应时代苦难赋予诗人的使命。二是因为"江西诗风在社会上盛行之后产生的弊病。江西派作诗多由黄庭坚、陈师道上溯杜甫。黄诗讲究功夫学问，有具体的句法和'夺胎换骨'一类的诗法可遵循，便于初学；但也极易让人受法的束缚，亦步亦趋，不离规矩"①。吕本

① 张毅. 宋代文学思想史［M］. 北京：人民文学出版社，1995：159.

中在南渡以后写的诗多有苏轼那样的自然浑成、流畅清旷之美，如“树移午影垂帘静，门闭春风十日闲”（《试院中作》）等；亦有不少反映战乱的诗篇，颇具建安诗歌的悲壮苍凉，如“敢道岭南无贼马，侧闻江左尚胡沙”（《避寇南行》）等。

在江西诗风盛行的宋高宗朝，诗坛的领军人物其实已经开始对江西诗派的优点与弊端进行反思，并且以自己的诗学理论与创作实践引导着南渡诗坛从江西诗派的牢笼中挣脱出来，形成新的诗坛走向。在韩驹、吕本中和曾几等人相继作为文坛领袖的南宋绍兴年间，以“格高”为创作宗旨的文学思想已比较全面和成熟了。诗人希望能够在创作中学到苏、黄的长处而避免其短处。这无疑是诗学观念的进步，也为后来“中兴四大诗人”的崛起奠定了良好的基础。

吕本中《柳州开元寺夜雨》

靖康之难后，吕本中也不得不加入了南渡逃难的大潮，他流亡到广西柳州的时候，写下了这首《柳州开元寺夜雨》：

风雨翛翛似晚秋，鸦归门掩伴僧幽。
云深不见千岩秀，水涨初开万壑流。
钟唤梦回空怅望，人传书到竟沉浮。
面如田字非吾相，莫羡班超封列侯。

对于靖康之难，吕本中的感受是刻骨铭心的。因为就在靖康二年四月金兵撤退后，吕本中还回到了汴京，他亲眼看见了昔日繁华的京城沦为一片血腥的废墟，并写下了系列诗篇来记录国家残破之痛，其诗风直追安史之乱之后的杜甫。

原本应该是阳光明媚的盛夏，可是在流离的诗人看来，“风雨翛翛似晚秋”，其实，哪里只是风雨交加的天气“似晚秋”呢？实在是诗人的心境已入晚秋，无比萧瑟凄凉！

接下来一句更加凸显了诗人的孤寂——“鸦归门掩伴僧幽”。诗人南逃，居无定所，只能寄居在寺庙里，黄昏的时候乌鸦都归巢了，越发显得僧房幽静寂寥。浓密的云层遮住了秀丽的山景，而夏日雨后的水涨起来了，万壑奔流的声音在原本清幽的山谷里显得那么突兀，让人难以入眠。

诗的前半部分渲染清寂的山景，后半部分转入抒情。凌晨时分，寺院的钟声敲断了诗人思乡的梦境。如今的他，有家不能回，连日夜盼望的家书竟然也不知遗落何处——“钟唤梦回空怅望，人传书到竟沉浮”和杜甫“烽火连三月，家书抵万金”（《春望》）的感慨何其相似！“人传书到竟沉浮”还暗用了《世说新语》的典故：殷羡（字洪乔）在即将赴豫章太守任的时候，京城的人托他捎带的书信多达百余封，殷羡在途中将这些书信全部扔到了水里，还祝祷道：“沉者自沉，浮者自浮，我殷洪乔可不想当什么邮差！”吕本中虽然用了这个典故，却用得十分自然巧妙，“这一联极真切细腻地写出来流亡者想念家乡和盼望信息的情境。‘竟沉浮’等于说不料捎信的人会把信遗失了”①，这让他的思乡之情更添沉痛。

尾联两句用典更为明显：“面如田字非吾相，莫羡班超封列侯。”前一句写的是六朝名将李安民，史书记载其人“面方如田，封侯状也”，面相方正像一个“田”字，据说这是封侯的贵人之相。后一句写的是汉代名将班超，班超镇守西域多年，功高盖世，他的容貌是“燕颔虎颈”，此乃“万里侯相”也，也是封侯的面相啊！此处诗人显然是反用了这两个典故，他是说自己并没有李安民和班超那样的面相，就不要羡慕他们万里封侯的不世功业了。尾联两句看上

① 钱锺书. 宋诗选注［M］. 北京：人民文学出版社，1982：118.

去是在感慨自己没有建功立业的好运气，实则蕴含着动乱年代亡国之思的深切感怀。

吕本中虽然被视为江西诗派后劲，但他的诗大抵如这首《柳州开元寺夜雨》一般，情景交融，诗意晓畅，用典自然浑成，和一般江西诗派的艰涩难懂不同。难怪前人评价他为“在江西派中，最为流动而不滞者，故其诗多活”（方回《瀛奎律髓》）。

爱国诗人陆游

宋

陆游小传

陆游，字务观，号放翁，越州山阴（今浙江绍兴）人。生于宋徽宗（赵佶）宣和七年（1125），卒于南宋宁宗嘉定二年十二月二十九日（1210），年八十六。陆游十八岁从曾几游，绍兴二十三年（1153），赴临安应考，获省试第一。次年礼部复试，陆游被秦桧黜落，秦桧死后才被起用，并于绍兴三十二年（1162）获赐进士出身。陆游一生主战，也因此其仕途几起几落历经坎坷。他与杨万里、范成大、尤袤并称“中兴四大诗人”（又称“南宋四大家”），实为四人之冠。陆游自称“六十年间万首诗”，《剑南诗稿》共八十五卷，存诗九千三百多首。另有《渭南文集》五十卷，含词二卷，系陆游于淳熙十六年（1189）自行编定。

陆游《游山西村》

南宋孝宗乾道三年（1167），四十三岁的陆游正在老家山阴闲居，在此期间，他写下了这首著名的《游山西村》：

莫笑农家腊酒浑，丰年留客足鸡豚。
山重水复疑无路，柳暗花明又一村。
箫鼓追随春社近，衣冠简朴古风存。
从今若许闲乘月，拄杖无时夜叩门。

“山西村”是山阴的一个村庄名。这首诗不同于我们印象中陆游那些慷慨激昂的爱国诗篇，而是体现出闲居生活的不同意趣。

“腊酒”即腊月间酿的酒，一般是留在过年时喝的。

“豚”在这里应该是指“小猪”。首联的意思是说：你可别笑话乡下人家的腊酒味道不好啊，今年是个丰收年，农家接待客人可热情啦，杀鸡宰猪，倾其所有来招待我们呀！

“山重水复疑无路，柳暗花明又一村。”这是写到山西村路上的景致，“山重水复”是江南风景较为典型的一个特点，陆游的住处在山阴镜湖边的三山，这里依山傍水，风景优美，“山重水复”其实就是他身边最常见的景致。“柳暗花明”则点明了季节是春天，柳树成荫，百花盛开，正是春光美好的时候。

陆游像

“箫鼓追随春社近，衣冠简朴古风存。”这是描写农村的风俗。“追随”指箫鼓声此起彼伏。“社”是土地神。在古代，每年立春后的第五个戊日为春社日，这一天农村里要吹箫打鼓，热热闹闹祭祀土地神，祈求一年的丰收。这个风俗也就是陆游所说一直保存至今的“古风”。

诗的最后两句“从今若许闲乘月，拄杖无时夜叩门”，又回到了诗人自己的心态上。摆脱了纷纷扰扰的官场，诗人现在真可以说得上是无官一身轻了。“无时”就是“随时”的意思。即便是在宁静的夜晚，诗人都可以趁着明亮的月光，拄着拐杖悠闲地一路信步走来。兴之所至，随时敲开朋友的家门，尽情地聊会儿天。看得出来，陆游是真心喜欢并且享受这样简单朴素的田园生活的。而且，他也融入到了这种简朴的生活当中，把自己当成农家的一分子了。

如果要用一个词来形容这首诗呈现出来的诗人的状态，那应该是“闲适”二字。

陆游于前一年也就是乾道二年（1166）从隆兴通判任上被免职，不得不回到老家闲居。在农村的退隐生活中，陆游不但把农民邻居都当成了自己的好朋友，还凭借自己的学识成了乡亲们的良师益友，乡亲们都尊称他为“先生”。

在老家闲居的时候，陆游还有一个身份，不太为人所熟知——医术高明的“赤脚医生”。陆游精通中医，这一点也是秉承了家学渊源。他不但自己善于调整心态，淡泊个人名利，得享高寿，还将钻研的成果用来造福乡亲。闲居期间，他经常骑着毛驴背着一袋子中草药去村子里逛，乡亲们一看到他，都高兴地出来夹道欢迎。那时的农村缺医少药，农民深受病痛的折磨，如今从天而降一个“活菩萨”，他们怎么能不欢天喜地呢！

陆游一露面，大家就兴高采烈地都围了过来，这个说：

"先生，我家娃儿的病还是您治好的呢，您看他都长这么高了！您真是他的再生父母啊！"那个说："先生，您瞧我现在多壮实！多亏了您的救命之恩啊！"又有一个挤进人群中说："先生，您看这个是什么草药啊？它有什么功效啊？"再有一个拉着陆游不由分说就往家里走："先生，我家刚酿了好酒，走，喝一樽去！"乡亲们七嘴八舌地感谢着陆游，争先恐后地请他到家里去做客。那些被陆游救过命的乡亲，为了表达对他的感恩之情，甚至有人给生下来的孩子起名为"陆"……这些令人感动的情景，就记录在陆游八十一岁时写的一组诗《山村经行因施药》中。

正是完全融入了村居生活，并且在这种生活中找到了存在的价值与乐趣，发现山水与风土人情之美，陆游才能真正享受到"闲适"的境界。

在退居老家之前，陆游的生活状态一直是忙碌奔波的。陆游从三十四岁正式进入仕途，三十六岁调到京城临安（今杭州），三十九岁被贬出京城，四十二岁罢官退居山阴老家。算起来，这一次陆游出仕前前后后总共八年，是陆游在事业上锋芒崭露的一个时期。陆游一生最重要的理想当然不是安享闲适的农家生活，而是以身报国，恢复中原。

此时的南宋王朝偏安局面逐渐形成，朝廷上主和派占据主导地位，而陆游是坚定的主战派。正因如此，他受到了朝中主和派的排挤与打压。

隆兴元年（1163）四月，张浚上书孝宗，决定起兵北伐，以六万兵力（号称二十万），渡过淮水，发动了对金的进攻。可是，这次战争发动得太仓促了——孝宗即位还不到一年，张浚任枢密使才三个月。朝廷的人心、军心都还不够稳定，对战争的形势分析也不够全面。结果这次由南宋军队主动发起的进攻，不到一个月，就在符离这个地方被金军打得大败。

主和派利用符离之败对朝廷的打击，迅速开始了对主战派的反攻，最终促成了1164年（隆兴二年）的隆兴和议。南宋朝廷除了继续割地赔款之外，跟金朝的关系也由过去的称“臣”改为称“侄”。隆兴元年的北伐成为孝宗皇帝在位二十七年当中，唯一的一次北伐。

隆兴二年四月，张浚就被罢相，八月份，张浚含恨去世。张浚被罢官以后，他的幕府也陆陆续续被遣散。作为主战派的代表人物之一，乾道二年（1166）春，陆游被罢官。被罢官的理由很简单，言官说他“交结台谏，鼓唱是非，力说张浚用兵”（《宋史·陆游传》），意思是说他拼命鼓动张浚发动战争。因此陆游的结局也很简单：“免归。”罢免一切官职，遣回老家。

《游山西村》这首表现“闲适”村居生活的诗篇正是写于陆游罢官之后的第二年，也就是乾道三年（1167）。可想而知，他的心情正处于失意的低谷，这种失意，不但反映在他生活方式的改变上，也必然反映在他的诗歌里了。最明显的一个表现就是：这个时期的陆游，写了不少反映农村生活的诗。这些诗词呈现出陆游生活的另一面：他好像是一个随遇而安的“农夫”，一个闲云野鹤一样的诗人，他可以悠闲地和农家老翁畅饮腊酒，闲聊年成，可以“从今若许闲乘月，拄杖无时夜叩门”，自由自在，无拘无束。

然而，《游山西村》写作的个人背景是陆游入仕以来第一次被罢官，他的人生处于“山重水复疑无路”的逆境之中，陆游个人也处在探索国家及个人前途命运的茫然与痛苦之中。道家的逍遥出世，只是他失意时的一种精神安慰，骨子里沸腾着的依然是经世济民的热血壮志。所以他现在的“闲适”，其实只是为了等待下一个路口的“柳暗花明”。那么，他到底等到了没有呢？

等到了！在四年的闲居生活之后，陆游终于等到了一封邀请函。这封邀请函是四川宣抚使王炎寄来的。王炎是四川地方的最高军事统帅，由他发出的邀请，其实是一个信号——这说明朝廷重新有了用兵北伐的念头。王炎召集有勇有谋的抗金志士筹备北伐，自然，他想到了陆游，请他“入幕襄理军务”。

要知道，陆游等这一天已经等了整整四年啊，人的一生能有几个壮志凌云的四年呢？用陆游自己的话来说，他甚至激动到了“衔恩刻骨，流涕交颐”的地步。在《谢王宣抚启》中，陆游还写了这样一段话：

> ……某敢不急装俟命，碎首为期。运笔飒飒而草军书，才虽尽矣；持被刺刺而语婢子，心亦鄙之。尚力著于微劳，庶少伸于壮志。

陆游在这段话中表现得简直是迫不及待了：我立马就准备行装，只等待进军前线的命令，即使要为国捐躯也在所不惜啊！“运笔飒飒而草军书，才虽尽矣”，这一句是陆游的谦辞。因为在罢官前，陆游的军事才华主要表现在他草拟的那些军事文书上面，所以他说，即使自己的才能有限，也愿意到王炎的军队里面去贡献自己的力量，继续为他起草军书、出谋划策。与此相反的，他内心是很鄙视儿女情长的生活的：“持被刺刺而语婢子，心亦鄙之。”窝在家里，跟女人耳鬓厮磨，说些家长里短的，那根本不是他想要的生活啊！因此，他迫切地要求到前线去，趁自己还有体力有能力的时候，去实现自己平生的壮志。

上前线去，披上战甲，骑上战马，到与敌人对峙的最前线，去实现抗金北伐、收复中原的梦想。事实上，虽然后来又经历了一些波折，但陆游终于在乾道八年（1172）三月，来到了宋金对峙的最前线——南郑（今陕西汉中，南宋西北的国防前线），实现了投笔从戎的理想。而且，在南郑的从军岁月，成为陆游一生中最为激情浪漫的时光，也是他诗歌创作走向成熟与丰满的时光。用当代学者朱东润先生的话来说，陆游在南郑从军的这段日子就是他“生的高潮，诗的高潮”。

当然，陆游之所以能成为宋代超一流的大诗人，除了他浓烈的爱国、忧国情怀之外，同时也是基于他高超的诗歌艺术，以及情、理交融的诗歌风格。这首《游山西村》看似平淡，其实蕴含了很深的哲理，“山重水复疑无路，柳暗花明又一村”更是其中的千古名句，它不只描写诗人眼前的实景，更反映了诗人豁然开朗的心理状态。

其实，我们每个人都可能碰到这样的情况：在艰难的逆境中，本以为前面已经没有路可走了，已经绝望了，如果是软弱的人可能就这样放弃了。可是事实上呢，只要再坚持一下，前面很可能就是柳暗花明，就会出现新的机会，出现新的希望。

钗头凤

1=F 正调定弦 5̣ 6̣ 1 2 3 5 6

陆游 词
宋明 曲并指

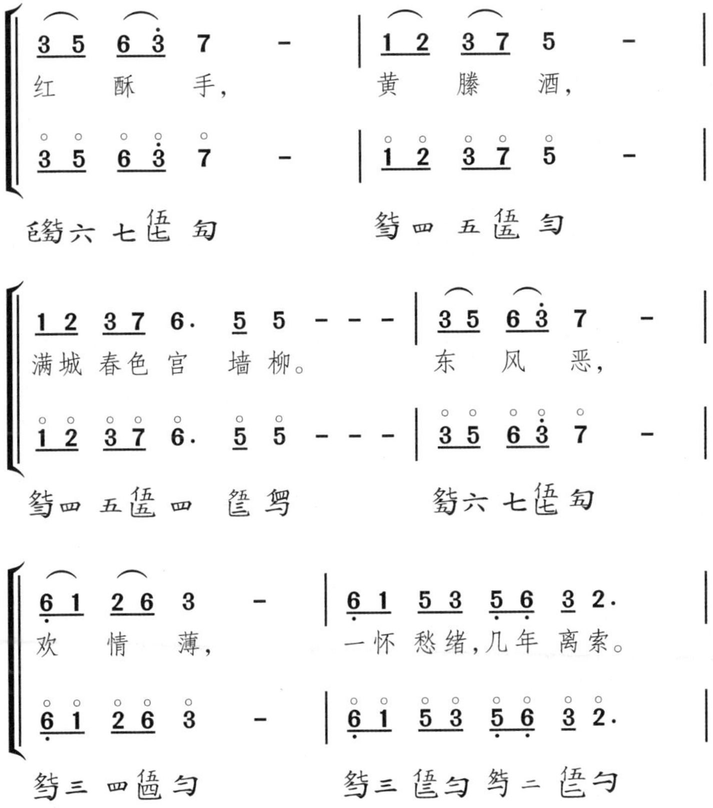

（2023年11月8日即兴，实际以录音为准）

投笔从戎与陆游“诗的高潮”

在南宋诗坛，陆游有“小李白”的外号；他又是江西诗派的传人，江西诗派是认杜甫为祖师爷的，所以也有人说陆游的诗是继承了杜甫的衣钵。不过，一个真正优秀的诗人，必须要有自己独一无二的东西，而陆游最后没有成为李白第二或者杜甫第二，南郑从军的经历起了决定性的作用。

陆游在四十二岁的时候，曾经亲自删订了以前的诗稿，集为《剑南诗稿》，只收集了四十二岁以前的一百二十五首诗。他自己说，这一百二十五首诗不足他所有诗作的十分之一。换言之，他在编诗稿的时候，删掉了九成以上的诗。还有人认为陆游的《剑南诗稿》保存下来的诗只有他之前所有诗作的二十分之一。《宋史》载陆游十二岁就能写诗作文，他自己则说，“自年十七八学作诗”，而且他几乎是天天都要写诗的。可以想象，从十多岁到四十多岁，近三十年间的诗，被删掉的应该有几千首！晚年的时候他又对自己的诗稿做了进一步的删定。至于陆游为什么要把以前的诗进行这样大规模的删除，其中的原因他自己没有明确解释过。学术界当然有些猜测，比如说是不是为了避祸，不得不毁掉一些足以令他陷入政治斗争深渊的“证据”；也有人说，是不是因为直到中年以后，陆游才真正领悟到诗歌的精髓，对自己以前的诗不太满意，所以索性删掉……这些猜测都有一定的道理。

即便是经过了这样的多次删减和后来的散佚，陆游留传到今天的诗也有九千多首，词一百多首。他自己在七十七岁的时候自称“六十年间万首诗”，这是一点都不夸张的。从创作数量上而言，仅凭留存下来的九千多首诗，陆游也可以当之无愧地被称为文学史上的冠军诗人。

可是为什么说这样一位高产的诗人，直到四十八岁从军南郑的时候，才真正迎来他“诗的高潮”呢？

陆游四十八岁那年，也就是南宋孝宗乾道八年（1172）来到南郑。南郑在当时是四川宣抚使司所在地，时任四川宣抚使的是王炎。王炎也是一个爱国的主战派人士，精明干练，很有雄才大略，他来到四川以后，经过现场探查，很果断地做出了一个重大抉择，充分反映了他的军事胆略——四川宣抚使的办公所在地本来是设在四川的广元，王炎上任以后，毅然将其搬到了最前线的南郑。

南郑就是今天的陕西汉中，自古以来就是兵家必争之地，从历史上看，汉中曾经有好几次被推到了历史舞台的最前沿。比方说，在楚汉之争中，刘邦受封为汉王的时候就是以汉中为都，雄踞关中，并且以此为根据地，进一步挥师东进，跟项羽逐鹿中原，最终夺取了天下，成了大汉王朝的开国皇帝。三国的时候，蜀汉的丞相诸葛亮也是以汉中为根据地，出兵岐山，北伐曹魏，力图恢复汉室。埋葬诸葛亮的陵墓武侯墓至今仍是汉中最重要的古迹之一。

历史的烟尘虽然已经渐渐湮没了这些英雄人物的身影，但是汉中作为军事要塞的地位并没有改变。南宋的时候，汉中再一次被推到了历史的前沿。绍兴和议之后，在南宋的西北边疆，汉中地区又成为牵制金兵，进而援助江东的主要战场，是宋金交战的最前线。

将“司令部”搬到南郑来，这说明王炎是很有军事家眼光的，在这里能够随时掌握最前线的战争态势，及时调整军事策略，以此为根据地，不但可以扼守入川的咽喉，还可以向东北方向进军，越过秦岭，进而收复长安乃至整个中原。“司令”以身作则，镇守在最前方，同时也是一种姿态，王炎就是用这种姿态来表明朝廷和自己的北伐决心，鼓舞大家的斗志。

在王炎军中，陆游担任的职务是“四川宣抚使司干办公事兼检法官”。如果说四川宣抚使王炎大概相当于今天的军区司令员，是地方军队的最高军事统帅，那么干办公事陆游就大概相当于司令员的军事参谋、省军区办公室主任。这已经是军队里面很重要的职务了，不但要对前线的形势了如指掌，为随时可能发生的战事出谋划策，还要熟悉、协调军队的各项事务，主管各类军事机密文件。

接到这个光荣的任命，陆游才算是真正实现了他一生最大的愿望：穿上军装，从大后方到了最前线，终于有了“执戈王前驱”的机会。在南郑王炎的军营里面陆游干得有声有色，还创造了不少英雄事迹，例如射杀老虎、孤身潜入金兵敌营搜集情报、亲身参与小规模战斗、为“司令员”出谋划策等。四十八岁时在南郑从军的经历是陆游人生的真正巅峰。

陆游写过一首《九月一日夜读诗稿有感走笔作歌》，他在这首诗里承认：南郑的从军经历，在他的诗歌创作历史上就是一道分界线。开首四句是：“我昔学诗未有得，残余未免从人乞。力孱气馁心自知，妄取虚名有惭色。”这四句诗的意思是说：以前我跟人学诗，学来学去没学好，拣人家的一点残羹剩饭来吃，亦步亦趋的，并没有自己的心得体会。别人都吹捧我是著名诗人，只有我自己知道，跟那些一流诗人相比，我还差得远，只不过是浪得虚名罢了。

之后，陆游在这首诗里说“四十从戎驻南郑”“诗家三昧忽见前”。写了三四十年的诗，早就是名扬天下的著名诗人，可是直到在南郑从军的时候，陆游才突然领悟到了“诗家三昧”，也就是写诗的真谛，才发现自己以前对诗的理解根本是不透彻的。

陆游到南郑的时候是四十八岁，快五十岁了，他应该说“五十”才对。他这里说自己“四十从戎”，还是他的年轻心态在作怪，不想把自己说老了。有趣的是，在后来回忆这段从军经历的时候，陆游竟然口口声声说那是自己的“少年”时代。他有很多类似这样的句子：“念昔少年日，从戎何壮哉”“忆昔西征日，飞腾尚少年”……此前一直在哀叹自己“老了、老了”的陆游，以前线从军为分界线，忽然就返老还童，成了生龙活虎的“少年”了。一个从三十岁就开始自怜自怨老态龙钟的人，突然在“奔五”的年龄说自己还是个“少年”，这说明了什么呢？

这只能说明一点：在别人看来异常艰苦、异常危险的从军，在陆游看来却是世界上最快乐最浪漫的事。“当年万里觅封侯，匹马戍梁州”，这看上去简简单单的两句词，寄托着陆游多少青春的梦想和激情！

如果说，过去的半辈子，陆游不得不受制于复杂的现实，那么到了南郑以后，束缚他心灵的桎梏才真正被打开了。实现理想的快乐、内心暗涌的丰富情感才像火山喷发一样辉映了他的诗歌世界。南郑从军以后的陆游，诗词创作更趋成熟老到：不但他以前特别擅长的五言、七言古诗等达到炉火纯青的境界，律诗、绝句也日趋精进，跟他的古诗创作一样游刃有余、精炼工稳；除此之外，他的词也峭峭沉郁，在南宋词坛上自成一家。

陆游《十一月四日风雨大作》《诉衷情》

1. 陆游《十一月四日风雨大作》

绍熙三年（1192）十一月四日深夜，风雨大作，六十八岁的诗人陆游又回忆起了二十年前在宋金前线南郑披甲从戎、抗击金兵的生活，一时间感慨万千，写下这首名篇：

> 僵卧孤村不自哀，尚思为国戍轮台。
> 夜阑卧听风吹雨，铁马冰河入梦来。

六十八岁的诗人，已是英雄迟暮，朝廷对他的一腔爱国赤诚视而不见，包围着诗人的只有贫困、衰老、疾病和孤独。可是当诗人抱病，僵硬地躺在冷清荒凉的村落中时，他并没有因为个人命运的穷困而感到悲伤。他摩拳擦掌，念念不忘的还是再上前线，再为国家戍守边疆。“轮台”原是西域地名，这里代指宋代北方边疆。深夜突如其来的狂风暴雨，一阵又一阵地猛击着破败的门窗，这样风雨大作的气势，多像是当年宋军杀敌的神威。

陆游多么希望能够回到壮年从军南郑的那段日子，以至于“铁马冰河入梦来”！西北边疆此刻一定又是天寒地冻、冰封万里的季节了，可当年诗人从军南郑的时候，从来就没有把战场的艰险放在眼里，他身披战袍，面对像饿虎一样的金兵也毫不畏惧，那是何等勇猛威武！从前线被撤回来后二十年来，他无数次在梦里回到他最牵挂的西北边疆。年近古稀的他仍渴望着能和将士们再一道上阵杀敌，真正实现恢复中原的梦想！这个梦，是支撑陆游一生的最坚定的信念。

2. 陆游《诉衷情》

梁启超曾写过好几首诗赞美陆游的爱国深情和他的爱国诗篇："诗界千年靡靡风，兵魂销尽国魂空。集中什九从军乐，亘古男儿一放翁。""辜负胸中十万兵，百无聊赖以诗鸣。谁怜爱国千行泪，说到胡尘意不平。"（《读陆放翁集》）陆游这首《诉衷情》亦是直接将爱国作为吟咏主题，直抒胸臆，慷慨淋漓。

当年万里觅封侯，匹马戍梁州。关河梦断何处？尘暗旧貂裘。

胡未灭，鬓先秋，泪空流。此生谁料，心在天山，身老沧州！

词的上片就是大开大合的大手笔，从当年的回忆一下子拉到眼前的现实，寥寥四句词，竟然浓缩了词人几十年的人生经历和情感波折。

当年的陆游，骑着一匹威武雄壮的战马，不远万里，来到"梁州"从军戍边，保家卫国。然而梦想还没有来得及充分燃烧，历史就发生了令人扼腕叹息的转折。陆游人生中的最高潮，只持续了短短的八个月。就在乾道八年（1172）的十月，四川宣抚使王炎突然被朝廷召回，到京城临安担任枢密使的职务。表面上看，王炎是升官了，可实际上这是朝廷对王炎的“暗贬”。朝廷召回王炎，意味着朝廷用兵的意志又动摇了。因为王炎在四川所做的一切，都是在为北伐做准备，现在，一切都快筹备好了，只等最后的号令一发，就可以正式出师北伐。临阵换将，本来就是兵家大忌，朝廷却在这个关键时刻突然调走“司令员”，这当然是一个不祥的信号——果然，王炎被召回之后不久就被罢官了。“司令员”这一走，出师北伐又变得遥遥无期了。

朝廷这个命令下达的时候，陆游正被王炎派出去巡视前线，等他回来的时候，一切都发生了变化。王炎手下的幕僚基本上都被遣散，陆游也被调回成都。充满战斗激情的陆游，还没正式遭遇大规模战争，就被调到了大后方。建功立业的机会明明就在面前，可是一转眼就消失得无影无踪。

弹指一挥间，几十年就这么匆匆溜过去了。“关河梦断何处？尘暗旧貂裘。”

晚年的陆游，经常会在梦里、回忆里，回到当年他骑着战马，不远万里，来到边境南郑从军的那段岁月。可是这段经历，已经像梦一样消失了。当从梦中骤然惊醒，他睁开眼睛，看到的只有墙上挂着的旧军装——“尘暗旧貂裘”，那是他当年穿过的貂皮做的军服，现在军装上覆满了尘土，颜色尽褪，就像遥远的往事一样暗淡了，被尘封了。

其实陆游哪里是在感叹旧军装呢？他是在感叹自己——他的人也就像这件旧军装一样，被朝廷遗忘了，被战场抛弃了。英雄暮年，再也不复当年的英姿。

只有在梦里，陆游还能再回到边疆，回到那段金戈铁马的岁月中去，那是他离梦想最近的地方，那是离他抗金北伐、收复中原最近的年华啊！在离实现梦想只有一步之遥的时候，他却再一次并且是永远地与梦想擦肩而过了。“胡未灭，鬓先秋，泪空流。”敌人还没有被消灭，可是英雄已经老去。他不甘心、不甘心啊！“此生谁料，心在天山，身老沧州！”沧州，本来是指古代隐士闲居的地方，往往是在水滨。这里指陆游晚年隐居的绍兴镜湖边的三山。在这首词里，陆游用到了唐代大将薛仁贵的典故。他一直认为自己是薛仁贵那样的大将之才，可是，他却没有机会像薛仁贵那样出师远征，平定天山，收复国土，他只能在小山村里虚度年华，“身老沧州”。一想到这些，怎么能不让老英雄泪流满面呢？

《诉衷情》集中体现了陆游杀敌报国的爱国信念与英雄迟暮报国无门的凄冷现实的矛盾，情感充沛，读之令人不禁扼腕叹息。

第十四講

南宋中兴四大诗人

范成大小传

范成大（1126—1193），字致能，号石湖居士，吴郡（今江苏苏州）人。绍兴二十四年（1154）进士及第，曾任四川制置使、参知政事等职务，有《石湖居士诗集》《石湖词》等。宋孝宗乾道六年（1170），范成大出使金国，不辱使命，旅途中写下的“使金纪行诗”兼具史料价值与艺术价值。晚年退隐家乡石湖十年，创作了大量田园诗，以《四时田园杂兴》六十首最为有名，且“成功地实现了对传统题材的改造，使田园诗成为名副其实的反映农村生活之诗”①。

① 袁行霈．中国文学史：第 3 卷［M］．北京：高等教育出版社，1999：152.

范成大《四时田园杂兴》六十首

陆游的人生是在幸运与不幸的矛盾交织中度过的。“不幸”是说他坚守一生的抗金报国、收复失地的理想至死未能实现，在留下一首《示儿》诗（死去元知万事空，但悲不见九州同）之后抱憾而终。但同时，陆游也有其幸运之处：他没有成为一个驰骋疆场、万里封侯的将军，却成了那个时代最伟大的诗人，而且在诗坛上他并不孤独，他和他的诗坛好友们共同造就了南宋诗坛的中兴局面。这就是号称“中兴四大诗人”或“南宋四大家”的范成大、杨万里、尤袤和陆游。除了陆游之外，四大诗人中的范成大和杨万里也都是既在诗坛熠熠生辉，又在政坛颇著政绩的风云人物。其中，范成大曾官至参知政事，有过出使金国的经历，和陆游亦是至交好友。陆游从前线南郑退守成都之后，淳熙二年

(1175）六月，范成大以知成都府权四川制置使的身份也来到了成都，成了陆游的上司。不过，他们两人的关系不像上下级，而是好朋友，史书上说陆游跟范成大是“以文字交，不拘礼法”（《宋史·陆游传》），围绕在他俩周围，还形成了一个颇为引人注目的文学团体，陆游还曾为范成大诗集作序（《范待制诗集序》）。

范成大石刻像

范成大在诗史上被誉为是中国古代田园诗的集大成者，将田园诗推向了真正的高潮，其影响最著者当属他晚年所作的《四时田园杂兴》六十首，这六十首诗原本分为五个部分，每组十二首，分别为“春日”“晚春”“夏日”“秋日”“冬日”。关于这组诗还有一个有趣的故事。据说宋孝宗原本有意提拔范成大为宰相，可是又担心他“不知稼穑之艰”，故而作罢。为了证明自己对农业生活有着细致入微的了解和真实丰富的体验，范成大就写了这组诗。无论这个故事是真是假，有一点是肯定的：在范成大早年的诗作中，田园生活就已经是他笔下最常见的题材之一，而且范成大并非作为旁观者远远地去欣赏田园生活的清新淳朴之美，他对农民稼穑生活的艰难是感同身受的。这也是他能够将田园诗推向新高度的重要原因之一。例如这首《夏日田园杂兴十二绝》（其七）：

昼出耘田夜绩麻，村庄儿女各当家。
童孙未解供耕织，也傍桑阴学种瓜。

这首诗第一句就是夏日田园中最常见的两种农业活动：耘田与绩麻。我们现代汉语里经常是“耕耘”一词连起来说，泛指农业劳动，实则耕是指用犁把田里的土翻松，耘之本意是在田地里除草。熟悉农村生活的人都知道，所谓春耕夏耘，这两种活动是有一定季节性的，春天在播种之前要先翻松土地，夏天要锄草。早在《诗经》里，这类劳动就已经成为诗歌的常见题材，例如《周颂·载芟》中的诗句“其耕泽泽，千耦其耘”。因此“昼出耘田”这一个活动已经点明了季节特征。“绩麻”同样属于夏日的劳作，“绩”是指把麻纤维捻开接续起来搓成线，《豳风·七月》里就有“八月载绩”的句子，所以前人还有“八月绩麻，正为暑时用”的说法。

写完夏日主要的农业劳动，第二句就写到了村庄里不论男女都有各自要忙的农活儿。成年人是如此，孩童们也没有闲着，他们虽然还不能像大人那样熟练地从事田地里的耕作和复杂的纺织，但至少可以半游戏半工作性质地“也傍桑阴学种瓜”，在浓密的桑树荫下学着大人的模样一本正经地种起瓜来——这真是天真烂漫的儿童情态。因为生计艰难，“穷人的孩子早当家”，不得不早早地学习农业生产了。只不过，他们种的不是五谷蔬菜，而是平时最爱当零食吃的瓜果。

这首诗有两大值得注意的特点。其一，全诗是以一“资深”老农的口吻来写的，所以他以“村庄儿女”来称呼成年人，以“童孙”来称呼孩子。而显然，这位“老农”就是诗人自己。其二，全诗几乎全以白描手法，并无过多的刻意雕饰，通篇清新质朴。从昼出耘田的农夫，到夜晚绩麻的农妇，再到初学种瓜的孩童，以及置身其中的诗人“老农”，几乎囊括了农业生产生活中的主要人物。诗歌既表现了农民生活的艰辛，又不乏田园生活的盎然情趣。简单的诗句，却蕴含着丰富的生活体验。

在《四时田园杂兴》六十首中，范成大的笔触涉及田园生活的几乎所有方面。其中既有恬静悠闲的田园风光：“梅子金黄杏子肥，麦花雪白菜花稀。日长篱落无人过，惟有蜻蜓蛱蝶飞。”（《夏日田园杂兴十二绝》其一）也有对农民被苛捐杂税逼迫和官吏盘剥的不平之鸣：“黄纸蠲租白纸催，皂衣旁午下乡来。长官头脑冬烘甚，乞汝青铜买酒回。”（《冬日田园杂兴十二绝》其十）所谓“黄纸”是指皇帝的诏书，“白纸”是县官的公文。“朝廷颁布了一个官样文章，豁免灾区的赋税，可是当地官吏还是勒逼人民缴纳。这种剥削人民的双簧戏，苏轼在北宋早向皇帝指出来：‘四方皆有黄纸放而白纸收之语’，可是始终扮演下去。”① 范成大这首诗后两句就是直写县里的官吏下乡来说的话：“长官头脑冬烘甚，乞汝青铜买酒回。”这就等于是公然向老百姓索贿了：“县官是稀里糊涂不管事的，你们只要伺候好我就行了，好好孝敬几个酒钱给我！”诗人对农民从事劳动的艰辛、忍受层层盘剥的生活境况的确是深有感触的。

在范成大之前的田园诗大多是借田园来表达隐逸的向往，多是写意的风格，钱锺书甚至说“宋代像欧阳修和梅尧臣分咏的《归田四时乐》更老实不客气的是过腻了富贵生活，要换个新鲜”，真正像《诗经·豳风·七月》里那样写实地描述农夫一年四季的辛苦劳作、像陶渊明那样书写躬耕田园经历的诗篇的确是罕见的。直到范成大的《四时田园杂兴》六十首，才“使脱离现实的田园诗有了泥土和血汗的气息，根据他的亲切的观感，把一年四季的农村劳动和生活鲜明地刻画出一个比较完全的面貌。田园诗又获得了生命，扩大了境地，范成大就可以跟陶潜相提并称，甚至比他后来居上”了。②

---

① 钱锺书. 宋诗选注［M］. 北京：人民文学出版社，2000：199.
② 钱锺书. 宋诗选注［M］. 北京：人民文学出版社，2000：194.

晓出净慈寺送林子方

1=$^{\flat}$B

借正调定弦 2 3 5 6 7 2 3

杨万里 词

宋 明 曲并指

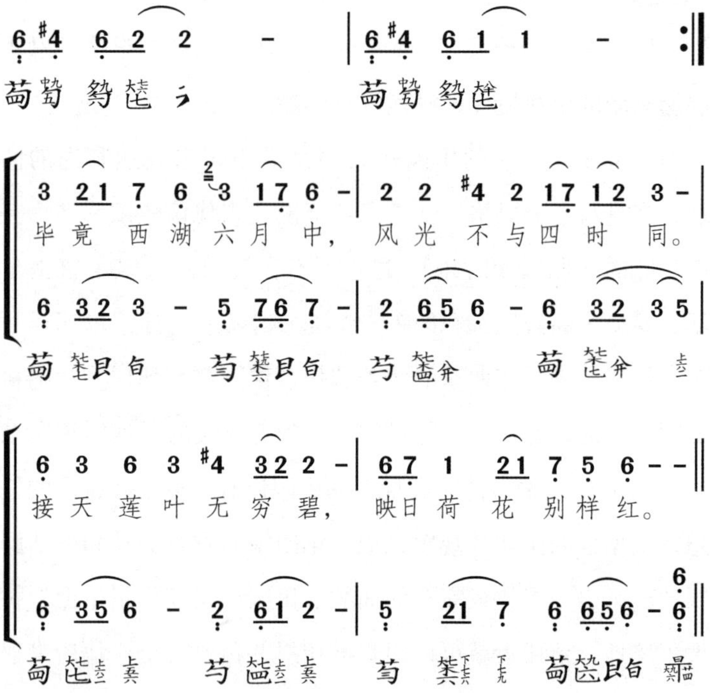

（2023 年 10 月 27 日即兴，实际以录音为准）

杨万里“诚斋体”风格的特点及南宋诗歌的转型

“南宋四大家”生活在同一时代：尤袤生于1127年，卒于1194年；杨万里生于1127年，卒于1206年；范成大生于1126年，卒于1193年；陆游生于1125年，卒于1210年，是“四大家”中年岁最长且去世最晚的高寿诗人。也就是说，这四大诗人都是出生在靖康之难前后，并且主要活跃于南宋高宗、孝宗朝，他们之间或为同事，或为同年，或为好友，彼此之间建立了深厚的情谊。除了与陆游交游甚密外，范成大与杨万里也是长期酬唱、往来频繁的好友，他们的诗歌都是以江西诗派为基础，最终却都挣脱了江西诗派的“牢笼”，成为自成一体的大诗人。当然，仅就诗歌成就而言，尤袤远不能与其他三位相媲美。

而在当时，除了陆游之外，诗名最著者当属杨万里，陆游也承认杨万里是极为出色的诗人，在南宋人心目中，他俩就相当于唐代的李白和杜甫。只不过在宋代以后，“杨万里的读者不但远少于陆游的，而且比起范成大来也数目上不如”，但在南宋诗坛上“杨万里却是诗歌转变的主要枢纽，创辟了一种新鲜泼辣的写法，衬得陆和范的风格都保守或者稳健”，① 故而诗歌史上只留下了“诚斋体”（杨万里自号诚斋），却没有所谓“放翁体”（陆游自号放翁）和“石湖体”

① 钱锺书. 宋诗选注［M］. 北京：人民文学出版社，2000，158.

（范成大自号石湖居士）。

杨万里自号诚斋，据说是受到南宋初年一代名将张浚的影响，张浚曾以“正心诚意”寄望于杨万里，于是杨万里自号“诚斋”以自勉。杨万里能以“诚斋体”傲立于中国诗史，也与他转益多师的经历有关。他在《荆溪集》序言中自称：“予之诗，始学江西诸君子，既又学后山（陈师道）五字律，既又学半山老人（王安石）七字绝句，晚乃学绝句于唐人。”这一作诗途径显然是由宋入唐。而无论是宗宋还是学唐，停留在模仿阶段终究成就有限，如杨万里自己所说，最终必须到达“落尽皮毛，自出机杼”的境界，形成自己独特的个性风格。杨万里自认为是达到这个境界了的：“于是辞谢唐人及王、陈、江西诸君子，皆不敢学，而后欣如也。”

入于“江西”而出于“江西”，身为理学家却并未囿于理学，除了南渡诗坛特有的忧国忧民情怀外，杨万里更将一双敏锐的诗眼投射到丰富多彩的自然世界与日常生活中。他描写自然的一些诗句至今仍然妇孺皆知，如描写杭州西湖的“接天莲叶无穷碧，映日荷花别样红”（《晓出净慈寺送林子方》），描写池塘的“小荷才露尖尖角，早有蜻蜓立上头”（《小池》），描写夏日风景的“梅子留酸软齿牙，芭蕉分绿与窗纱。日长睡起无情思，闲看儿童捉柳花”（《闲居初夏午睡起二绝句》其一）等，均体现出自然界活泼明亮的生机与细腻温润的情致。

所谓“诚斋体”，其风格就是清新活泼，语言亲切自然，“展现其诗歌题材之出奇，观察之入微，以及用语之自由诸特点。正由于杨万里诗之题材往往会出人意表，且又喜欢以俚词俗语入诗，更不时流露出诙谐，已明显展示宋诗对时下流行的俗文学之接纳吸收现象”①。

试看杨万里这首充满谐趣的《冻蝇》：“隔窗偶见负暄蝇，双脚挼挲弄晓晴。日影欲移先会得，忽然飞落别窗声。”诗人隔着窗子偶然看到一只苍蝇，苍蝇本就畏惧天寒，所以追着太阳光移动，企图多享受一会儿冬日阳光带来的些许暖意。有趣的是，诗人还描写了苍蝇一停下来两只脚就会不停搓动的习性，既有诙谐的诗意，又体现了诗人细致入微的观察力和宁静平和的心态。

如果说，陆游诗歌的焦点主要放在了对国事的关怀上，那么杨万里则擅长在平凡生活中发现诗意的美，其诗歌成就主要体现在对自然风物和日常生活情趣的描绘上。“诚斋体的出现，为诗人畅所欲言地表达个人意愿提供了范式，南宋中期以还，北宋诗所具有那种几乎无处不在的崇道抑情倾向，已不再成为诗坛主流，这在一定程度上得益于无所不写的诚斋体的盛行。但与此同时，也是因为诚斋体的出现，诗作为一种精致的艺术语言形式及充分而艺术化地表达感情的

---

① 王国璎. 中国文学史新讲：上［M］. 台北：联经出版事业股份有限公司，2014：531.

有效手段的常规，受到了前所未有的挑战。”① 可见，从追求精致的诗意之美，转向随性率意的生活化创作，进而导致诗意在某种程度上淡化，甚至成为“顺口溜”，杨万里之“诚斋体”实为其转折之关键。

范成大在政坛上身居高位，官至副宰相，是南宋仕途最为顺利的诗人之一。范成大最有价值的诗作，除了如前所述的田园诗之外，还有一组他出使金国时的纪行诗——使金纪行诗。

宋孝宗乾道六年（1170），范成大担任祈请国信使，奉旨出使金国，这一年，他四十五岁。他此行的目的本是谋求废除有损宋朝国格的跪拜受书礼、索取河南陵寝地等，当时南宋群臣都视出使金国为畏途，而范成大慷慨请缨，表现出凛然不可侵犯的使臣气节，广受朝野赞誉。就在此次使金途中，他写了一组七十二首七言绝句和出使记《揽辔录》。

顺带提一句，陆游和范成大亦是最重要的两位宋代游记作家，陆游留下了游记代表作《入蜀记》（陆游于 1170 年从浙江沿长江逆流而上去夔州，即今重庆奉节），范成大则有《揽辔录》（1170 年范成大出使金国首都，即今北京）和《吴船录》（1177 年范成大从四川沿长江顺流而下到都城临安，即今杭州）。

---

① 章培恒，骆玉明. 中国文学史新著：中卷［M］上海：复旦大学出版社，2007：277.

范成大使金途中所作七十二首七言绝句抒发了他在途经北宋故土时浓郁的黍离之悲，亦包含着深挚的爱国真情，同时还隐含了辛辣的批评，将故土山河破碎的萧条景象、中原百姓翘首盼望恢复的迫切情态以及爱国志士的慷慨事迹一一呈现在这组作品中。由于现实条件的局限，“南宋诗人描写中原的诗大多是出于想象，而范成大却亲临其境，所以感触格外深刻，描写格外真切，在当时的爱国主题诗歌中独树一帜”①。

① 袁行霈. 中国文学史：第3卷［M］. 北京：高等教育出版社，1999：151.

范成大《州桥》、杨万里《过百家渡四绝句》（其四）

1. 范成大《州桥》

范成大是吴郡人，也就是今天的江苏苏州人，官至权吏部尚书、参知政事，相当于副宰相的地位。范成大晚年退休后住在家乡苏州西南的石湖，并且面湖修筑了亭子，宋孝宗御书“石湖”二字赐给范成大，所以范成大自号石湖居士。

范成大的好友、南宋著名词人姜夔曾自度曲《石湖仙》一首献给石湖居士范成大，词中有“须信石湖仙，似鸱夷、翩然引去”的句子，将范成大比作春秋时越国大夫范蠡。范蠡帮助越王勾践灭掉吴国之后，急流勇退，归隐江湖，自号为鸱夷子皮。姜夔借范蠡的传说来赞美范成大的功成身退和隐逸高洁的风骨，也羡慕他能像当年的范蠡一样优游江湖、潇洒自在。

在范成大一生的从政经历中，最为人所称道的是他于乾道六年出使金朝的事迹。这首《州桥》即是其使金纪行诗中的代表作之一：

州桥南北是天街，父老年年等驾回。
忍泪失声询使者：“几时真有六军来？”

这真是读来明白晓畅，几乎没有任何刻意雕琢，却又令人泫然欲泣的一首诗。州桥是北宋故都汴梁的天汉州桥——《水浒传》里杨志卖刀就是在这座桥。北宋故都的御街（天街）“南望朱雀门，北望宣德楼”，当诗人以使臣的身份经过旧时御街的时候，父老乡亲们聚集在这里。他们年年岁岁、望眼欲穿地等候着御驾北归，此时却只能强忍着内心的悲恸与满眼泪水询问使臣：“咱大宋的御林军什么时候才能真的回到州桥、回到天街啊?”“一个‘真’字，便说明那些已事实上成为金朝臣民的北宋遗民，尽管仍企盼着宋王朝的复归，但这种企盼由于经历了太多的失望而已变得近乎绝望了。”①

这首诗的画面感也非常强，我们仿佛可以看到一层又一层的老百姓，如潮水般团团围住宋朝使节的场景，仿佛可以听到在旧都的天街上一声声痛彻心扉的询问声此起彼伏。这样的场景、这样的情感，如果不是亲身经历，是断然写不出来的。可以想象，作为使节的诗人，当时也一定会被这样的情景深深打动，并和父老乡亲一样“忍泪失声”，痛苦而绝望的。

2. 杨万里《过百家渡四绝句》（其四）

南宋孝宗隆兴元年（1163），杨万里从湖南永州零陵丞

---

① 章培恒，骆玉明. 中国文学史新著：中卷［M］. 上海：复旦大学出版社，2007：279.

任满回都城临安（今杭州），就在这一年，他写下了《过百家渡四绝句》组诗，百家渡在零陵城西的湘江畔。其中第四首这样写道：

一晴一雨路干湿，半淡半浓山叠重。
远草平中见牛背，新秧疏处有人踪。

这首诗勾勒出一派明净的田园春景，看上去写得毫不费力。南方的春天多雨，晴雨交替的天气让重重叠叠的山峦呈现出半浓半淡、亦真亦幻的朦胧山色。而在这天然的田园风光中，诗人远远看到了草地上牲口活动的踪迹和刚刚插秧的水稻田里若隐若现的人影。自然山水、晴雨天气、农人与动物的身影，构筑成一幅令人悠然神往的水墨山水图画，情趣流动，韵味天成，这正是“诚斋体”诗歌的重要特点之一：总是将最平凡、最日常的自然风物写得诗意婉娈，一个小小的细节，便足以构筑丰富多彩的诗歌世界里最耀眼的那一幅图景。

第十五講

英雄词人辛弃疾

宋

辛弃疾小传

辛弃疾（1140—1207），初字坦夫，后改幼安，号稼轩居士，济南历城人。少时受祖父辛赞影响，抗金复国之心尤为强烈。入宋后改差江阴签判。先后为孝宗上《美芹十论》、为丞相虞允文上《九议》，规划抗金恢复大计，惜未被采纳。后辗转江西、湖北、湖南等地任职，因其抗金主战立场而屡遭谏官弹劾，退居江西上饶之带湖和铅山县之瓢泉，闲居近二十年。晚年曾被短暂起复，旋被弹劾而再度落职，重回铅山瓢泉，忧愤而卒。

辛弃疾《稼轩词》今存词共六百二十余首，数量雄冠两宋。王国维以辛弃疾为南宋唯一可与北宋词人颉颃者，其在词史上的地位可见一斑。

辛弃疾《永遇乐·京口北固亭怀古》

南宋宁宗嘉泰三年（1203），前前后后闲居近二十年的辛弃疾忽然再次被朝廷起用——他被任命为绍兴知府兼浙东安抚使。嘉泰四年（1204）正月，宋宁宗亲自召见辛弃疾，询问他北伐抗金的有关细节——北伐抗金，收复中原，统一国家，这是辛弃疾毕生追求的理想。

辛弃疾对这一次召见寄予了无限期望，他慷慨激昂地对宋宁宗说："金必乱必亡，愿付之元老大臣，务为仓猝可以应变之计。"（宋李心传《建炎以来朝野杂记》乙集卷十八《丙寅淮汉蜀口用兵事目》）

辛弃疾这一番召对至少包含了三大信息：

第一，"金必乱必亡"。他理性分析宋金对峙的形势，金朝在内忧外患的层层紧逼下已是日薄西山，摇摇欲坠，希望南宋朝廷治好自靖康以来普遍患上的“恐金症”，树立抗金必胜的信心。

第二，“愿付之元老大臣”。抗金北伐大业应该交由经验丰富的元老重臣指挥，应慎重选择主将。这个时候，辛弃疾已经六十五岁了，历经南宋高宗、孝宗、光宗、宁宗四朝，有丰富的前线作战经验，辛弃疾显然是将自己放在“元老重臣”之列的。

第三，“务为仓猝可以应变之计”。尽管辛弃疾渴望北伐收复中原，但他更知道，抗金大业不可能一蹴而就，必须经过周全的策划、筹备，决不能急功近利，仓促挑起战争。

看来宋宁宗对辛弃疾的建议是颇为赞许的，朝廷开始积极备战。这年三月，辛弃疾被派到镇江担任知府。镇江是宋金对峙的前沿，军事地位极其重要。辛弃疾一到镇江，立即着手北伐的各项准备工作。在镇江备战期间，辛弃疾曾多次登上长江边的北固山勘察形势。此山在镇江城北，下临长江，三面临水，山势奇绝，地势险固，故得名北固山。山上建有北固楼，又名北固亭，镇江北固亭是南宋最重要的军事重地之一。

南宋乾道五年（1169），守臣待制陈天麟补建了北固楼，并且写下《重建北固楼记》，其中有这样的句子：“兹地控楚负吴，襟山带江，登高北望，使人有焚龙庭、空漠北之志。神州陆沉殆五十年，岂无忠义之士奋然自拔，为朝廷快宿愤，报不共戴天之仇，而乃甘心恃江为固乎？则予是亭之复，不特为登览也。”

这段记文说明陈天麟修复扩建北固楼的时候，北宋灭亡已四十多年，所以他说“神州陆沉殆五十年”。国家灭亡，徽宗、钦宗二帝被俘虏，“靖康耻，犹未雪”，这是宋人不共戴天之仇啊！当忠义之士登上北固楼，放眼看到北方大片沦陷土地的时候，难道就没有报仇雪恨的雄心壮志吗?!

因此，陈天麟扩建北固楼，不是为了登览秀美江山，而是为了提醒爱国志士们不要忘记国家的深仇大恨，提醒后继者，要为北伐恢复的共同目标而奋斗不息。

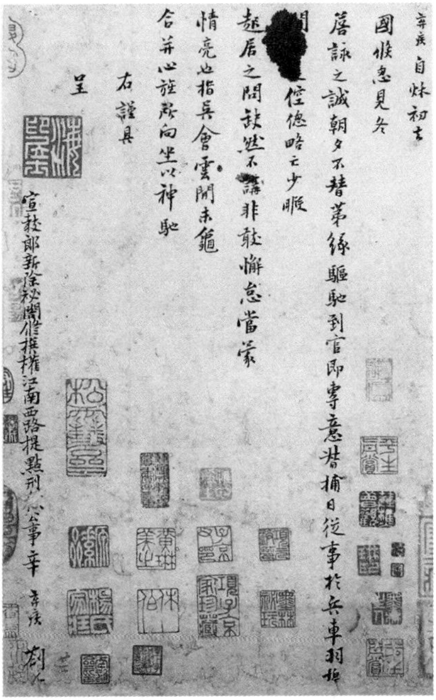

《去国帖》

辛弃疾，就正是陈天麟所殷切盼望的那种“忠义之士”。

正是在镇江知府任上，辛弃疾登临北固亭写下了两首著名的怀古讽今词：《永遇乐·京口北固亭怀古》和《南乡子·登京口北固亭有怀》。（京口即今镇江。）《南乡子》作于1204年，《永遇乐》则是写于第二年，也就是开禧元年（1205）。这一年，辛弃疾六十六岁了。

试看其《永遇乐·京口北固亭怀古》：

千古江山，英雄无觅、孙仲谋处。舞榭歌台，风流总被、雨打风吹去。斜阳草树，寻常巷陌，人道寄奴曾住。想当年，金戈铁马，气吞万里如虎。

元嘉草草，封狼居胥，赢得仓皇北顾。四十三年，望中犹记，烽火扬州路。可堪回首，佛狸祠下，一片神鸦社鼓。凭谁问：廉颇老矣，尚能饭否？

这首词最能代表辛弃疾的主体风格和词作个性。首先，词表达的就是北伐抗金、收复中原、统一国家的爱国壮志，非常符合辛弃疾“爱国词人”的身份定位；其次，风格慷慨豪迈，也非常符合辛弃疾“豪放派”词人代表的身份定位；最后，这首词的创作技巧里面，还包含了辛弃疾最重要的一个特点，这个特点就包含在下面这个故事中。

这个故事记录在岳珂的史料随笔《桯史》中。岳珂是岳飞的孙子，他的父亲是岳飞的第三个儿子岳霖。岳飞被杀害时，岳霖才十二岁。

或许正是因为这层出身的关系，辛弃疾非常看重岳珂。

岳珂比辛弃疾年轻四十多岁，辛弃疾将他视为忘年之交，两个人一度交往很频繁。

据岳珂说，辛弃疾每次聚会都会让家中的歌女演唱他填的词，他尤为喜欢《贺新郎》一词。其中有几句辛弃疾经常挂在嘴边，一边吟诵一边自我陶醉，这几句词是“我见青山多妩媚，料青山见我应如是”和“不恨古人吾不见，恨古人不见吾狂耳”。每次吟诵到这些地方，辛弃疾都拍着大腿大笑不止，还一定要回头问席上的宾客：“你们觉得我写得怎么样啊?”

客人们哪里会扫他的兴呢？当然是异口同声，一致赞誉。

后来辛弃疾写了这首《永遇乐·京口北固亭怀古》之后，自我感觉就更好了，觉得这么好的词不好好在“朋友圈”里面炫耀一下简直埋没了。于是他又专门邀了一局，让歌女们在宴会上反复演唱，自己还很陶醉地跟着打节拍。并且这一回，他不是笼统地问客人们“我的词写得怎么样啊?”，而是一个一个地问客人，还不允许客人们敷衍地赞美，必须指出这首词里还有哪些瑕疵，还有哪些可以修改完善的地方。

客人们被逼得没办法了，只好言不由衷地找一两点不痛不痒的所谓“毛病”，辛弃疾又不满意客人们的敷衍应付，挥着羽扇继续环顾四周，气氛有些尴尬。这个时候反而是岳珂初生牛犊不怕虎，他坦率地站起来说：“我年纪轻，不敢随便议论您的大作。只是当年范文正公（范仲淹）曾经悬赏千金为他写的《严陵祠记》求一字之易。现在晚辈不才，有一点小小的疑问，不知当不当说？”

辛弃疾一听很高兴，赶紧请岳珂把话说完。于是岳珂说：“您这首新作啊，写得是很好，晚辈就是觉得有点儿掉书袋了。”

辛弃疾一听，大喜，亲自给岳珂斟上酒，还对在座的客人说：“这位后生真是一针见血，说中了我最大的毛病啊！”

于是辛弃疾把自己关在家里，又把这首词仔细琢磨修改了几十遍。由此可见，辛弃疾虽然性情豪爽粗犷，可是对待创作却是那么的一丝不苟、从善如流。

这个小故事提到的辛弃疾词最明显的一个特点，就是岳珂所说的“新作微觉用事多耳”。“用事多”的意思就是掉书袋，典故用得太多。

喜欢用典，的确是辛弃疾词创作最重要的一个特点。而且和其他词人不一样，其他词人通常是化用唐诗中的名句，但辛弃疾却是“驱使《庄》、《骚》、经、史，无一点斧凿痕”，也就是说，古人的经典名作，没有辛弃疾不敢用、不会用、不能用的。辛弃疾虽然是武人出身，可是他读的书是真多，记性也是真好，再加上他还那么勤奋，因此他填词，善于用典故且典故用得多，是唐宋词人里面出了名的。

当然，特定的典故一定是为了说明特定的思想主旨或情感，我们不妨先把词中的故事一个一个拎出来解读。

“千古江山，英雄无觅、孙仲谋处。舞榭歌台，风流总被、雨打风吹去。”

第一个故事和孙仲谋有关，孙仲谋就是东吴大帝孙权。辛弃疾在《南乡子·登京口北固亭有怀》中也讲到了他对孙权的崇拜：“天下英雄谁敌手？曹刘。生子当如孙仲谋。”

在群雄逐鹿的东汉末年，孙权占据江东，巩固父兄基业，开创了一度非常强盛的吴国，被尊为吴大帝，几次大战显示出其过人的战略智慧。孙权曾将治所迁至丹徒（今属镇江），号曰“京城”。他不断征战四方，战功赫赫，当时逐鹿天下的英雄人物中能与他抗衡的也只有曹操和刘备，三分天下的局面由此形成。

建安十八年（213），曹操亲率大军出濡须（今安徽无为北），作油船夜渡洲上，意图一洗赤壁战败的前耻。孙权以水军围攻，俘虏三千余人，曹军中溺水而死的也有数千人。两军相持时，孙权数次派人挑战，曹操只是坚守不出，于是孙权亲自乘轻船从濡须口进入探察敌情，曹操军中诸将都以为是孙权派来挑战的将领，准备迎击，只有曹操判断说：“这一定是孙权本人，想要亲眼考察一下我军阵势啊！”孙权的军队人数虽然远远少于曹军，但阵容整齐肃然，训练有素，孙权的治军智慧与胆量让曹操佩服不已，他不由得喟然而叹：“生子当如孙仲谋。刘表的儿子和孙仲谋比起来，简直就像猪狗一般了。”

看来，辛弃疾虽然自负英雄一世，其实他也是有自己衷心钦佩的偶像的。他的偶像之一就是有勇有谋、胆识过人的孙权，因此“孙仲谋”才成为他笔下屡屡出现的英雄形象。

江山纵然千古不灭，可风流人物当年成就的英雄霸业，如今又能到哪里去追寻呢？

第二个故事和南朝宋武帝刘裕有关。刘裕字德舆，小字寄奴，先祖世居京口。他取晋称帝，成就霸业，就是从京口开始的。“斜阳草树，寻常巷陌，人道寄奴曾住。想当年，金戈铁马，气吞万里如虎。”刘裕当年曾经两度挥戈北伐，先后消灭南燕、后秦，收复洛阳、长安。作为一个开国皇帝，金戈铁马，睥睨群雄，那是何等的豪迈气概！

上片引用的两个历史典故，孙权和刘裕，一个称雄江左，一个北定中原，都是锐意一统天下的英雄人物，也都曾经在京口建立过不世功勋。同是怀古，苏轼在赤壁怀古的时候感叹“大江东去，浪淘尽、千古风流人物”，在悲凉中蕴含着一种旷达和超脱；而辛弃疾在京口北固亭怀古，却更加凸显出对英雄的赞誉与追慕，他始终不放弃对英雄的追觅，因为他希望自己能够再现当年英雄的辉煌。

上片怀古，下片将怀古之幽情拉回到了现实。京口作为南宋与金对峙的军事要塞，辛弃疾镇守在这里，又应该如何作为呢？

首先，要避免重蹈仓促应战的历史覆辙。“元嘉草草，封狼居胥，赢得仓皇北顾。”

这是词中的第三个历史典故。“元嘉”是刘裕的儿子南朝宋文帝刘义隆的年号。“封狼居胥”讲的是汉代骠骑将军霍去病追击匈奴的故事，匈奴左贤王失败逃遁，霍去病于是在狼居胥封山记功而还。封，就是筑台祭天，将功劳汇报给上天的意思。狼居胥山，在今天内蒙古的西北部。这几句是说刘义隆想要效仿当年的霍去病，北伐立功，可是准备不足、仓促出战，最终结果是惨败。元嘉八年（431），宋文帝在滑台战败后，懊悔地写下“惆怅惧迁逝，北顾涕交流”的诗句。元嘉二十七年（450），宋文帝北伐再度失败，北魏太武帝拓跋焘乘胜大举南侵，一直追到了长江边。宋文帝登楼北望，悔恨不已。

由此可见，辛弃疾虽然终生都以抗金北伐为奋斗理想，可他并不是一个急功近利的人。他以刘义隆草草北伐招致惨败的历史教训告诫南宋统治者，尤其是这一次的北伐统帅韩侂胄：抗金北伐当然是终极目标，但切不可贸然轻进，以免遗恨终生啊！

“四十三年，望中犹记，烽火扬州路。”“四十三年”仍然是写实，辛弃疾二十三岁的时候从山东回归南宋，到他写下这首词，已经过去四十三年了。因此这一句，其实还包含着他总结平生的意味。这四十三年来，他何曾有一刻忘记过抗金北伐的理想呢？京口的对岸就是扬州。北宋灭亡之后，金兵又好几次南侵扬州，曾经的繁华都会几乎成了一片废墟，南宋词人姜夔的《扬州慢》描述的就是扬州被洗劫之后的荒凉景象："自胡马、窥江去后，废池乔木，犹厌言兵。渐黄昏，清角吹寒，都在空城。"

四十三年的绵延烽火，带给国家的是满目疮痍，带给自己的则是刻骨铭心的悲愤。可是南宋朝廷上上下下，还会不会牢记亡国的耻辱呢？历史尘封了悲伤，时间消磨了意志，辛弃疾分明从朝野上下文恬武嬉的状态中看到了一种可怕的懈怠："可堪回首，佛狸祠下，一片神鸦社鼓。"

在这里，第四个历史典故出现了。佛狸，是北魏太武帝拓跋焘的小名。元嘉二十七年，拓跋焘追击宋文帝刘义隆，一直追到长江边，还在瓜步山（今江苏六合东南）建立了行宫，这就是后来的佛狸祠。

写这首《永遇乐》的时候，正逢社日，而且应该是开禧元年（1205）二月的春社，也就是立春后的第五个戊日。在这个祭祀的日子里，当词人回首历史，听到的竟是佛狸祠震耳的鼓声，看到的竟是在神庙中抢夺祭品的乌鸦。人们沉浸在暂时的太平之中，抗金意志越来越薄弱，谁还会记得曾经的国耻、历史的教训呢?!

正是在这样的历史与现实的强烈对比之中，煞拍三句，辛弃疾才掏心掏肺地呐喊出了他的满腔热望："凭谁问：廉颇老矣，尚能饭否?”

这第五个典故讲的就是历史上的名将廉颇了。六十六岁的辛弃疾，将自己比作战国时期的赵国老将廉颇。当年秦赵交战，赵王派使者去看廉颇是否还能领兵打仗，可是廉颇的仇人郭开生怕廉颇东山再起，于是重金贿赂了使者。使者回来对赵王汇报说：“廉将军虽然老了，但一顿饭可以吃一斗米、十斤肉，还能披甲上马。可是他和微臣才坐了一会儿，就去了三趟厕所。”言下之意是，廉颇身体不行啦。赵王最终没有重新起用廉颇。

“凭谁问：廉颇老矣，尚能饭否?”辛弃疾以廉颇自居，表现出烈士暮年壮心不已的慷慨志气。然而这样的反问中，也暗含着深切的忧虑和愤慨不平。当年的廉颇尚有赵王启问，而自己呢，恐怕是连过问的人也没有了吧？纵然有万丈雄心，又有谁会重视呢?

辛弃疾并非杞人忧天。因为，此次北伐的主导者韩侂胄并非辛弃疾所期许的那种沉稳明智的“元老大臣”，甚至韩侂胄发动北伐的动机也不单纯——并不全是为了国家恢复大计，而是掺杂了私心——韩侂胄的侄女就是宁宗的皇后。因此韩侂胄是以外戚的身份手握重权，为了巩固自己的政治地位，他急于干几件大事来树立自己的威信。只是可惜得很，大权在握的韩侂胄最终辜负了大家的期望。他虽然有心恢复，却是个志大才疏的人，而且更要命的是他的旗下大多是一些纨绔子弟，以为北伐是儿戏，建功立业唾手可得。他们哪里等得及让辛弃疾这样的“元老大臣”做好充分的战备？于是，辛弃疾这次重新出山还不到十五个月，因与韩侂胄战略不合，又一次被安上“好色贪财”的罪名，于开禧元年（1205）秋罢归乡里。这一年，辛弃疾六十六岁。

辛弃疾归田以后，在根本没有准备充分的情况下，韩侂胄于开禧二年（1206）匆匆发动了北伐战争。正如辛弃疾所预料的那样，这场由南宋朝廷发起的战争，因为过于仓促草率而遭遇惨败：“元嘉草草，封狼居胥，赢得仓皇北顾。”历史的教训再次惨痛上演。这次惨败的结局，是南宋朝廷再一次向金人求和。

开禧三年（1207），金人索取权臣韩侂胄的脑袋，以之为议和条件。韩侂胄勃然大怒，准备再次对金朝用兵，而且想请辛弃疾再次出山，以壮军威。但是，这一次，辛弃疾再也不能豪迈应征了。1207 年，这也是辛弃疾生命的最后一年，在这年的秋天，六十八岁的辛弃疾，抱恨长眠。在他临终前的一刻，他强撑起病体拼尽全力大喊三声：“杀贼！杀贼！杀贼！”这是他留在这个世界上最后也是最顽强的心声！

这首《永遇乐》虽然使用了很多历史典故，但辛弃疾以超迈的才气、浓烈的情感，纵横在历史与现实之间。历史智慧与英雄悲情交错其中，不仅不让人感到晦涩隔膜，反而让悲歌慷慨之情油然而生。

青玉案·元夕

1= ^{b}E
借正调定弦 6̣ 7̣ 2 3 #4 6 7

辛弃疾 词
宋明 曲并指

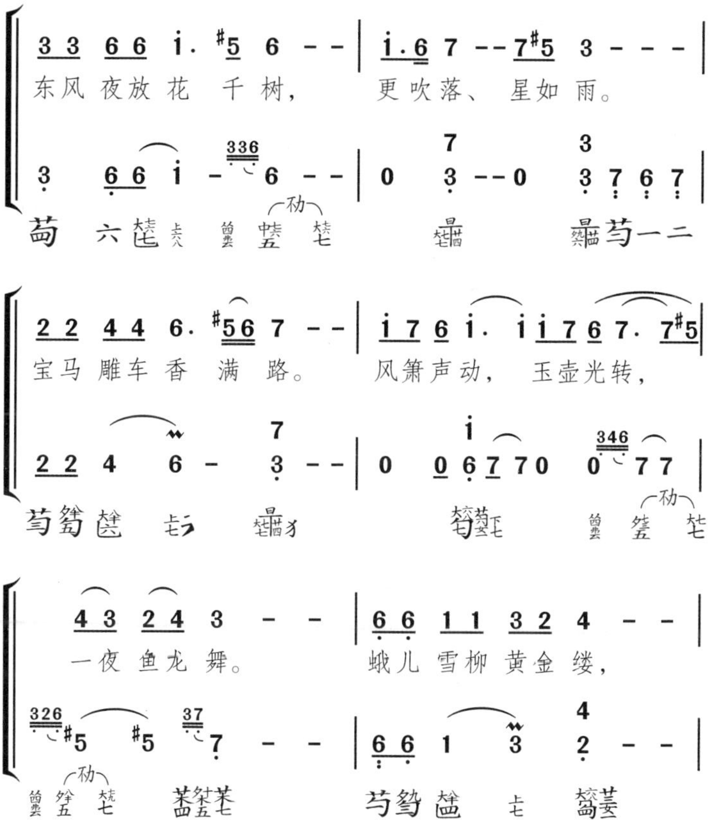

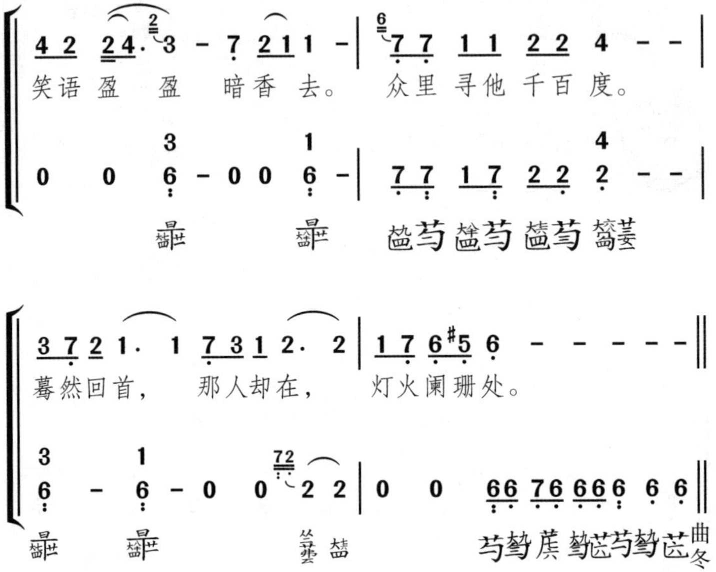

（2023 年 11 月 7 日即兴，实际以录音为准）

南宋主战派人士与辛派词人群

靖康之耻和宋室南渡不仅影响了宋代诗坛的走向，也让南宋词坛一度奏响了豪放的主旋律。

此前北宋豪放派的首倡者苏轼虽是文坛盟主，但在词学方面，他的号召力并没有明显体现，至少他周围的门生好友大多数都不完全认同并追随他的创作革新，更不曾从理论上为他呐喊助威，对苏轼的推崇反而是后代词学家努力的结果。因此豪放词首次登上词坛就高扬起一副“高处不胜寒”的姿态，人们欣赏其壮美，崇拜其超逸，却不得不敬而远之。故楼敬思说苏轼是“灵气仙才”，王鹏运也说“辛犹人境，苏其殆仙乎”，王灼不那么玄乎，却也说“东坡先生以文章余事作诗，溢而作词曲，高处出神入天，平处尚临镜笑春，不顾侪辈”。苏轼是以仙才在作词，那么其余凡夫俗辈又岂能望其项背？因此尽管苏轼主观上确实希望以自己文坛盟主的地位一洗北宋词坛的绮罗香泽，但客观上他的努力在当时并未立竿见影，何况苏轼也并非将全部文学精力放在词的创作上，故而其个人影响难以达到撼动整个词坛的目的。其后兴起的大晟词派反而以他们独特的群体优势成为北宋后期词坛的主导力量，并迅速掩盖了苏轼振臂一呼的“不和谐音”，使词沿着婉约的主旋律继续“演奏”下去。

靖康之难后，国仇家恨啃噬着南渡词人的心灵。“乱世出英雄”，以英雄词人辛弃疾为中心，豪放派词人一时间成了词坛主流：陆游的“当年万里觅封侯，匹马戍梁州”（《诉衷情》）、张孝祥的“看名王宵猎，骑火一川明。笳鼓悲鸣，遣人惊”（《六州歌头》）、张元干的“倚高寒、愁生故国，气吞骄虏。要斩楼兰三尺剑，遗恨琵琶旧语”（《贺新郎》）、岳飞的“壮志饥餐胡虏肉，笑谈渴饮匈奴血”（《满江红》）、李纲的“调鼎为霖，登坛作将，燕然即须平扫”（《苏武令》）、陈亮的“凭却江山，管不到河洛腥膻无际。正好长驱，不须反顾，寻取中流誓。小儿破贼，势成宁问彊对”（《念奴娇》）、刘过的“拂拭腰间，吹毛剑在，不斩楼兰心不平。归来晚，听随军鼓吹，已带边声”（《沁园春》）……这些以抗击金兵、恢复中原为己志的爱国志士们可谓字字如金石，慷慨激越，悲壮豪迈。

更可贵的是，特殊的时代造就了特殊的词人，南渡前的一部分格律派词人在遭遇了国难之后，风格也发生了巨大变化，转向辛弃疾式的悲凉沉痛：叶梦得的“坐看骄兵南渡，沸浪骇奔鲸。转盼东流水，一顾功成”（《八声甘州》）、向子諲的“谁知沧海成陆，萍迹落南州。忍问神京何在？幸有芗林秋露，芳气袭衣裘”（《水调歌头》）、朱敦儒的“回首妖氛未扫，问人间、英雄何处？奇谋报国，可怜无用，尘昏白羽。铁锁横江，锦帆冲浪，孙郎良苦。但愁敲桂棹，悲吟《梁父》，泪流如雨”（《水龙吟》）……

国破家亡的深仇大恨使得南渡词人将愤慨悲壮之心、恢复神州之愿淋漓尽致地倾泻在词中，即使是有“婉约之宗”称号的李清照，南渡之后也成了闺中女英，以特有的凄婉笔调写出了“故乡何处是？忘了除非醉”的沉痛。

将“豪放”词风真正推向高潮，并且在词史上牢牢烙印上“豪放词派”这一标签的词人当属辛弃疾。与北宋苏轼“以文章余事作诗，溢而作词曲”的心态不同，辛弃疾几乎将全部的文学才华都倾注在了词的创作上。传说辛弃疾青年时代曾将自己的诗词作品呈献给前辈请求指教，结果他得到的评价是：“子之诗则未也，他日当以词名家。”（陈模《怀古录》）有人早就预言了他将成为词史上最杰出的词人之一。

辛弃疾出生于金熙宗天眷三年（1140），也就是南宋绍兴十年五月十一日。这一年，靖康之难已过去了十四年。这一年，南宋朝廷还发生了许多事，例如：正月，抗金名将李纲病逝。五月，宋高宗赵构求和好不容易换来的太平日子，又因金人单方面撕毁协议而被打破——都元帅完颜宗弼率军分四路大举攻宋。这次南侵屡次被南宋抗金名将刘锜、岳飞击败，宋军乘胜收复了不少失地。可惜朝廷被秦桧之流控制，岳飞、韩世忠等相继奉诏班师，黄河以南州郡又被金人攻陷。

第二年，宋金签订绍兴和议，以淮水为界，宋朝皇帝向金国称臣，纳岁币银帛各二十五万两、匹。岳飞被赐死于大理狱，岳云被杀。此后的南宋朝廷于屈辱中换得了数十年的“太平”。

而在女真贵族统治下的北方，金人对汉族老百姓实施了极为严酷的统治政策，比如：禁止汉人穿自己的民族服装，汉人必须一律剃发结辫，谁敢违抗，即刻处死；大量的汉人被金人像奴隶一样驱使，当牲口一样贩卖；金国统治者为了继续入侵偏安江南的南宋王朝，还不断向汉族居民大量征兵征饷……北方的老百姓“怨已深、痛已巨而怒已盈”，都伸长着脖子等着南宋王朝派兵北伐，赶走金人，收复中原，把他们从水深火热中解救出来。但是，南宋朝廷长期的“不作为”让沦陷区的百姓失望了，失望之余，他们觉悟到求救不如自救，起义层出不穷。

辛弃疾就是在这样的形势下出生并成长起来的。当时，济南已经被金政权统治多年，正是民族矛盾异常激烈的时候。由于父亲辛文郁早逝，辛弃疾从小由祖父辛赞抚养。辛赞本来在宋朝做官，北宋灭亡后没有来得及跟随朝廷一起南渡，为了族人的性命安全，辛赞只好屈身在金朝做官。可辛赞是典型的“身在曹营心在汉”，虽然他自己在金朝忍辱偷生，可是心里的民族大义是一刻都没有忘记过，并且还深深影响到了他的孙子——幼小的辛弃疾。

辛弃疾在后来写的文章《进美芹十论劄子》里说：“大

父臣赞……每退食，辄引臣辈登高望远，指画山河，思投衅而起，以纾君父所不共戴天之愤。尝令臣两随计吏抵燕山，谛观形势。”从小时候起，他的爷爷辛赞就带着他登高望远，指点着被金兵统治的大好河山，希望他将来能继承爷爷没有完成的志向，抗击金兵，报仇雪恨。辛赞甚至还两次带着辛弃疾和他的部下一起到达燕山，观察抗金的地理形势。

爷爷这种言传身教，使得幼小的辛弃疾很早就在心里种下了对金朝的深仇大恨，很早就树立了有朝一日一定要赶走金兵、恢复中原的远大目标。他甚至在二十二岁的时候揭竿起义，带领一群起义军兄弟反抗金政权对汉人的压迫。据说，辛弃疾还有一个外号“青兕”，就是说他长得高大魁梧，像犀牛那样威猛善斗。

为了集中力量，给金人以迎头痛击，辛弃疾深明大义，说服自己队伍中的一些领导骨干，率领两千起义军投奔到另一支起义大军首领耿京的旗帜下，担任了耿京的“掌书记”，为耿京出谋划策。有了辛弃疾这样的帮手，耿京的队伍如虎添翼，迅速壮大起来，号称有二十多万人，严重动摇了金政权在北方的统治地位。

绍兴三十二年（1162），耿京接受辛弃疾的建议，派辛弃疾作为起义军的代表，南下建康（今江苏南京）去联络南宋朝廷，表达他们归附朝廷共同抗击金兵的愿望。宋高宗非常高兴，亲自接见了他们。可没想到就在辛弃疾南下的这段时期内，起义军内部风云突变——起义军中的一个部将张安国，被金人收买，阴谋刺杀了起义军首领耿京，并且遣散了大部分义军，最后伙同部分兵将投靠了金人。金朝封了张安国的官——让他去做济州的知州。

辛弃疾完成了与南宋结盟的使命，从建康北归，走到海州的时候，突然听到了张安国叛变的消息。他大吃一惊，当即与手下商量道："我是奉主帅的命令来归附南宋朝廷的，没想到发生这么大的变故，我还怎么回去复命呢?"于是他当机立断，聚集了手下五十来名骁勇的起义军人，直扑金兵营地。当时，张安国正春风得意，和金兵将领喝酒划拳，做着升官发财的美梦。没想到神兵突降，辛弃疾率领的五十名骑兵，居然冲破了金兵五万人的重围，就在金兵的酒桌上活捉了张安国，以迅雷不及掩耳之势把他绑在马上，再冲出金兵重围。一边冲，还一边振臂高呼，号召了上万耿京的旧部和他一起杀出金军营地。五万金兵眼睁睁看着这个彪形大汉发威，竟然奈何他不得！辛弃疾就这样一路马不停蹄地奔过了淮河，接连飞驰了几昼夜，把叛徒张安国献给宋高宗杀了。

这一年，辛弃疾才二十三岁。

五十人冲进五万人的军营，活捉叛徒再冲杀出来，这是只有神话故事里才有的情节吧！

"神话"都是由"神人"创造的。在这个故事中，从天而降的辛弃疾就像“天神”一样震慑了金兵，连南宋皇帝也因为他的英雄壮举而“一见三叹息”（洪迈《稼轩记》）。

直到晚年辛弃疾还经常回忆起这段“神话”传奇。他被罢官闲居上饶的时候，一天一个年轻人慕名来拜访这位闻名已久的老英雄，年轻人在他面前慷慨激昂地倾诉着抗金的主战立场，一再表示对朝廷主和政策的不满，表达对老英雄怀才不遇的同情。看着年轻人意气风发、情绪激动的样子，辛弃疾不由感慨万分，他的思绪又回到了那个战马嘶鸣、青春激荡的战场，于是，他挥毫写下了这首《鹧鸪天》：

壮岁旌旗拥万夫，锦襜突骑渡江初。燕兵夜娖银胡䩮，汉箭朝飞金仆姑。

追往事，叹今吾，春风不染白髭须。却将万字平戎策，换得东家种树书。

这首词的上片是回忆他少年时夜袭金营，活捉叛徒张安国，率军南渡的壮举。那个月黑风高的夜晚，辛弃疾亲自率领穿锦衣、骑快马的耿京旧部万余人一路狂奔，渡江南下，旌旗招展，声威浩大。北方的金兵则手忙脚乱地抓起箭筒（胡䩮）想要拦截他们，可他们哪里抵挡得住汉族军士暴风雨般射过来的名叫“金仆姑”的箭呢？短短四句，对这一段辉煌的经历作了高度的艺术概括，并勾勒出一个青年英雄的英武形象。

词的下片则是感叹他老来闲居乡野、报国无门的境遇。“却将万字平戎策，换得东家种树书”，辛弃疾南渡之后曾向南宋朝廷呈上《美芹十论》《九议》等奏章，详细汇报他在金国时了解的敌情，并且深入分析当时宋金对抗的形势，提出了一系列具体可行的抗金措施。可惜的是，当时的朝廷奉行主和政策，倾注他半生心血的上万言抗金良策被束之高阁，无人理睬，甚至他带回来的万余起义军也被解散。

一个文武双全的将帅之才，眼看着祖国半壁江山沦陷敌手，却只能无奈地和邻居聊聊闲话，将胸中破敌制胜的万千良策换成邻家老农种花种树的技艺。追怀青年时期的英雄往事，再看如今满面风霜，英雄迟暮，这是何等悲怆！

在南宋词坛上，张孝祥也是一位重要的豪放派词人。张孝祥（1132—1169），字安国，号于湖居士，原籍历阳乌江（今安徽和县），生于鄞县（今属浙江宁波），卒于芜湖（今属安徽）。张孝祥和岳飞、陆游、辛弃疾等人一样，是南宋坚决的主战派，一生以抗金北伐、恢复中原为志向，也正是这个原因导致了张孝祥在南宋政坛上的几起几落。

绍兴二十四年（1154），二十三岁的张孝祥参加殿试，被宋高宗钦点为状元。说来也巧，著名的爱国主战人士陆游恰好与他同年参加会试。本来陆游在前一年的锁厅试中已经被录取为第一名，可秦桧的孙子秦埙这年也参加了考试。秦桧当时在朝中炙手可热，已经内定秦埙为“状元”了。主考官陈之茂一看到陆游的考卷忍不住拍案叫绝，把先前秦桧交代过的事情抛在一边，将陆游录取为第一名，秦埙排在了第二。礼部考试的时候，陆游仍高居第一。秦桧恨陆游恨得咬牙切齿，就在高宗面前进言说陆游这人不能录取，因为他“喜论恢复”，成天将北伐抗金、收复中原挂在嘴边，这就犯了高宗最大的忌讳。这样一来，考试的结果可想而知：不但陆游自己被淘汰，连带提拔他的主考官陈之茂，也成了秦桧的仇人。

陆游被淘汰，秦埙又被排在了拟录取名单中的第一名，张孝祥排在第七名。名单呈到宋高宗御前，宋高宗亲自阅卷的时候，一看秦埙的名字排在最前面，文章的口气又俨然和秦桧如出一辙，心里就有点不爽，心想这秦桧简直是到了肆无忌惮的地步了，竟然如此明目张胆地内定孙子为状元，不是无法无天是什么?！他不露声色再往下看，看到张孝祥的卷子时，宋高宗发现这个考生不但文章写得文采飞扬，议论中肯，而且笔墨酣畅，写得一手好字，于是御笔一挥，钦点张孝祥为状元，将秦埙排在第三名。他还很高兴地对宰相秦桧说：“张孝祥词翰俱美。”宋高宗故意这样做，一方面确实是非常赏识张孝祥的才华，另一方面也是有意要借此打压一下秦桧嚣张的气焰。

考试结果一出来，秦桧当然气不打一处来。恼羞成怒的秦桧故意刁难新科状元张孝祥："皇上夸状元的诗写得漂亮，不知道你平时最爱看谁的诗啊?"张孝祥不卑不亢地回答："杜甫的诗。"秦桧又问："皇上喜欢你的书法，不知你的书法学的是谁啊?"张孝祥又冷静对答："颜真卿。"秦桧哼了一声，冷笑着说："天下的好事倒让你一个人占全了!"（周密《齐东野语》）

秦桧好不容易摁下去一个"喜论恢复"的陆游，没想到又冒出来一个张孝祥。新科状元的帽子刚刚戴上，张孝祥就做了一件一鸣惊人的事情：上书为岳飞鸣冤！他说"岳飞忠勇，天下共闻，一朝被谤，不旬日而亡……今朝廷冤之，天下冤之"（《宣城张氏信谱传》），请求朝廷恢复岳飞的爵位，抚恤其家族后代，并且由朝廷表彰岳飞的忠义，"播告中外"。

众所周知，岳飞是被秦桧陷害至死的，当时秦桧在朝中为相，新科状元却公开为岳飞鸣冤，秦桧岂能吞下这口气?

果不其然，气急败坏的秦桧不久就找了个莫须有的罪名，诬告张孝祥的父亲张祁谋反，于绍兴二十五年（1155）九月将张祁逮捕，关在大理寺听候审判。就在张祁、张孝祥父子身陷"谋反门"的时候，十月，秦桧死了。秦桧一死，张祁"谋反"的冤狱也得以平反，张孝祥官授秘书省正字。

秦桧虽然死了，南宋朝廷的主和国策依然没有本质的改变，凡是主战人士基本都处于被排挤、打压的状态，陆游、辛弃疾都是如此，张孝祥自然也不会例外。乾道二年（1166）六月，张孝祥再次被罢官，他从桂林出发，准备回芜湖老家去居住。

就在这一次被贬回家经过洞庭湖的时候，张孝祥写下了一首著名的中秋词《念奴娇·过洞庭》：

洞庭青草，近中秋，更无一点风色。玉鉴琼田三万顷，着我扁舟一叶。素月分辉，明河共影，表里俱澄澈。悠然心会，妙处难与君说。

应念岭海经年，孤光自照，肝肺皆冰雪。短发萧骚襟袖冷，稳泛沧浪空阔。尽吸西江，细斟北斗，万象为宾客。扣舷独啸，不知今夕何夕。

词的上片写洞庭湖的中秋月色，下片则是抒慷慨豪迈之情。“岭海”在这里指的是广西桂林。其时词人结束了在广西一年左右的官场生活。张孝祥自认为无论是人品、才华还是为国为民效力的能力，他都无愧于心。可是世间无人能够理解他，只有那轮孤悬的明月，倾泻清辉，映照出他和月光一样冰清玉洁、晶莹纯净的心。“孤光自照，肝肺皆冰雪”呼应了上片的“表里俱澄澈”一句，一语双关，既是说明月，更是表白词人清白高洁的内心。

张孝祥上承苏轼，下启辛弃疾，是豪放词派承前启后的关键人物。这首《念奴娇》就非常能够反映张孝祥旷达豪放的个性魅力。词人胸怀宽广得仿佛可以将整个天地都揽入胸中：北斗七星是他的酒杯，他一口气就能饮尽浩浩荡荡的长江水，天地万物都是他邀请来的贵客。畅饮美酒，酣歌醉舞，即便是一个人漂泊在外度过中秋，仍然心境开阔、豪气凌云，这种“天人合一”的宇宙意识是何等豪迈洒脱！

在南宋词坛的豪放之音中，还有两位重要词人——陈亮与刘过。辛弃疾、陆游、陈亮、刘过这四位词人堪称同气相求的同志，他们都是一生主战抗金，力图收复中原，共同撑起了豪放词派的一方天地。陆游写过一首诗《赠刘改之秀才》，将刘过比作是汉代飞将军李广：“放翁七十病欲死，相逢尚能刮眼看。李广不生楚汉间，封侯万户宜其难。”陆游感慨：虽然他见到刘过的时候已经是七十高龄，老病缠身，但仍然被刘过的豪迈所震撼，可惜刘过这样的英雄人物就像李广一样，生不逢时，不能凭借赫赫战功拜相封侯。陈亮更是盛赞刘过“刘郎饮酒如渴虹，一饮涧壑俱成空……刘郎吟诗如饮酒，淋漓醉墨龙蛇走……刘郎才如万乘器，落濩轮囷难自致”（《赠刘改之》），对刘过那种气贯长虹的才华毫不吝啬赞美之词。

如果历史可以假设，那么假设主战派的势力能够主宰朝政，则南渡后的豪放词人仍可以借手中的词笔继续抒发他们冲锋陷阵的英雄气概。但是宋朝“柔弱”的文化气质终于使得主和派完全占据上风，随着主战派志士的一一失势，挥洒爱国壮志的词坛高潮也在宋金和议后逐渐平息乃至沉寂。随着南宋偏安局面的形成，举朝上下又是一派莺歌燕舞、文恬武嬉，就连辛弃疾中年以后也只能无奈地在上饶带湖及铅山瓢泉等地购地置产闲居，只是不知道“红巾翠袖”真能拭去英雄暮年的浊泪么？

陈亮《贺新郎·寄辛幼安和见怀韵》

陈亮（1143—1194），初名汝能，后改名为亮，字同甫，号龙川，婺州永康（今属浙江省）人。绍熙四年（1193），五十一岁的陈亮终于状元及第，被任命签书建康府判官公事，但未及赴任就去世了。陈亮在《及第谢恩和御赐诗韵》诗中曾向宋光宗表明心迹："复仇自是平生志，勿谓儒臣鬓发苍。"五十一岁的陈亮已鬓发苍苍，但他依然慷慨陈词，"复仇"是他坚守一生、追求一生的志向。复仇当然就是指恢复北方故土的理想了。

1187 年，离北宋灭亡的 1127 年已经过去了六十一年，南宋形成了较为稳定的偏安局面，朝廷主和派占据了主导地位。陈亮不顾自己身份低微，冒险上书皇帝，力陈朝廷不可对敌人软弱，恳请皇帝励精图治，振兴国家。可是这篇历史上著名的《中兴五论》被朝廷置之不理。因为陈亮屡次上书，让朝廷的主和派十分忌惮，陈亮遭到了严酷的排斥和打压，曾先后三次入狱。

可是这一切都没有改变陈亮恢复中原的爱国志向，也因此，他和志同道合的辛弃疾成了至交好友。1181 年，四十二岁的辛弃疾被罢职，随后一直定居在江西上饶，陈亮一直想找机会去看望他。一直到淳熙十四年（1187）冬天，陈亮从浙江东阳特地赶到辛弃疾在上饶铅山瓢泉的新居，才终于实现了盼望已久的相聚。陈亮来到上饶的时候，辛弃疾正卧病在床。可是好友的到来，瞬间振奋了辛弃疾的精神。他与陈亮讨论国家大事，常常直到深夜还不觉得疲倦；他带着陈亮流连于上饶的风景名胜，他们在鹅湖、瓢泉等地一起高歌痛饮，将他们对国事的担忧、对个人身世的悲愤都倾泻在酒杯之中，抒发在诗词之中。

然而，世上没有不散的筵席，陈亮在上饶逗留了十天，终于还是到了分别的时候。离去的那天，辛弃疾心中恋恋不舍，与陈亮挥手告别之后，他又很后悔没有多送陈亮一程。

辛弃疾是一个心里想什么马上就会付诸行动的人，第二天，他就沿着陈亮离去的路线快马加鞭地追了过去。可是时值冬天，等他追到鹭鸶林的时候，雪深泥滑，马匹无法再前行。他只好在鹭鸶林附近的方村独自喝了一夜的闷酒。

在方村夜宿时，他辗转榻间难以入眠，这时，耳边远远地飘来了笛声。笛声的悲悲切切激发了词人的创作激情，他挥笔写下了流芳词史的《贺新郎》一词：

把酒长亭说。看渊明、风流酷似，卧龙诸葛。何处飞来林间鹊，蹙踏松梢微雪。要破帽、多添华发。剩水残山无态度，被疏梅、料理成风月。两三雁，也萧瑟。

佳人重约还轻别。怅清江、天寒不渡，水深冰合。路断车轮生四角，此地行人销骨。问谁使、君来愁绝。

铸就而今相思错，料当初、费尽人间铁。长夜笛，莫吹裂。

所谓心有灵犀一点通，没想到只过了五天，陈亮就写信来索要辛弃疾的词。收到辛弃疾的词作后，陈亮感慨万分，立即用原韵和词一首。这样反复唱和了好几次，辛弃疾与陈亮酬唱的五首《贺新郎》轰动了南宋词坛。在这五首词中，辛、陈二人自比伯牙与子期，将对方视为知音；也自比闻鸡起舞的祖逖与刘琨，无论曾经遭受怎样不公的待遇，一旦国家有难，他们都将毫不犹豫地挺身而出。试看陈亮这首《贺新郎·寄辛幼安和见怀韵》：

老去凭谁说。看几番、神奇臭腐，夏裘冬葛。父老长安今余几，后死无仇可雪。犹未燥、当时生发。二十五弦多少恨，算世间、那有平分月。胡妇弄，汉宫瑟。

树犹如此堪重别。只使君、从来与我，话头多合。行矣置之无足问，谁换妍皮痴骨。但莫使、伯牙弦绝。九转丹砂牢拾取，管精金、只是寻常铁。龙共虎，应声裂。

辛弃疾原唱重点写两人相聚的畅快与离别的不舍，陈亮的和词则重在抒发爱国之志。起句“老去凭谁说”就尽显悲怆情怀。在抗金主战这个大方向上，南宋朝廷里志士无多，“主和”始终是朝廷主流。“只使君、从来与我，话头多合”，一个“只”字表明词人视辛弃疾为平生唯一知己。陈亮多么希望他们的友谊能始终如一：“但莫使、伯牙弦绝。”只可惜，在那样的时代，他们注定壮志难酬，那是一个是非颠倒的时代：怎么可以容忍国家的分裂，就像五十弦的瑟被强行断为二十五弦？就像月亮怎么可能被平分？上半阕词批判、质问的矛头直指宋金议和！

词的下半阕，陈亮发自肺腑地呐喊，他期待辛弃疾与他一起，再图北伐大计：“龙共虎，应声裂！”“九转丹砂牢拾取，管精金、只是寻常铁”，再好的“精金”也是由寻常的铁炼就，他愿意为南北统一积蓄所有的力量，只待一鸣惊人的那一天到来！

自古知音难觅，而在南宋朝野，将抗金主战、统一国家作为毕生抱负的志士更是寥寥。正是从这个意义上，辛弃疾、陈亮等词人的慷慨悲歌才更加具备动人心魄的力量。

第十六讲

姜夔与风雅派词人

宋

姜夔小传

姜夔（约 1155—1221），字尧章，号白石道人，饶州鄱阳（今江西鄱阳）人，工书法，晓音律，善诗词，词集名《白石道人歌曲》，存词 80 余首。姜夔少年孤贫，屡试不第，以清贫的布衣身份终老，一生都没有做过官。少年时代他曾跟随做汉阳县令的父亲往来于汉阳，父亲去世后又跟随出嫁的姐姐，寓居汉川。他一生往来奔波于湖北、湖南、江西、浙江、江苏、安徽等地，过着浪迹江湖的漂泊生活。

姜夔《扬州慢》

南宋孝宗淳熙三年（1176），大约二十二岁的姜夔因为生计的关系，开始漫游江湖。根据他现存的词作来看，姜夔独自漫游到达的第一站就是扬州，也就是写下这首《扬州慢》的城市。换句话说，《扬州慢》其实也是姜夔正式登上词坛的标志性作品：

淮左名都，竹西佳处，解鞍少驻初程。过春风十里，尽荠麦青青。自胡马、窥江去后，废池乔木，犹厌言兵。渐黄昏，清角吹寒，都在空城。

杜郎俊赏，算而今、重到须惊。纵豆蔻词工，青楼梦好，难赋深情。二十四桥仍在，波心荡、冷月无声。念桥边红药，年年知为谁生！

《扬州慢》是姜夔的自度曲，作曲填词都是姜夔一个人。这说明，大约二十二岁的姜夔刚一登上词坛，就是以音乐家和词人的双重身份惊艳亮相的。

这首《扬州慢》的艺术魅力，有两点值得我们重点关注：其一，这首词描写出了扬州这座城市的魅力；其二，扬州的城市变化引发了词人的“黍离之悲”。

姜夔像

首先来说扬州这座城市。扬州自古以来便是水陆交通的咽喉之地，此前曾称“广陵”“江都”等。到隋炀帝开凿大运河后，扬州更是达到全盛时期。这里物产丰富，商业发达，经济繁荣，四通八达的交通也为扬州带来了不计其数的才子佳人。“腰缠十万贯，骑鹤下扬州”几乎成了那时“土豪”们的人生梦想，“月明桥上看神仙”成了诗人才子们的殷切向往。就连世界各地如波斯、日本等地的商人也都慕名而来，并且在这里“乐不思蜀”。唐代诗人甚至宣称“人生只合扬州死”，置身于扬州的繁华美景之中，这辈子就没什么遗憾了，就是死也值得了。

“淮左名都，竹西佳处，解鞍少驻初程。”当时，扬州属于淮南东路，古人以东为左，故称“淮左”；竹西亭是扬州的一处风景名胜，早在唐代的时候，杜牧就写过“谁知竹西路，歌吹是扬州”（《题扬州禅智寺》）的诗句。大约二十二岁的姜夔第一次来到扬州，也许在见到扬州之前，他对这个传说中的国际大都市就充满着憧憬甚至幻想吧！

当然了，让姜夔印象最深刻的，还是唐朝著名诗人杜牧笔下的扬州。在这首《扬州慢》里，我们甚至可以时不时看到杜牧的影子。“竹西佳处”即化用了杜牧的诗句。姜夔在扬州停下漫游的脚步，却发现眼前看到的扬州和唐诗里的扬州有着天壤之别。

那么，杜牧笔下的扬州是什么样子的，姜夔看到的扬州又是什么样子呢？

杜牧是这样写扬州的：“青山隐隐水迢迢，秋尽江南草未凋。二十四桥明月夜，玉人何处教吹箫。”（《寄扬州韩绰判官》）那真是一幅绝美的图画。青山在朦胧烟雨中若隐若现，碧绿的瘦西湖在城中宛如一根玉带绕城而过。即便是萧瑟的秋冬之交，在江南温润的气候滋养下，这里的花草树木依然没有凋零，不像北方那么萧瑟荒凉。不过，山水草木还不是扬州最美的地方，扬州最让人陶醉的风景应该是久负盛名的二十四桥。

据说瘦西湖上曾经有二十四座造型优美、姿态各异的桥梁。如果仅仅是二十四座桥，也许还显不出扬州的美，历史偏偏赋予了这二十四座桥一个特别美丽且忧伤的传说。

传说隋炀帝曾经在明月如水的夜晚，携二十四名美女在桥上吹箫作乐，箫声婉转悠扬。清风轻轻吹过，美女们衣袂飘然，如梦如幻，远远望去，宛如天上下凡的仙女，真可谓此景只应天上有，人间那得几回见！

这一绝美的风景虽然已经消失在变幻的历史风云中，但是历朝历代的人们只要来到扬州，仍然会在自己的想象中一遍又一遍地试图重现这幅美丽的“图画”。甚至因为这个传说，有人还得出另外一个结论：其实所谓“二十四桥”并不是真的有二十四座桥，而是只有一座桥，正是二十四位美女月夜吹箫的故事，才使得这座桥有了“二十四桥”的美名。

因此，扬州不仅仅是风景美，人更美。杜牧还有一首诗这样来赞美扬州美女：

> 娉娉袅袅十三余，豆蔻梢头二月初。
> 春风十里扬州路，卷上珠帘总不如。
> （《赠别二首》其一）

扬州的十里长街上，美女如云，花枝招展，那是何等的令人心醉神迷啊！自从杜牧写了这样的诗篇之后，“春风十里”简直就是昔日繁华扬州的代称。

正是因为传说中的扬州如此之美，三百多年后，南宋词人姜夔在即将到达扬州之前，才对扬州充满了梦幻般的向往。

可是姜夔看到的扬州又是什么样子的呢?

“过春风十里，尽荠麦青青。”没有繁华的十里长街，没有如云的美女，却只看到四处蔓延疯长的野麦子。“春风十里”当然是化用了杜牧的诗句“春风十里扬州路”，因此春风并不是实指春天的风，而是象征城市昔日的繁华。当年熙熙攘攘的繁华都市，现在已然荒凉破败了。

“自胡马、窥江去后，废池乔木，犹厌言兵。渐黄昏，清角吹寒，都在空城。”“胡马窥江”指的就是金兵对扬州的毁灭式侵略。姜夔来到扬州的这一天，正是公元1176年的冬至日，这一年，离北宋的靖康之难已经过去了五十年。北宋灭亡之后，金兵又好几次南侵扬州。南宋高宗建炎三年(1129)，金兵第一次进犯扬州；绍兴三十一年（1161)，金主完颜亮南侵，扬州又一次惨遭摧残。十几年后，年轻的姜夔来到扬州，他惊讶地发现，暮色下的扬州几乎成了一座空城，没有繁华的夜景，没有如水的月色，没有吹箫的“玉人”，只有远处传来的军营的号角声，此起彼伏，悲凉而空旷。

此刻，震惊而悲哀的姜夔忍不住长叹一声，对着夜空，向三百多年前的杜牧隔空喊话了：“杜郎俊赏，算而今、重到须惊。纵豆蔻词工，青楼梦好，难赋深情。二十四桥仍在，波心荡、冷月无声。”

杜郎啊杜郎，如果你和我一样，这个时候再来到扬州，看到这种残败的景象，恐怕你也会惊讶得不敢相信自己的眼睛吧！哪怕你的才华再高，诗情再好，你也写不出“春风十里扬州路”“二十四桥明月夜”那样美丽的诗句了吧！

当年映照着繁华都市的明月，如今只是一轮“冷月”，陪伴着同样凄冷的城市。当年的“春风十里扬州路”，如今再也看不到富丽堂皇的亭台楼阁，看不到容颜娇媚的如云丽人，只剩下肆意蔓延的废池乔木和青青荠麦。

看来，姜夔真的是杜牧的“铁杆粉丝”，一首《扬州慢》，从上阕的“竹西佳处”“春风十里”，到下阕的“豆蔻词工”“青楼梦好”“二十四桥仍在”，处处都是杜牧的影子。

正是深深有感于杜牧笔下“春风十里”的美丽扬州，再对比眼前一片荒凉的城市废墟，姜夔才专门创作了这首《扬州慢》的歌曲，通过今昔对比，赋予《扬州慢》以深沉而悲怆的家国兴亡之感。

“念桥边红药，年年知为谁生！”二十四桥又名红药桥，据说桥边遍种红芍药。二十四桥旁边的红芍药花还在一年一年地开着，可是国家残败，山河破碎，谁还会有心思来欣赏盛开的红芍药呢？

其实，姜夔后来还为这首词补写了一段小序：“淳熙丙申至日，予过维扬。夜雪初霁，荠麦弥望。入其城，则四顾萧条，寒水自碧，暮色渐起，戍角悲吟。予怀怆然，感慨今昔，因自度此曲。千岩老人以为有黍离之悲也。”

维扬就是扬州的别称，序言补充说明了《扬州慢》的创作缘起和基本情绪，即萧条荒凉的城市景象引发了词人的悲怆伤感，词人抚今追昔，有感而发，创作了这首《扬州慢》。关键是词序的最后一句：“千岩老人以为有黍离之悲也。”千岩老人是南宋著名诗人萧德藻，因为欣赏姜夔的才华和人品，将自己的侄女儿嫁给了姜夔。

萧德藻所说的“黍离之悲”一语中的地概括了《扬州慢》的主旨——亡国之悲，这种说法源于《诗经》中那首著名的《黍离》：

> 彼黍离离，彼稷之苗。行迈靡靡，中心摇摇。知我者，谓我心忧；不知我者，谓我何求。悠悠苍天，此何人哉？……

《毛诗序》认为这首《黍离》是西周灭亡之后，故周大夫经过以前的宗庙宫室，看到昔日巍峨壮丽的宫殿，如今却是一片残破凄凉，到处长满了荒草和野高粱、小米。诗人在宫殿遗址上久久彷徨不忍离去，于是写下了这首思念故国的悲伤诗篇。从此，人们就以“黍离之悲”这个词来代指亡国之悲了。

一首词，一座城，在扬州昔盛今衰的对比中，姜夔深深体会到了国家衰亡的悲怆，也寄托了他深切的爱国、淑世情怀。正如陈廷焯所云：“‘自胡马、窥江去后，废池乔木，犹厌言兵。渐黄昏，清角吹寒，都在空城’数语，写兵燹后情景逼真。‘犹厌言兵’四字，包括无限伤乱语。他人累千百言，亦无此韵味。”（《白雨斋词话》）

鹧鸪天·元夕有所梦

借正调定弦 1 2 4 5 6 1 2

1=C 转 ♭7 4 5 7 1 2 4 5

姜　夔　词
宋　明　曲并指

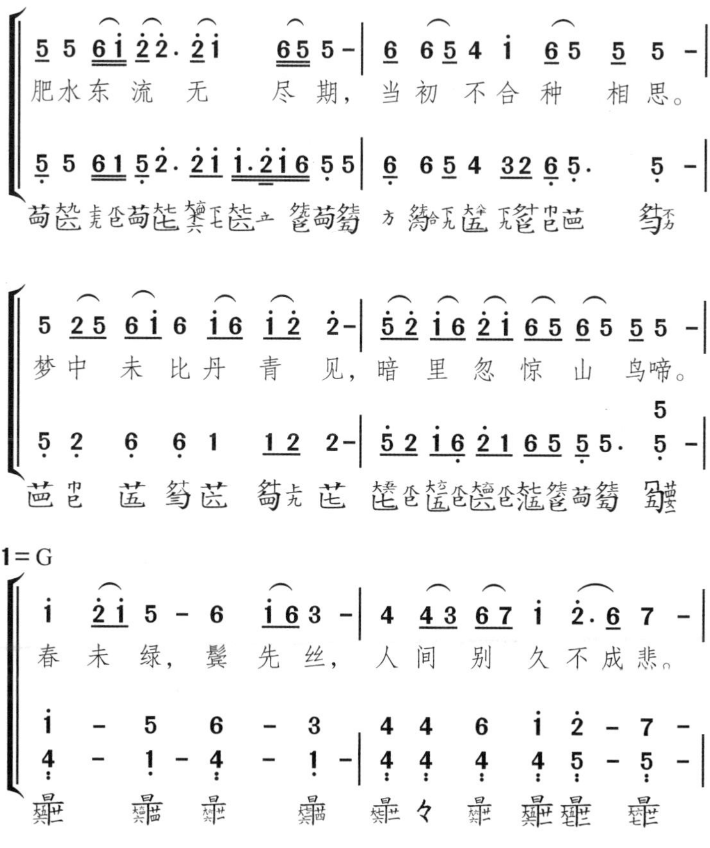

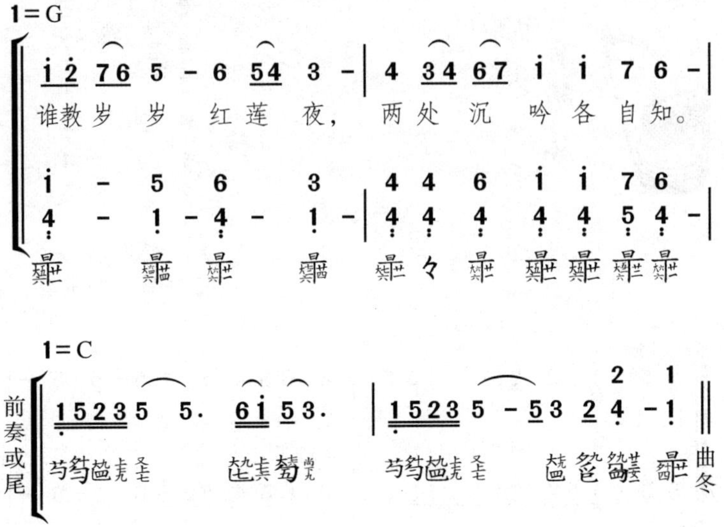

（2023 年 11 月 21 日即兴，实际以录音为准）

南宋结社风气的盛行与风雅派词人群

南宋最重要的词派有二：

一是以辛弃疾为主将，以刘过、陈亮等人为辅，刘克庄、吴潜等人继其后的豪放词派。

一是以姜夔为核心，以史达祖、高观国等人为其翼的风雅词派。其后的吴文英和王沂孙等人，创作风格虽不同于姜夔之清空疏宕，却以密丽深婉同归于风雅。此派词人非但工于词笔，而且兼擅音律，创作严守音律，故又有“格律派”之称。

豪放派与风雅派，可以说是双峰并峙，各领风骚。当然，也有词学家认为，既然婉约才是词体本色，那么在南宋词坛上，真正称得上本色当行的，还是姜夔这一派的词人。例如清人冯煦《蒿庵论词》云：“白石为南渡一人，千秋论定，无俟扬榷。”这句话的意思就是，南宋词坛第一人非姜夔莫属，这是千秋公论，没啥好争论的了。

如果说南渡之初，学士文人心中尚存慷慨之志，又有纵横慷慨的辛稼轩作为词坛领袖，词坛所尚还不在文字之求工，而在词中流转之“气”，那么随着南渡宴安，恢复中原日益沉淀为一个遥不可及的梦，辛派爱国词人的浩瀚流转之气也在风雅派词人兴起之后逐渐式微。即便是颇为崇赏辛弃疾的姜夔，其词作也难以寻觅出辛氏一脉的激昂豪纵。

词人的结社唱和，朋僚之间的频繁酬寄，生活情趣、游乐赏玩方式的雅化，文人创作风气的相互影响甚至刻意仿效，是词在南宋风雅化的重要原因。

北宋虽曾有过“洛阳耆英会”“苏门四学士”“苏门六君子”之类的小群体，但还都谈不上是真正意义上的结社。“宋室南渡以后，文人结社的风气越来越盛行。大约是受到工商业行社和艺人行社的影响，一些志同道合的文士也各自结成团体，也名之为社。”① 到南宋末年，诗社、词社更是遍地开花，著名的“西湖吟社”就是其中的佼佼者。不少词作就是在社友集会或唱和时诞生的，如：赵长卿《满庭芳·晚色沉沉》词题为“十月念六日大雪，作此呈社人”；史达祖《龙吟曲·道人越布单衣》词题为“陪节欲行，留别社友”；高观国《东风第一枝·烧色回青》词题为“壬戌立春日访梅溪，雨中同赋”；张炎《木兰花慢·锦街穿戏鼓》词题为“元夕后，春意盎然，颇动游兴，呈霅川吟社诸公”。如此等等，俱为明证。

文人结社吟词风气通常具备如下几个特点：一是互相夸耀和暗中较量。二是用语锤炼，力求精丽。三是词贵在既求语工，更求协律，就像周济所说的那样：“南宋则文人弄笔，彼此争名，故变化益多，取材益富。”（《宋四家

---

① 萧鹏. 西湖吟社考［M］//词学:第7辑. 上海：华东师范大学出版社，1989：88.

词选目录序论》）

词创作的雅化主要表现在文字之工和格律之精两方面。风雅派领袖人物姜夔不少词的小序都说明了他对于曲调、声律的精益求精，例如在其词《满江红·仙姥来时》前写下了一大段序言，详细说明了他为词调平仄协律而反复锤炼终至灵感骤现的过程：

《满江红》旧调用仄韵，多不协律。如末句云“无心扑”三字，歌者将“心”字融入去声，方谐音律。予欲以平韵为之，久不能成。因泛巢湖，闻远岸箫鼓声。问之舟师，云：“居人为此湖神姥寿也。”予因祝曰：“得一席风径至居巢，当以平韵《满江红》为迎送神曲。”言讫，风与笔俱驶，顷刻而成。末句云“闻佩环”，则协律矣。书以绿笺，沉于白浪。辛亥正月晦也。是岁六月，复过祠下，因刻之柱间。有客来自居巢云：“士人祠姥，辄能歌此词。”按，曹操至濡须口，孙权遗操书曰：“春水方生，公宜速去。”操曰：“孙权不欺孤。”乃撤军还。濡须口与东关相近，江湖水之所出入。予意春水方生，必有司之者，故归其功于姥云。

除了对音律的讲究，在姜夔的创作中更值得注意的是词的基本特性的改变。词本是按谱填就，先有乐而后有词。可是对于兼工声律与辞藻的姜夔来说，词的这一基本音乐特性也有了本质的颠覆。

予颇喜自制曲，初率意为长短句，然后协以律，故前后阕多不同。桓大司马云：“昔年种柳，依依汉南。今看摇落，凄怆江潭。树犹如此，人何以堪?”此语予深爱之。(《长亭怨慢·序》)

姜夔善于自度曲，甚至一改按谱填词的传统，而是先“率意为长短句”，然后根据歌词的需要再“协以律”，这样就避免了为配合已成定规的声律而导致的以辞害意和片面追求歌词的流畅而导致的音律不协。在姜夔这里，曲和词不再是主导和附庸的关系，曲调也能为歌词服务，真正达到声情并茂的艺术效果。

南宋词坛另一巨匠吴文英亦擅音律，能自度曲，如《西子妆慢》《霜花腴》《莺啼序》等十几阕词均为其自创。

南宋词之雅化的另一个突出表现，便是南宋词人不再像北宋词人那样风流洒脱、随兴所至，而是将比兴寄托的作诗传统着力移植到词创作中，极尽刻画形容之能事，将幽约怨悱之情隐寄词中。

南宋咏物词多臻绝诣，在咏物咏景词中寄寓作者感慨，是南宋词家常用笔法。例如姜夔《齐天乐·庚郎先自吟愁赋》一词，其小序云：

丙辰岁，与张功父会饮张达可之堂，闻屋壁间蟋蟀有声，功父约予同赋，以授歌者。功父先成，辞甚美。予裴回末利花间，仰见秋月，顿起幽思，寻亦得此。蟋蟀，中都呼为促织，善斗。好事者或以三二十万钱致一枚，镂象齿为楼观以贮之。

从序可知，其词是在宴饮之时偶听蟋蟀声而与文友同赋而作。全词句句似在咏蟋蟀，实则句句在咏听蟋蟀的人，“全篇皆写怨情，独后半云：‘笑篱落呼灯，世间儿女。’以无知儿女之乐，反衬出有心人之苦，最为入妙；用笔亦别有神味，难以言传”（陈廷焯《白雨斋词话》）。其词被认为是“寄托遥深”之作，虽然很难明确作者到底在词中寄托了些什么，但是联系到中国诗歌中香草美人、怨女思妇的传统，读者可以感受到那种郁郁难遣的落拓、知音难觅的孤寂、被人忽略甚至遗忘的哀怨，种种“幽思”糅于词中，百转千回，读之令人愁肠百结。

史达祖工于咏物，其词穷工极巧，为“词中俊品”，如最为人称道的《双双燕·咏燕》词，“形容尽矣”，其“软语商量”“柳昏花暝”等句尤被人称赏。此词亦如南宋大多数词一样，很难指实其寄托之意，但“应自栖香正稳，便忘了天涯芳信”等语被人认为暗寓了家国隐痛，也不可不说是颇具慧眼。

姜夔、史达祖、张镃、高观国等词人距南渡未远，且与辛弃疾、陆游等爱国词人多有交往酬唱，受其恢复中原之豪气的影响，将家国身世之感寄于长短句中。在他们的词中，我们确实能体会出那种哀婉凄恻的情怀。

其后的风雅派词人以吴文英为代表。吴文英早年依附权贵，沉浮在党争之中，暮年时国家和民族处于覆灭的边缘，其时边境屡屡告急，于是其词既有身世之叹，亦不乏家国之痛。如《宴清都·连理海棠》一词，全篇化用唐明皇与杨贵妃的故事，意图借天宝安史之乱使唐朝由盛转衰来暗喻南宋国势，忧虑之心、寄托之意颇为深婉。

当然，词的雅化在走向极端时也带来不少弊端。词在北宋多为即景抒情，直如无意，却有真气流转其中，诵北宋人词，无须着意品味，自然口舌留香，情韵悠然，能享受到作品带来的直接的感发力量和情感共鸣。而南宋文人对于作词技巧的反复琢磨，却使得创作脱离了真实、灵动、率朴的生活源泉。对南北宋应歌之词和应社之词，周济《介存斋论词杂著》曾有过“各打五十大板”的批评：“北宋有无谓之词以应歌，南宋有无谓之词以应社。”词在南宋人笔下多为刻苦推敲的结果，而不是灵感骤至的自然倾泻，常会导致“有篇而无句”，虽然在整体上音律和谐，却缺乏警人眼目的佳句。词越来越成为文人精研细炼的纯文学作品，而雕镂太过必然导致文学作品丧失新鲜活泼、率真自然的生命力以至于莫知所指，一旦如胡适所说的那样“连文人都看不懂了”，词的生命也就走到了尽头。

吴文英《风入松》

吴文英，字君特，号梦窗，词史上往往称他为吴梦窗。梦窗是四明（今浙江宁波）人，主要往来于苏州、杭州、绍兴三地，在苏州居留的时间最长，终生行迹未出江南。吴梦窗大约也是个很有个性的人，从小沉浸于诗词中，对科举始终提不起什么兴趣，因此尽管身负高才，却没有像大多数人那样去考取科举出仕。为了保证基本的生存需要，他先后供职于不同的幕府，靠给人做幕僚为生，其职业大致相当于我们今天所说的“秘书”。

但就是这样一个与仕途无缘的人，反而在词坛上取得了很高的成就。南宋时期，吴梦窗和辛弃疾、姜夔三足鼎立。人们往往将宋代词人周邦彦比作唐代诗人杜甫，将宋代词人吴梦窗比作唐代诗人李商隐。到了晚清，吴梦窗更是被捧作词坛“男神”一般，崇拜、学习、模仿他的词人占据了词坛的半壁江山：“近世学梦窗者，几半天下。”甚至有人还这么说，两宋词坛上，北宋以周邦彦为集大成者，南宋则推吴梦窗为尊，这并不是某个人的主观偏好，而是“四海之公言也”，是公认的词坛“排名”。

这首《风入松》是吴梦窗描写爱情相思的名作：

听风听雨过清明，愁草瘗花铭。楼前绿暗分携路，一丝柳、一寸柔情。料峭春寒中酒，交加晓梦啼莺。

西园日日扫林亭，依旧赏新晴。黄蜂频扑秋千索，有当时、纤手香凝。惆怅双鸳不到，幽阶一夜苔生。

根据杨铁夫的《吴梦窗事迹考》，大约在吴梦窗来到苏州供职之后的一两年内，他就结识了一名苏州女子，并且与之产生了深挚的感情。这位苏姬姓甚名谁，无从得知，然而从梦窗词中可知，与苏姬朝夕厮守的十年，应该是梦窗生命中最温暖的十年。直到梦窗辞任苏州仓台幕僚，离开苏州，第二年清明前后，苏姬离开了梦窗。这首词中提到的“西园”很可能就是当时梦窗和苏姬在苏州阊门之外的居所。因为这份缠绵的爱情，连西园都成了梦窗词里的“常客”。如“西园有分，断柳凄花，似曾相识”（《瑞鹤仙》），“暮烟疏雨西园路”（《风入松·桂》），“往事一潸然，莫过西园”（《浪淘沙》）等，这些无数次出现在梦窗词中的“西园”都承载着词人对爱姬最深挚的怀念。

更让人恻然的是，因为爱姬决然离去是在清明前后，从此，几乎每年的寒食清明，梦窗都会不无辛酸地写下相思词作。如杨铁夫所云，吴梦窗“每逢清明、寒食，必有忆姬之作”。这首《风入松》“听风听雨过清明”也是如此，而且很可能就是在苏姬离去之后的第一个清明节写下的怀念之作。

清明这个特殊的日子，在梦窗笔下从此就染上了浓郁的相思悲愁。

“听风听雨过清明，愁草瘗花铭。”清明前后虽然天气总的趋势是越来越暖和，可是雨水也增多，尤其是江南一带，往往有“疾风甚雨”。春天天气多变，一会儿风一会儿雨，一会儿热又一会儿冷，盛开的百花在风雨摧残下零落成泥。词人一边听着风雨交加的声音，一边满怀愁绪写下了葬花的文字。瘗就是埋的意思，因此瘗花铭即葬花、悼花的铭文。这样看来，《红楼梦》中黛玉葬花的著名情节其实并非首创，早在好几百年前，南宋的吴梦窗就已经有“愁草瘗花铭”的句子了。当然，葬花也并不是梦窗的发明，据说在更早的时候，也就是南北朝时期，诗人庾信就写过一篇《瘗花铭》。

那么，梦窗为什么会对落花有那么强烈的同情呢？那是因为落花使他想起了他深爱的人：“楼前绿暗分携路，一丝柳、一寸柔情。”当年他和爱姬分手的楼前，如今落花遍地，树枝上原本盛开的亮丽鲜花在风雨的吹打下所剩无几，只剩下一片浓暗的绿荫。“绿暗”和李清照“绿肥红瘦”的意思是一样的，都是指红花凋零、绿叶浓密的暮春景象。

清明、风雨、落花、柳荫……种种意象叠加出词人浓烈的相思与愁情，他也努力尝试要排遣这份愁绪。要消愁用什么最好呢？当然是酒！“料峭春寒中酒，交加晓梦啼莺”，中酒就是醉酒的意思。在料峭春寒当中，词人来了一场宿醉，也许在醉梦中他又和相爱的人携手相伴，可那份温馨的感觉才刚刚回来，又被清晨黄莺儿“交加”的鸣叫声惊破了美梦……

因清明风雨而惜悼落花，因落花而相思，因相思而醉酒，因醉酒而入梦，因梦醒而伤怀，词的上片将凄凉的风景与凄伤的情绪完全融合在了一起，愁之深、思之切、情之痴，令人怅惋。

“西园日日扫林亭，依旧赏新晴。黄蜂频扑秋千索，有当时、纤手香凝。”以“西园”这一特定地点为过渡，《风入松》从上片清明节的风风雨雨，转入了下片的雨过天晴：“西园日日扫林亭，依旧赏新晴。”西园的每一个角落都曾留下梦窗与爱姬的足迹，可是，自从爱姬离开，每个清明前后，他只能“日日”来打扫亭前落花。雨过天晴的美好，也无法驱遣他失去爱人的忧伤。

“日日扫”“依旧赏”说明词人的生活状态看似照旧，但爱侣已去，物是人非，“照旧”的动作，只能更加增添他的落寞与哀愁。

“黄蜂频扑秋千索，有当时、纤手香凝。”整首词中，这是最“明亮”的几句，也是最具动感、最具画面感的几句。秋千静静垂在草木繁茂的西园，蜜蜂儿频频扑向垂挂秋千的绳索。词人呆呆地伫立在秋千前，恍惚间好像又看到了从前的情景：也是这样清明之后的雨过天晴，爱姬开心地在这里荡着秋千。看着蜜蜂依恋地围着秋千飞舞，他甚至好像还能闻到一股熟悉的幽香。是不是因为秋千的绳索上还残留着爱姬纤手握过的余香，所以才引得蜜蜂如此痴迷呢？

前人有评价："有当时、纤手香凝"，这几句是"痴语"，是"深语"。因为思念荡秋千的人，以至于看到秋千就情不自禁想起当年爱姬握住秋千索的纤纤玉手，因为黄蜂频扑而猜疑秋千索上残留着爱姬纤手的余香，久久不散。

但是无论词人有多么痴情，爱姬终究一去不复返，只留下词人无限的惆怅："惆怅双鸳不到，幽阶一夜苔生。""双鸳"应是指绣着双鸳的绣鞋，当年梦窗和苏姬曾携手一起踏遍西园的处处亭台、花径、幽阶，而如今"双鸳不到"，再也不见爱姬的足迹，踪迹全无的"幽阶"已爬满苔藓。"幽阶一夜苔生"，明明是写景，却蕴含着万千无法用语言表达的深情。

无论何时，当我们吟哦起这样的词句，也许眼前都会幻化出一幅绝美的图画：雨过天晴后，在一片新绿和嫣红之中，一架秋千随风微微摇曳，蜜蜂、蝴蝶围绕着秋千索翩翩飞舞。恍然间，秋千上坐着一位容颜清丽的女子，笑靥明媚，衣袂飘然，她那双纤纤玉手握住秋千的绳索，散发出来的芳香在春风中飘散——在梦窗的记忆里，那是清明时节最美最令人沉醉的风景。

第十七講

书院文化与理学之辩

宋

朱熹小传

朱熹（1130—1200），字元晦，一字仲晦，号晦庵，别称紫阳，徽州婺源（今属江西）人，南宋哲学家、教育家，宋代理学之集大成者。累官宝文阁待制，卒谥“文”，世称朱子或朱文公。其学问以“居敬穷理”为主，有《四书章句集注》《楚辞集注》等。

朱熹像

朱熹《观书有感二首》

南宋高宗建炎四年（1130）九月十五日，在福建尤溪县今天的南溪书院旧址上，一位儒学大师呱呱坠地，他就是后来被尊为“朱子”的理学大家朱熹。

朱熹出生当年，秦桧从金国回到南宋，此后长年占据相位，把持朝政。秦桧的主和政策遭到朝廷不少爱国志士的强烈反对，其中就包括了朱熹的父亲朱松。朱松和其他主战派人士上书高宗，极力反对向金国屈辱求和，触怒了大权独揽的秦桧，因此被贬。朱松是两宋之交有名的理学家，曾于泉州开讲理学，广收弟子。朱熹幸运地出生在这样的书香门第，自幼便接受了父亲良好的教养。《宋史》记载，朱熹是一个神童似的人物，在他刚刚学会说话的时候，有一次朱松指着天教他：“上面就是天。”没想到朱熹马上反问了一句：

“那天的上面又是什么?”朱松吃了一惊：这可不像是一个牙牙学语的孩子能够问出来的问题!

朱熹就是这样一个充满了好奇心、凡事喜欢刨根究底的孩子，天生的颖悟再加上后天的勤奋，造就了一代大师级的学者。在父亲的影响下，朱熹终身主张抗金北伐，收复中原，统一中国，哪怕因此屡次受到排挤和打压也从无悔意。

绍兴十八年（1148），朱熹高中进士，这一年，他还不满二十岁，可谓少年得志。此后仕途沉浮。朱熹一生潜心致力于学术研究，同时兴办学院，提倡讲学。在他的带动下，江西九江的白鹿洞书院、湖南长沙的岳麓书院相继达到鼎盛时期，跻身于中国四大书院之列。

朱熹的思想和他父亲朱松一样，上承北宋的程颐、程颢。他的老师是程颐的三传弟子李侗，不过朱熹是典型的青出于蓝而胜于蓝。在宋代理学发展历史上，他被视为理学之集大成者，他主导的理学流派和二程并提，被称为“程朱学派”。

乾道二年（1166）的某一天，朱熹沉浸在对理学的深入探索中，长时间的博览古籍、冥思苦想，让他突然有了一种“脑洞大开”、豁然开朗的喜悦感，他觉得自己对《中庸》有了透彻的理解，形成了自己的“中和旧说”。这是在他的老师李侗去世之后，他第一次凭借自己的力量独立研究，并且在理学重大理论问题上获得突破。因为乾道二年是农历丙戌年，因此这一学术史上的重要事件被称为“丙戌之悟”。这一年，朱熹三十七岁。“丙戌之悟”不仅奠定了朱熹个人的思想基础，对整个南宋理学研究也有着重要的意义。①

如此重要的领悟当然需要分享，朱熹满怀欣喜地给自己的得意门生许升（字顺之）写了一封信，毫无保留地分享自己的治学心得。在信中，他还附上了自己写的两首诗，这就是著名的《观书有感二首》：

半亩方塘一鉴开，天光云影共徘徊。
问渠那得清如许？为有源头活水来。

昨夜江边春水生，蒙冲巨舰一毛轻。
向来枉费推移力，此日中流自在行。

两首诗都是从自然现象入手来说明读书的道理。第一首前两句描写塘水清澈得就像一面镜子，可以映照出悠然徘徊的天光云影。后两句很自然地引出设问：塘水它为什么会这么清澈呢？因为它不是一潭死水，来自源头的活水会源源不断地补充进来。既然诗题为《观书有感二首》，显然这样的比喻和读书心得有关，如果不是坚持不懈地读书，又怎么可能获得永不枯竭的思想源泉呢？所谓厚积薄发，没有深厚的

① 郭齐. 朱熹诗词编年笺注［M］. 成都：巴蜀书社，2000.

学识积淀，就不会拥有妙悟的灵感。

第二首从春天涨水的自然现象说起，一夜水涨，本来又大又笨重的蒙冲也变得像一片羽毛那么轻了。蒙冲，也就是艨艟，是古代的一种战船，水浅的时候只能搁浅在岸边，任凭你用尽吃奶的力气也不可能推动它一分一毫；可一旦涨水，大船就可以像羽毛一样轻快地顺风漂流，根本不用你费一点儿力气。这首诗仍然是阐述读书和思考的辩证关系：读书好比水，思想好比巨船，二者相辅相成，水涨船高，这是水到渠成、自然而然的事。反之，没有足够的书本知识的积累，就无法推动思想的巨舰向前乘风破浪。

看来，即便是天资聪颖的一代宗师朱熹，也深深明白而且也希望他的弟子们都能明白：多读书多积累，才是一切思想成就的基础。

观书有感二首（其一）

1=♭B

紧五弦定弦
2 3 5 6 1 2 3

朱熹 词
宋明 曲并指

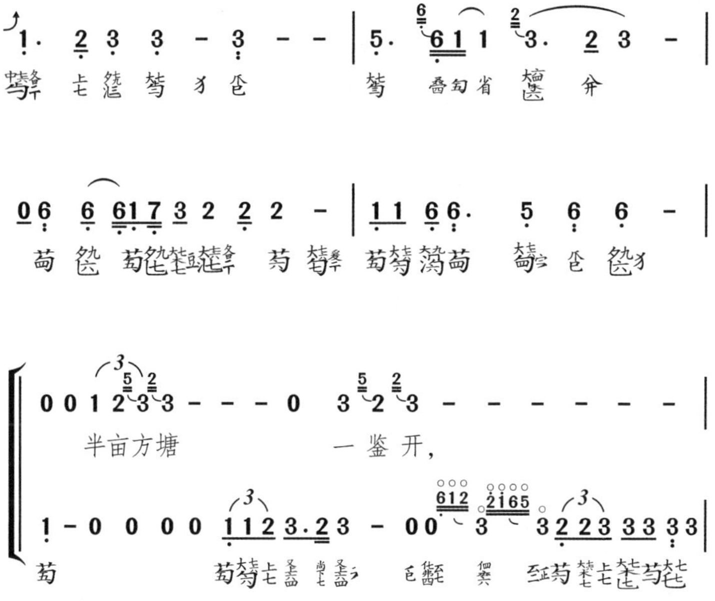

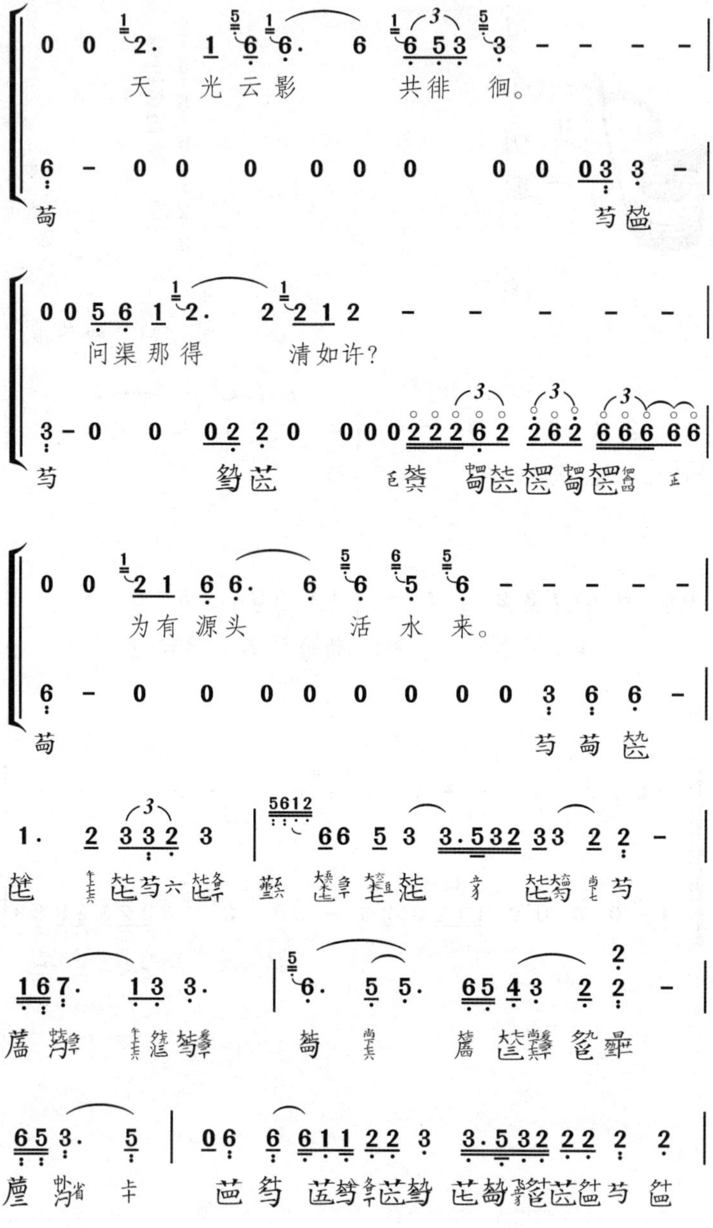
天 光云影 共徘 徊。
问渠那得 清如许？
为有 源头 活 水 来。

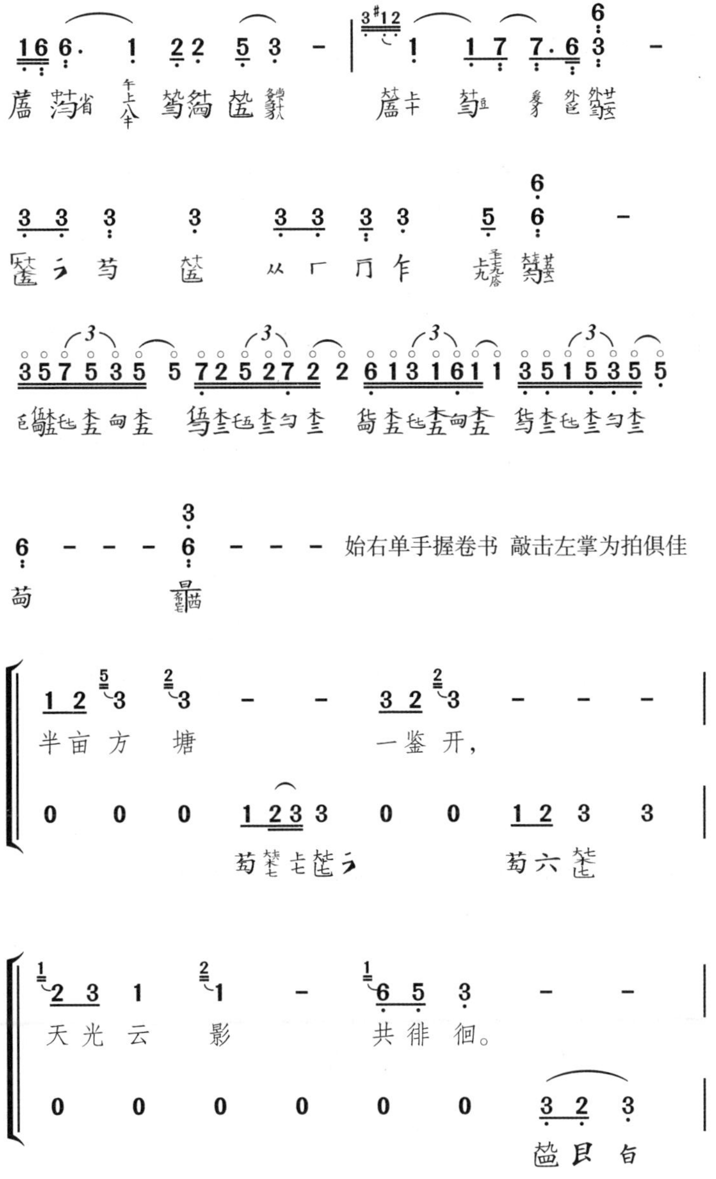
始右单手握卷书 敲击左掌为拍俱佳
半亩方塘 一鉴开，
天光云影 共徘徊。

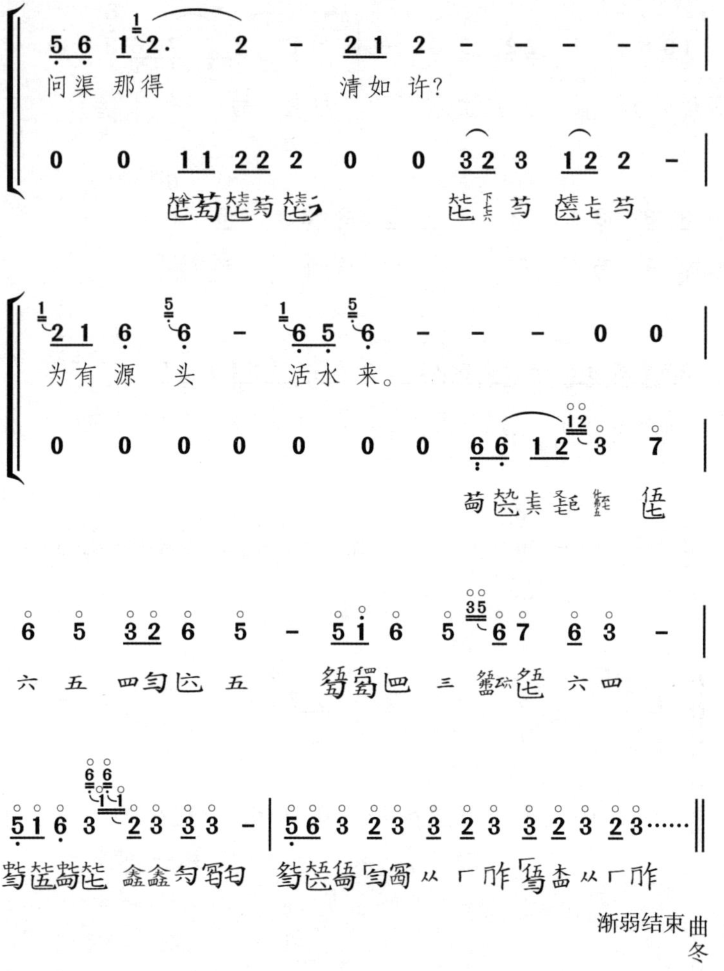

（即兴创作，实际以录音为准）

书院文化与论辩会讲风气的兴盛

就在朱熹“丙戌之悟”的第二年，也就是南宋乾道三年（1167），三十八岁的朱熹来到潭州（今长沙），在潭州迎接朱熹的，是另外一名理学大家——张栻。两大学术“巨头”的会面，无疑意味着一场学术盛会即将拉开帷幕且必将青史留名。

乾道元年（1165），张栻应湖南安抚使刘珙的邀请，来到潭州主持岳麓书院教事。张栻是南宋著名爱国将领、一代名相张浚之子，亦是著名的理学家，和朱熹、吕祖谦并称“东南三贤”。一时之间，一大批学术精英聚集于此，求学问道，盛况空前，俨然标志着以岳麓书院为中心的湖湘学派正式形成。

乾道三年，朱熹不远千里从福建崇安来到潭州，在岳麓书院开坛讲学，慕名而来的学子踏破了书院的门槛。教学之余，张栻与朱熹在一起畅谈理学的诸多问题，朱熹由衷感叹张栻“学问愈高，所见卓然，议论出人意表”。当他读到张栻的著作时，亦“不觉胸中洒然，诚可叹服”。陪同朱熹前往潭州的弟子范念德回忆说：朱、张两位先生深入讨论《中庸》之义，二日三夜不辍。这一学术盛事史称“朱张会讲”。

朱张会讲持续了一个多月，辩论也持续了一个多月，

双方都感到了“真理越辩越明”的快乐，就像朱熹所说的那样：“相与讲明其所未闻，日有问学之益。”（《与曹晋叔书》）

朱张会讲并不仅仅只是两位学者的辩论，更是以张栻为代表的湖湘学派和以朱熹为代表的闽学学派的思想交锋与碰撞。直到今天，长沙市区湘江边上还保留着著名的朱张渡遗址，悠悠的湘江水仿佛还流淌着两位学术大家的深情厚谊。朱熹这一次在湖南从九月一直待到了年底，其间张栻还陪他南下攀登南岳衡山，并且留下了《南岳唱酬集》。

朱熹还为岳麓书院手书了四个大字——忠孝廉节，后来湖南大学成立，岳麓书院的石刻院训“忠孝廉节”又成了湖南大学第一代校训。直到现在，“忠孝廉节”四个大字依然清晰地镌刻在岳麓书院的墙壁上，亦是到访书院的游客必然驻足凝视、感受心灵涤荡的地方。因为那不仅是湖湘文化的精髓，更是历代湖湘精英恪守践行的准则。当年的湖湘学派领袖张栻就强调一定要将个人道德的修养和经邦治国的事业结合起来，“世之兴废，生民之大本存焉”，这才是关系国计民生之根本的真学问。张栻和朱熹本身也就是这样知行合一的人格典范。

南宋理学界的另外一次大师盛会发生在淳熙二年（1175）。理学大家吕祖谦专程拜访朱熹，朱熹和他一起研习周敦颐、张载、二程的著作，共同编定了《近思录》十四卷，主要辑录周敦颐、张载和二程的语录，这部书确立了理学的思想谱系：以周敦颐为发端，以二程为正宗，以张载为羽翼。随后，朱熹将吕祖谦送到信州（今江西上饶）的鹅湖寺，在那里见到了另外两位理学巨匠陆九龄、陆九渊两兄弟，并且展开了一番在宋代理学史上最为著名的学术大辩论，史称“鹅湖之会”。①

朱熹的基本观点是“令人从观博览而后归之约”，陆氏兄弟则坚持“先欲发明人之本心，而后使之博览”。② 朱熹认为二陆“太简”，二陆则以朱熹为“支离”。简言之，陆九渊认为“人的‘本心’就是‘天理’……为学者只要把握住本来就具有的那颗纯粹的‘人心’，就已经成为‘道心’……人心便是宇宙，其中包含了善恶两端，也就是说一切可能性均蕴涵在‘心’中，而人的学习与修养，其修养指向与终极意义都只在向内培养心灵上。所以，他认为学问的方向应当是向内体察而不是向外寻求”③。因此，陆氏的学说被称为“心学”。

而朱熹则强调“格物致知”，首先要“研究物理”，世界万事万物皆各有“理”，所以学者不仅要从书本中探索知识，也要关注自然和社会现象并从中发现“理”。所谓“问

① 朱熹年表［M］//郭齐. 朱熹诗词编年笺注. 巴蜀书社，2000.
② 陈钟凡. 两宋思想述评［M］. 北京：东方出版社，1996：268.
③ 葛兆光. 中国思想史：第 2 卷［M］. 2 版. 上海：复旦大学出版社，2019：217-218.

渠那得清如许？为有源头活水来”，不断探索新的知识，甚至尽可能穷尽所有的书本知识与自然知识，才能使思想拥有活的源头；有了“读书”的充实，思想的“艨艟巨舰”才能自由航行。知识积累到了足够丰厚的地步，才能将从外部世界吸收的知识与内在的思想世界打通，从而达到涵养心灵的目的，这也是他追求的“致知”的境界，也即最高的道德理想境界。

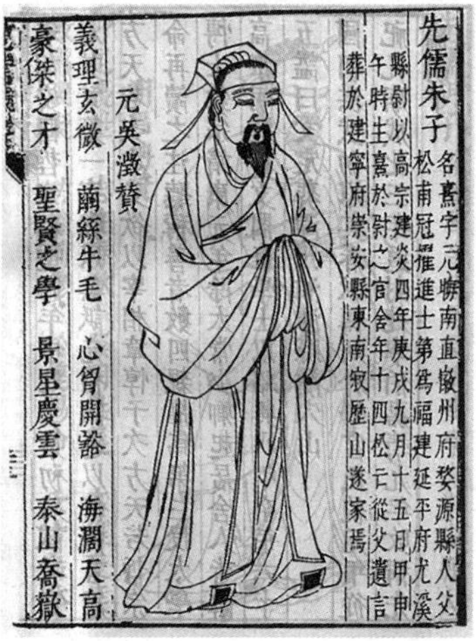

朱熹立像

这样看来，陆氏和朱熹追求的最高境界其实并无根本矛盾，只是在追求途径上存在分歧。朱熹认为陆氏否认学习知识和修炼思想的过程，很可能导致“人心”无法有效制约“人欲”，反而导致道德与伦理的崩溃。陆九渊则批评朱熹这种格物致知的方法太过琐碎枝蔓，在穷尽各种知识的过程中反而增加了思想的负担，摧毁了思想的纯粹性，他甚至讽刺那些枝蔓的学问：“大世界不享，却要占个小蹊小径子；大人不做，却要为小儿态。可惜！”（《象山先生全集》）

陆氏与朱氏学说可谓殊途同归。虽然鹅湖之会双方各执己见，但这场纯粹的学术辩论实在是君子之争，因为他们谁也没能说服谁，实则他们都在追问那个宇宙、社会与人生的终极意义和基本原则。在针锋相对的鹅湖之会后不久，陆九渊就写信给朱熹提及读书讲论的重要性，含蓄地表明自己以前的观念中还是有偏差之处；而朱熹也明确表示“实敬其为人”，由衷钦佩陆九渊“操持谨质，表里不二”的人格魅力。朱熹后来还邀请陆九渊到白鹿洞书院讲学，讲到“君子喻于义”一章，朱熹再三说：“某在此不会说到这里，负愧何言。”其叹服如此。①

无论是潭州的朱张会讲还是鹅湖的朱陆之辩，都向我们呈现了南宋学术界、思想界的活跃与深刻。真理越辩越明，而我们也理应注意到，这种学术争鸣、思想昌明的氛围，背后的社会原因、政治原因及文化原因相当复杂，其中书院文化在宋代的勃兴就是其中最重要的推动原因之一。

民间书院的兴盛是宋代极其醒目的一个文化现象。在官方兴办的太学之外，民间书院在普通士人的生活中扮演了越来越重要的角色。当时活跃在知识界的大儒如朱熹、张栻、吕祖谦、二陆等，常常拥有无数追随者，“士之自远而至者，常数千百人，诵弦之锵，灯火之光，简编之香，达于邻曲”（杨万里《廖氏龙潭书院记》）。其热烈的程度可见一斑。

① 陈钟凡. 两宋思想述评［M］. 北京：东方出版社，1996：268.

书院无疑是当时最受欢迎的知识传播渠道之一。“书院之建，为明道也”（袁甫《象山书院记》），“南宋时代有史可稽的书院，仅江西、湖南、浙江、福建就有书院二百五十多处，更不必说那些民间的乡塾，即使每个书院只有百人，也当有士子二三万人”。其中如张栻在岳麓书院提倡“以传道而济斯民”，朱熹在白鹿洞书院推行“讲明义理，以修其身，然后推以及人”，杨简在太湖书院标举“君子之学”等，都旨在阐明知识的理想主义立场，而与政治的实用主义保持了一定程度的疏离。①

那么，接下来我们可能会要追问一个问题：书院并非萌芽于宋代，却为何在宋代形成这样一种浓郁的文化风尚呢？要言之，其重要原因大约有四：

其一，宋代经济的发展和社会的富裕为兴办书院、鼓励民间求学提供了物质基础。

其二，师资充足。宋代不乏无意于仕途而以治学传道为理想的学者（或因为政治斗争的原因暂时在野的学者），例如朱熹就曾屡次辞官，潜心治学与教学。

其三，基于民众对求知的强烈需求（而非仅仅出于对科举取士的功利需求）。北宋初期，士人应举不需学历，导致“一考定终身”结果的出现，而对士人的道德人品等诸多方

① 葛兆光. 中国思想史：第 2 卷 [M]. 2 版. 上海：复旦大学出版社，2019：198-199.

面的综合素养无从考核。范仲淹在主持庆历新政时曾就科举取士“不务耕而求获”的弊端提出改革学校贡举制度，要求应举者必须先经过一定阶段的学校教育，将人才培养与科举取士结合起来。其后官学虽屡有兴废，但总的趋势是官学成为人才培养的主要甚至是必经途径之一。但官办学校的规模终究不可能达到让每一个士人都有机会入学读书的地步，而知识传播的目的也并非仅仅为科举铺路搭桥。甚至从某种意义上说，知识传播的价值并不低于科举取士，但官学的繁荣在事实上也营造了更为浓厚的求知氛围。

在这种大趋势下，早已萌芽的民间书院（通常认为书院的渊源可以追溯到唐五代）便如火如荼地兴旺起来，教学方法也更为灵活多样。“书院与地方官学的最为明显的差别或许在于：功利性较弱，不以应试中第为目的；平民性更强，广泛地向包括‘工商杂类’在内的社会各阶层开放。”例如“程颐曾讲学于嵩阳书院，晚年又在伊水之滨创办书院……朱熹晚年讲学于建阳（今属福建）沧州精舍（后称考亭书院）”，陆九渊在信州（今江西上饶）创办象山精舍，这些书院满足了社会各阶层民众求知的需求，其中不乏贫寒子弟，“一言以蔽之，书院异军突起，‘来学之路’更宽广”。①

其四，理学传播的需要。通常我们都认为宋代是一个文

---

① 张邦炜. 宋代学校教育的时代特征：着眼于唐宋变革与会通的观察［J］. 四川师范大学学报：社会科学版，2016，43（5）：9.

化昌明的时代，但这种“昌明”毕竟只是相对的。事实上，理学在宋代并未取得主流意识形态的地位，甚至在相当长的时间和某些特殊阶段，还遭到了“正统”的严酷打击，文化中心和政治中心并不总是重合，有宋一朝中大多数时候两者是分离的。例如就在宋宁宗庆元年间，韩侂胄还一手主导了“庆元党禁”，朱熹等理学大家就在打击范围之内。庆元六年（1200）朱熹去世的时候，党禁还未解除，朱熹很多生前好友甚至都不敢公开去吊唁。直到距离庆元党禁四十多年以后的淳祐元年（1241），宋理宗诏令以张载、周敦颐、二程和朱熹从祀孔庙，“这才确立了‘道统’在‘政统’中的合法性”，到淳祐四年（1244），理学著作进入科举考试选拔系统，理学“才从民间书院的讲习进入了官方教育与选拔系统，渐渐地进入了权力中心”。①

如果以鹅湖之会为理学发展阶段的一个标志性事件的话，那么，这一事件上距北宋洛阳理学的兴起已经有一百年，距宋室南渡差不多已有半个世纪，而下距理学被解禁的宋理宗宝庆三年（1227年，这一年朱熹被追赠为太师，追封为信国公，理学真正进入主流政治）也还有半个世纪。换言之，理学在宋代基本处于政治边缘地位，鹅湖之会在当时只是理学大家才会关注的思想盛会，同时也正因为保持了与

① 葛兆光. 中国思想史：第2卷［M］. 2版. 上海：复旦大学出版社，2019：224.

政治核心的疏离，那个时候恰恰也是理学最富生命力的时期。鹅湖之会这一年，朱熹四十六岁，陆九龄、陆九渊分别是四十四岁和三十七岁，吕祖谦三十九岁，不在现场的张栻四十三岁，“都处在最富有思想活力的年纪，理学中关于宇宙与人心的讨论也恰在最自由、最富于想象力的时代”。①

毋庸讳言，没有书院的繁荣，理学的传播也会失去最强大、最有效的阵地。以朱张会讲为代表的学术论辩、思想交锋的盛行，以鹅湖之会为代表的学者之间的“君子之争”，师者于书院讲学传道授业的纯粹，士子千里追随的求知渴望与对老师的尊重，均为一代之盛事。从这个意义上说，作为与官学保持距离却又并驾而行的民间书院，实在是宋代文化发展有力的推动者。

至于宋代理学对文学的直接影响，在本书第八讲中已有备述，此处不再赘言。

① 葛兆光. 中国思想史：第 2 卷［M］. 2 版. 上海：复旦大学出版社，2019：195.

《南岳唱酬集》

虽然理学讲究“道”而贬抑“文”，但即便是理学之集大成者朱熹、张栻，其实也都是诗文兼擅的文学家。《朱子年谱》记载，乾道三年，朱熹前往潭州拜访张栻，朱张会讲毕，十一月六日，张栻和林用中陪同朱熹从潭州前往南岳，十三日开始登山，十九日离开南岳。一路上他们三人诗歌酬唱，留下了约一百五十首唱和诗篇，后编成《南岳唱酬集》传世。

朱熹的《南岳唱酬集序》云：“其间山川林野，风烟景物，视向所见，无非诗者。”他们将一路所见的自然风光以及所思所感，以诗的形式记录了下来。朱熹原本对诗的态度是“深惩而痛绝之者”，主要是因为“惧其流而生患耳”，担心诗情会“荧惑耳目，感移心志”。然则朋友相聚之畅快、别离之不舍、相思之深挚、再聚之艰难，此种种情思，如若不写诗，又何以表达“难喻之怀”呢？可见，朱熹也不得不承认，人心中难免有细腻而又真诚的情感，且只有诗才最适合表达这样的情感。

张栻在《南岳唱酬集序》中则说道，他们这一路行来，看到的“山川林壑之观，已觉胜绝”，而抵达南岳山下后，因十一月正值隆冬，风雪不止，他与朱熹、林用中决定冒风雪登山。“而夜半雨止，起视明星烂然；比晓，日生旸谷间矣。”张栻此序，叙及雪中南岳风景，文笔清徐明丽，读来直觉胸次无尘、泠然可喜。又如张栻写从祝融绝顶返回上封寺穹林阁后所见夜景：“观晴霞，横带千里。夜宿方丈，月照雪屋，寒光射人，泉声隔窗，泠然通夕，恍不知此身踞千峰之上也。”真令人有飘然出尘之想。

当然，尽管数日间三人即唱酬百余首，但张栻也和朱熹一样捎带声明了一下：“念吾三日是数日间，亦荒于诗矣。大抵事无大小美恶，流而不返，皆足以丧志。于是始定约束，异日当止。”这样的“声明”确乎非常具有理学特点：写诗移志，耽于此则有玩物丧志之忧，因此他们在三日的痛快唱和之后居然还相约以后一定不能再这样“玩物丧志”了。理学对待诗的矛盾心态于此南岳唱酬中亦可见一斑。

其实，朱、张二人的诗亦多是情、景、理三者交融之作。朱熹在酬答张栻的诗中说：“我行二千里，访子南山阴。不忧天风寒，况惮湘水深。”既抒发了朱张深厚的友情，又对朱张会讲的激烈交锋表示了无限的留恋：“昔我抱冰炭，从君识乾坤。始知太极蕴，要眇难名论。”

再如集中朱熹《马迹桥》一诗：“下马驱车过野桥，桥西一路上云霄。我来自有平生志，不用移文远见招。”马迹桥距南岳方广寺二十里，这也是朱、张、林攀登南岳的起点。朱熹赋予了马迹桥以象征的寓意，过了桥开始登山则有“上云霄”之感，此处的“上云霄”实写衡山之高耸挺拔，虚写平生志向的高远宏大，将登山的实景与攀登理想高峰的寓意结合在了一起。张栻和诗则云："便请行从马迹桥，何须乘鹤篷丛霄。殷勤底事登临去，不为山僧苦见招。"（《和元晦马迹桥》）林用中和曰："此日驱车马迹桥，远从师友步青霄。登临不用还歧想，为爱山翁喜见招。"南岳酬唱，既折射了理学对话与传播之一时盛况，也成就了诗坛的一段佳话。

第十八讲

印刷业的繁荣与江湖诗派

叶绍翁小传

叶绍翁，生卒年不详，约生活于南宋宁宗、理宗时期。本姓李，祖籍建安（今属福建），后为叶氏后嗣，遂改姓。字嗣宗，号靖逸，居处州龙泉（今属浙江）。其学出于叶适，与真德秀、葛天民等善。所著《四朝闻见录》，补史传之缺。其诗长于绝句，写景尤工，有《靖逸小集》传世。生平事迹见《两宋名贤小集》。

叶绍翁《游园不值》

在中国的古典诗词中，很多自然景物都被赋予了特定的象征意义。比如说：我们一看到“柳树”这个意象，马上就知道这首诗词应该主要是表达依依不舍的挽留之意；一看到“月亮”，马上就能联想到思乡怀人的主题；一看到“鸳鸯”，马上就能猜到这大概是表达对夫妻恩爱的向往……古代的诗人又特别讲究借景借物抒情，许多物象被赋予了作者的主观情意，进而被历代诗人所接受且不断加以丰富，从而形成了特定意象的特定象征含义。

那么，在诗词中常常见到的“杏花”意象，通常会有怎样的情感指向呢？

杏花开在春天。同样是和春天关系密切的植物，杏花和兰花、梨花这些植物不同，它那淡红色的花朵显得特别热闹，和春天的绿意盎然相衬，又显得格外的醒目。而且，杏花喜欢阳光，向阳开放是它的天然秉性。所以杏花一旦出现在古典诗词当中，往往就和热闹、阳光这样的语境联系在一起。我们熟悉的很多诗词名句，都是借用了杏花“热闹”的这种特性。如北宋词人宋祁的“红杏枝头春意闹”，再如南宋诗人叶绍翁的《游园不值》：

应怜屐齿印苍苔，小扣柴扉久不开。
春色满园关不住，一枝红杏出墙来。

这首诗历代传诵，其妙处不仅仅在于“一枝红杏出墙来”的奇思妙想。这首短短的绝句其实每一句都有悬念，每一句都有曲折，每走一步都有让人感到意外的景色突然出现，令人猝不及防又惊喜万分。

首句“应怜屐齿印苍苔”，苍苔上留着屐齿的痕迹，所谓屐齿本来指古人所穿木屐底部的齿，也可以简单理解为脚印。“苍苔”则是指苍青色的苔藓。因为诗名为《游园不值》，则此园并非公共园林，而应是私家院落——“不值”即不遇也，去拜访朋友却不巧朋友并不在家，吃了个闭门羹，只有苍苔上留着的清晰的足迹。这样看来，首句似乎只是叙事，并无奇巧之处，但实际上诗人已经“机关”暗设。

“屐齿”和“苍苔”这两个意象并非诗人独创，其实是诗词中的常见意象，甚至两者连用也是诗家惯用的手法。例如张栻《和张荆州所寄》（其二）就这样写道：“诗来千里作春妍，尚记城南五亩园。岂但苔痕留屐齿，故应石上有洼樽。”宋代诗人李曾伯也有过“雨洗苍苔带屐痕”（《偶得希真岩壑旧隐正在小圃又赋》）的句子。南宋初诗人程迥也有诗云：“葵花已过菊花开，万里西风拂面来。问字今朝几人至，细看屐齿破苍苔。”（《自题旴怡斋》其三）可见“屐齿”与“苍苔”连用并非叶绍翁首创，宋代诗人习惯用这两个意象来表达隐士们远离尘世的幽静的生活状态。“苍苔”说明此处绝非喧闹之地，而是人迹罕至；“屐齿”虽暗示人迹，但“屐”在古典诗词中绝大多数情况下都是代指隐士，因为谢公屐的发明者谢灵运就是颇为历代诗人所仰慕的隐士。因此，“应怜屐齿印苍苔”貌似简单写景，实则一开始就表达了诗人对这种远离尘嚣、恬静幽美的隐士生活环境的珍惜赏爱之情。

既然是隐士，行迹往往就是飘忽不定的，这才顺理成章推出下一句“小扣柴扉久不开”。原本费了老半天工夫专程去拜访朋友，不巧却碰到柴门深掩，这样的情形本来是很令人扫兴的。可是因为有了第一句“应怜屐齿印苍苔”的铺垫，第二句的“不遇”反而显得浪漫了起来。设想一下，春深时节，万物蓬勃生长，因为往来人迹稀少而恣意蔓延的苔藓呈现出一片悦目的苍青色，而清晰的屐齿印痕又隐约透露出此中居士的幽雅高致。一位同样气度不凡的访客静静站在柴门前，断断续续的、轻轻的几声叩门声，为这份幽静的景致平添了几分动感，而一个“久”字又反过来增加了景色的幽静——主人明明并不在家，否则柴门不可能久叩不开，可即便主人并不在家，访客也没有失望地转身就走。一个“久”字写的倒并不见得是访客远道而来寻而不遇的不甘心，其实是周围的景色留住了他本该转身就走的脚步——他来此的目的本是拜访主人，但自然景物的雅致反成了他此行意外的收获，因此，他才情不自禁地在门外久久凝伫了。

“应怜屐齿印苍苔，小扣柴扉久不开。”两句诗十四个字，已经从人物身份（隐士）、居住环境（清幽）、访客的雅趣（久久停留）等诸多方面赋予了这首诗以丰富曲折的内涵。

然而，接下来诗人并未如我们所意料的那样继续铺陈幽静的隐士环境，一句突如其来的“满园春色关不住”又是何等热烈喧闹、激情四溢！柴门外的幽静与柴门内的热闹形成如此鲜明的反差，让人不禁联想：园子的主人虽然清高出尘，但内心一定是充满了对生活的热情的，高墙也遮挡不住他对生命、对阳光的向往。

“满园春色关不住，一枝红杏出墙来。”你看，一面高墙把春色都紧紧地关在里面了，唯独一枝红杏关不住，从高墙上面探出头来——本来这只是杏花的天性，它要追着阳光开放，可是在文人眼中，杏花就成了追逐自由、不甘束缚的个性象征了。

其实，“一枝红杏出墙来”也不是叶绍翁的首创，唐代诗人吴融就写下过“一枝红杏出墙头”（《途中见杏花》）的诗句，叶绍翁只不过是改了一个字而已。不光是叶绍翁喜欢这句诗，连大名鼎鼎的陆游，也一字不改地照搬过吴融的诗句：“杨柳不遮春色断，一枝红杏出墙头。”（《马上作》）晚唐诗人温庭筠还写过一首诗，题目就叫《杏花》，其中有两句诗是这样写的：“杳杳艳歌春日午，出墙何处隔朱门。”

中国古代的文人真是了不起，不仅观察自然特别仔细，而且还特有想象力，总是能从植物的自然属性中，联想到人的性格特点，杏花就是其中的典范之一。杏花喜欢阳光的性格，使它总是想方设法、拼尽力气向着太阳、向着外面的世界伸展开去，因此文人们吟咏杏花就尤其突出了它“出墙”的不羁性格。

或许，对于诗人而言，真正的隐士，拒绝的只是功名利禄等身外之物，但绝不拒绝真诚的生命，不会放弃对美的追求和对自然的热爱。或者甚至可以这样说：真正的隐士因为拒绝了对外在虚名的追求，反过来才能更加尊重自己的内心，尊重自己对真善美的纯粹欣赏与向往。这样来理解的话，“满园春色关不住，一枝红杏出墙来”是不是更蕴含着诗人既孤芳自赏又不乏生命热情的人格特质呢?

四句诗二十八个字，从隐士居住环境的清幽脱俗，写到诗人对隐士生活的欣赏向往，再写到隐士性格的外冷内热，一路迤逦曲折写来，尽显隐士个性的丰富；与此同时，又将所有的思想内蕴完全赋于所描绘的景致之中，全篇写景，却又句句含情。难怪这首从意象来看缺乏新意的诗篇，却偏偏脱颖而出，成了千古流传的吟咏杏花春色的名作。

夜书所见

1＝F 正调定弦

叶绍翁　词
吴　昀　曲并指

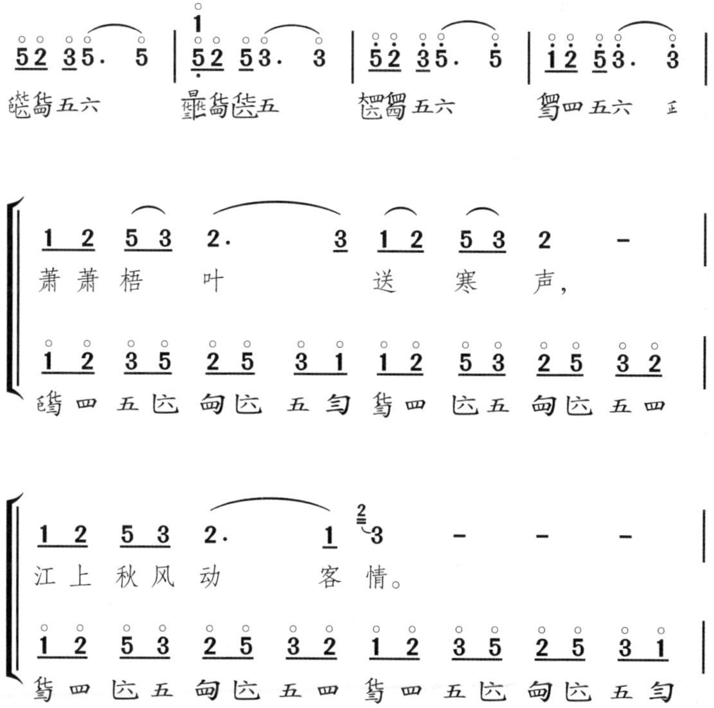

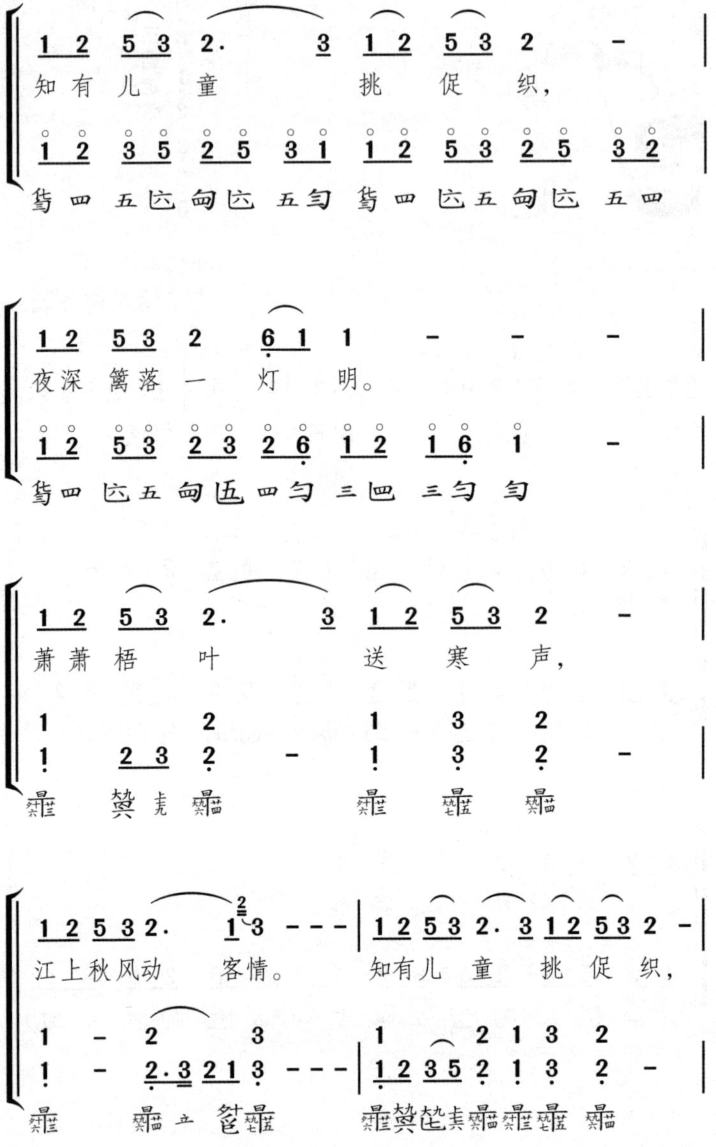
知有儿童挑促织，
夜深篱落一灯明。
萧萧梧叶送寒声，
江上秋风动客情。
知有儿童挑促织，

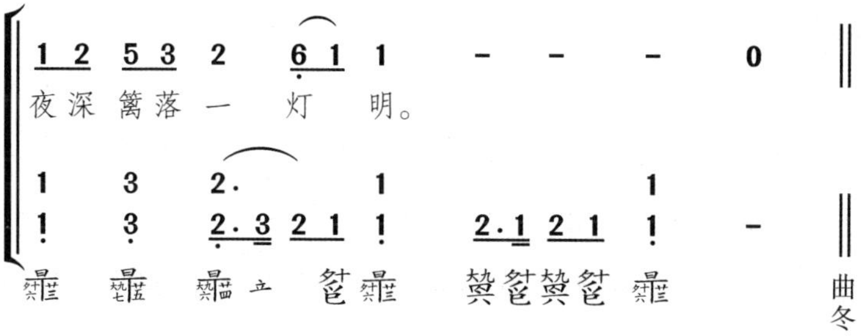

（2023 年 11 月 8 日即兴，实际以录音为准）

印刷业繁荣、书商兴起对文学的影响

叶绍翁是南宋后期江湖诗派的代表。所谓“江湖诗派”，得名于临安（今杭州）书商陈起所刊刻的《江湖集》。陈起自己喜欢写诗，颇有诗作传世，也喜欢与文人墨客交游唱和，其中多为低级官员、隐士或江湖谒客。“南宋后期，一些没能入仕的游士流转江湖，以献诗卖文维持生计，成为江湖谒客。”① 从宋理宗宝庆元年（1225）开始，陈起为这些诗人刊刻诗集，总称为《江湖集》。不过，《江湖集》所收的诗人并非完全属于江湖诗派，且陈起所刻《江湖集》已不存于世，后来辑录的版本差异较大，例如北宋文人曾巩也被收录集中，江西诗派的曾几也名列其中。但就整体而言，《江湖集》中的大多数诗人是处于官方社会边缘的布衣，他们大致可以被视为江湖诗派的成员，且这是一个相对松散、并无明确诗学宗旨的诗人群体，但创作倾向较为相似。② 江湖诗派中成就较高、名气较大的诗人主要有戴复古、刘克庄和叶绍翁。而叶绍翁除了《游园不值》一诗名声卓著之外，传世名篇并不太多。

在《江湖集》亮相之前，活跃在南宋中期诗坛的还有

---

① 袁行霈. 中国文学史：第 3 卷［M］. 北京：高等教育出版社，2003：218.

② 张宏生. 江湖诗派研究［M］. 北京：中华书局，1995.

“永嘉四灵”，即徐玑（号灵渊，1162—1214）、徐照（字灵晖，？—1211）、翁卷（字灵舒，生卒年不详）、赵师秀（号灵秀，1170—1219），因为这四人的字或号中均有一“灵”字，而且都来自永嘉地区（今浙江温州），故并称为“永嘉四灵”。同为永嘉人的南宋哲学家叶适编有《四灵诗选》，“永嘉四灵”也被视为江湖诗派的开创者。

《松湖钓隐图》

“永嘉四灵”推崇晚唐诗风，以晚唐诗人贾岛、姚合为宗，反对江西诗派以学问为诗、以议论为诗，反对过分用典，讲究精致的构思与炼字炼句，多用白描手法，他们的诗也颇有几分灵动。例如我们最为熟悉的赵师秀的名作《约客》：“黄梅时节家家雨，青草池塘处处蛙。有约不来过夜半，闲敲棋子落灯花。”这首诗被钱锺书评价为“干净完整”地捕捉到了诗人的现场感和心境，读来亲切自然，毫无刻意雕琢的习气，画面感十足。

“永嘉四灵”的诗“在着意表现清幽古寂的景致与心如止水的心境方面有十分相似的共同面貌”，“一定程度上使南宋诗再度回到注重形式之美的路径上，客观上有效地阻隔了道学思想对诗的进一步侵蚀”。①

“永嘉四灵”之后的江湖诗派成员更多，影响更大，而“江湖诗祸”的发生更是大大提升了这一诗派的声誉。

嘉定十七年（1224），宁宗驾崩后，当时掌握朝政的权相史弥远，联手杨皇后假传宁宗遗诏，改立赵昀为皇帝，第二年又逼死已被废黜的济王赵竑。这一事件导致朝野不满，议论汹汹。史弥远为了控制舆论，就从《江湖集》中搜寻所谓谤讪之语，诬蔑其诽谤朝政，大兴文字狱，《江湖集》被劈版禁毁，诗人们被贬谪流放。这一事件虽然导致了诗人们命运的波折，却在客观上提升了他们的名气。

江湖派诗人的成就主要表现为两大方面：一是受“永嘉四灵”影响，擅长白描和写景抒情；二是因为诗人们大多身处江湖，对下层民众生活更为熟悉，因而有相当一部分诗作反映民生疾苦，颇具现实精神。

---

① 章培恒，骆玉明. 中国文学史新著：中卷［M］. 上海：复旦大学出版社，2007：298.

例如戴复古的《织妇叹》描写织妇的勤劳坚忍与遭受层层赋税盘剥的痛苦，《庚子荐饥》再现了饥民在生死线上的挣扎与呐喊。戴复古是江湖诗派里的高寿诗人，活到了八十多岁，以布衣身份终老，大概受到“江湖诗祸”的影响，“据说他为人极谨慎，‘广座中口不谈世事’，可是他的诗里每每指斥朝政国事，而且好像并不怕出乱子得罪人”①，是一位颇有气节的诗人。

刘克庄（1187—1269）是江湖诗派里成就最高、名气最大也是官位最高的诗人，曾被叶适视为“永嘉四灵”的继承者，也被许多江湖诗人视为领袖。刘克庄本人最为推重的同代诗人是陆游，他一方面学习陆游诗作“好对偶”和“奇对”的手法，另一方面也发扬了陆游关心国事、忧患民生的爱国主义情怀。其《北来人二首》（其一）“凄凉旧京女，妆髻尚宣和”描写了北方沦陷区的妇女依然保存着北宋时期的妆容打扮，以此表达深挚沉痛的故国之思。他的《戊辰即事》云：“诗人安得有青衫？今岁和戎百万缣！从此西湖休插柳，剩栽桑树养吴蚕。”这首诗写作的背景是南宋王朝韩侂胄主持的开禧北伐失败后，宋金于宋宁宗嘉定元年（1208，岁为戊辰）再一次签订了丧权辱国的和议——嘉定和议，南宋需“犒赏”金兵三百万两，还要每年缴纳岁币三十万两白银和细绢三十万匹。这样的和议注定要给宋朝老百

① 钱锺书. 宋诗选注［M］. 北京：人民文学出版社，2000：234.

姓造成更多的负担。绢布尽输金国，诗人都没有“青衫”可穿了。西湖边也不要再种什么柳树了，为了满足岁贡和老百姓的基本生活需求，还是都种上桑树来养蚕吧！这样的诗篇将辛辣的讽刺与深沉的忧患意识熔铸在一起，构筑成了刘克庄在诗坛的独特面貌。

南宋自觉与不自觉的诗人群体的形成、文人结社唱和之风的盛行，除了文学本身发展趋势所致之外，还与宋代印刷业的高度发展直接相关。

首先，宋代的雕版印刷术已经相当成熟，这对于保存宋代文献具有重大意义。“正如研究印刷术后来在欧洲发展的学者所指出的，从抄本文明过渡到印刷文明，对于欧洲而言具有跨时代的意义。……在宋代（960—1279），刊印文本的日渐容易获得，其结果之一便是文学作品的存世数量和种类有若井喷。唐代作品在历史中湮没太多，造成很大遗憾，而宋代的大量存世作品则有助于我们对宋代文化和社会形成较为全面的理解。因此，宋代诗歌研究便不必像唐代那样必须严格依赖有限的几部诗歌集。宋代的绝大多数重要作家，甚至许多次重量级作家的文集都很好地流传了下来，所以宋代的诗人以及存诗数量是惊人的庞大。二十世纪九十年代完成的《全宋诗》中收录了超过九千名诗人的作品，远超《全唐诗》中的近二千二百名诗人的数量。由于《全宋诗》的丰富程度——同样的情况还有《全宋文》——我们便有可能为宋代文化中的诗建立起立体而丰满的叙述体系，这对于宋以前的各朝诗歌而言是不可想象的。”①

其次，宋代科举制度的改革让不同阶层的读书人都有机会通过科举改变命运，录取比例和考生人数都较前代大幅增加。出版商争相刊刻应试范文出售，一方面此类出版物拥有数额庞大的消费阅读群体；另一方面客观上也为文坛领袖通过主持科举考试改变文坛风气提供了便利。例如欧阳修通过主持科考提倡古文，扭转西昆体和太学体的不良习气，王安石也曾通过主持科举扭转文风。

当然，印刷业对文学领域的冲击在许多文人看来还具有两面性。“各类文集以及历史著作、经典著作的印刷开始急遽增长。正是在这个世纪中叶，城市中的书肆开始与政府机构展开竞争，争夺日益发展的书籍印刷市场。我们之所以知道这一点，主要是因为包括欧阳修、苏轼在内的很多大文豪，都对印刷书籍的爆炸性增长牢骚满腹，出人意料的是，他们认为这对学问、记忆、背诵产生了不利影响，总的说来有损于人们对书面材料的敬重。苏轼说，他年轻时遇到的那些年长学者曾告诉自己，他们年轻时（即1000年左右）很难接触到一部《史记》或《汉书》；一旦接触到这类书籍，他们就会兴奋地动手抄录全文，这样便可拥有一部副本。但

---

① 梅维恒. 哥伦比亚中国文学史：上卷［M］. 北京：新星出版社，2016：369.

如今市商雕刻木版，每天就可印出一万页形形色色的作者所撰写的各种书籍；今天的学生，有丰富的作品提供给他们，随时都可以拥为己有。结果却很不幸，年轻人将他们的书籍束之高阁，甚至连看都不看一眼。苏轼是在一种显系保守的心态下做出如此观察的。他明显怀念书籍需要手抄、故而被珍视的过去时代。”①

欧阳修、苏轼对印刷书籍的这种质疑态度，其实当代人也可能有类似体会。电脑刚刚普及的时候，老人们留恋钢笔在纸张上书写的“质感”，拒绝电脑键盘“敲”出来的文字，认为那会对思维产生阻碍。但仅仅数年之后，绝大部分已经习惯了“敲字”而非“写字”，甚至有更多的年轻人因为“敲字”的高效快捷，反而认为“写字”速度缓慢会成为思维流动的障碍。可见，当年的欧阳修、苏轼在面对快速勃兴的印刷出版业时所产生的质疑甚至忧虑，和近些年来知识界面对快速普及的电脑所产生的忧虑，是极其相似的。

但飞速发展的技术从来不会因为人们的质疑而放慢脚步，而技术的普及往往会裹挟一个时代的几乎所有人群。因此，尽管“这一时期的文人，很少表现出欢迎印刷新技术的态度。但是，他们几乎不可能不受书籍印刷普及所带来的剧烈变化对其生活世界的影响。无论喜欢与否，他们都被卷进

① 孙康宜，宇文所安．剑桥中国文学史：上卷［M］．北京：生活·读书·新知三联书店，2013：474.

了这场影响深远的技术革命之中。在一两代人的时间内，在十一世纪后半叶，书籍从珍稀罕见、难以复制，变得数量丰富、传播迅速。精英文人或许会谴责这一变化，或许会对书肆印刷的质量低劣心存不满，更不用说盗版出版商无处不在；但是，书籍变得越来越容易得到，他们不可能意识不到这一点，也不可能不受其影响”。即便是这些早期对新技术心存忧虑的人，也终究会意识到，经由技术的发展与普及，他们的文学思想、文化主张会传播更快、普及更广、影响更为巨大。很多学者认为，江西诗派之所以成为席卷整个宋朝文坛的最重要的诗歌流派，印刷出版业就功不可没。

“很有可能，黄庭坚关于诗歌、诗艺之基础的独特观点，至少部分与书籍触手可得这一新现象有关。书籍比过去任何时候都更容易获得，所以黄庭坚才建议雄心勃勃的年轻诗人研读它们，以磨砺自己的创作技艺。他的建议所表现出来的对于诗歌的理解，五十年前或一百年前还难以企及，但就他所处的时代而言，却似乎是对于环境变化的合理回应；只要愿意，任何人都可以拥有建安诗人、陶潜、杜甫的作品刊本，更不用说正史与经典了。只有当人们确信往日丰富多样的书面材料触手可及时，‘无一字无来处’才是有意义的说法。

“……黄庭坚并没有简单谴责书籍印刷来临所开启的新环境，而是利用印刷革命发展出一种写作诗歌的方式，并向未来的诗人们提出挑战，要求他们顺应时代，改变关于诗歌本质的旧有观念。”①

杜甫成为江西诗派最为推崇的前代诗人，也与杜甫诗集在宋代的反复刊刻有密切关系；韩愈成为古文运动的一面旗帜，也应部分归功于韩愈文集的大量刊刻。“唐代重要作家的诗文作品，几乎都经过宋人的整理编次，许多文集都镂版印行，这不但对保存唐代文献功德无量，而且为借鉴唐代文学创作经验提供了大量范本，从而对宋代文学创作产生着直接而深刻的影响。”②

再次，当时游离在官方文化边缘的宋代理学，也通过发达的印刷业、出版业传播自己的理论和理念。理学家收徒授业，各大书院的勃兴亦需要大量书籍文献来满足教学的需要，印刷业为民间文化普及的热潮提供了巨大推动力。

最后，文人或其后人亦需要通过结集出版作品来树立其文坛形象，倡导文坛风气的变革，印刷业的发达为文人文集的出版提供了便利：“随着雕版印刷的大量采用，文人购买诗歌，也出售诗歌，以丰富的知识和极大的热情大量讨论、创作诗歌。”③ 反过来，刊刻印刷名人作品集或者编选热门文集，也成为书商营利的重要手段。叶适编《四灵诗选》使

① 孙康宜，宇文所安. 剑桥中国文学史：上卷 [M]. 北京：生活·读书新知三联书店，2013：475.

② 朱迎平. 宋代刻书产业对文学的影响 [J]. 上海财经大学学报，2006，8 (3)：11.

③ 梅维恒. 哥伦比亚中国文学史：上卷 [M]. 北京：新星出版社，2016：370.

“永嘉四灵”引领一时风尚；陈起刊刻《江湖集》更是以编刊总集的形式直接促成并维系了一个庞大的诗人群体和文学流派的形成。

总而言之，文学的发展自有其内在的规律，然而外部的社会、文化环境，例如政治制度的变革及社会兴衰、城市经济的繁荣与衰落、思想界与哲学界的发展趋势、教育体制的改革、传播手段（如印刷出版业）的发展等都会对文学发展与变迁形成直接甚至是深远的影响。这些都是我们在概览文学史的时候不应该忽视的重要元素。

刘克庄《苦寒行》《军中乐》

在江湖诗派中，刘克庄是一位颇具批判现实主义眼光与犀利诗笔的诗人，他坚持创作批评时政的诗篇，并且不满足于停留在简单的政治批评中，往往还具有幽默讽刺的笔调与对字句的精心锤炼。试看其《苦寒行》：

十月边头风色恶，官军身上衣裘薄。
押衣敕使来不来，夜长甲冷睡难着。
长安城中多热官，朱门日高未启关。
重重帏箔施屏山，中酒不知屏外寒。

这首诗将边塞军人生活条件的恶劣与京城高官“朱门酒肉臭”的奢靡进行对比，表达了对军人的深刻同情与关心，对肉食者的鄙夷与痛斥。十月已是冬天，边关更是风霜凛冽，将士们身上衣单难以抵御苦寒，他们望眼欲穿，押衣使仍迟迟未来。与此情景相反的是，京城（古典诗词常以长安代指京城，此处当然是指南宋京城临安）里的达官显贵却饱食终日，醉生梦死，日上三竿了依然朱门紧闭安枕高卧——原来是昨日夜宴又喝多了酒，在重重的帘幕与屏风之后，他们享受着温暖与慵懒，哪里还记得边关受苦的官兵呢？这才是押衣使迟迟不到的主要原因吧。这样的诗令人情不自禁联想起林升的《题临安邸》:“山外青山楼外楼,西湖歌舞几时休!暖风熏得游人醉,直把杭州作汴州。”歌舞升平、温柔富贵的杭州城里,又怎能吹得到边关的凛冽寒风!

《晓雪山行图》

刘克庄的另外一首《军中乐》又将批判的笔墨直接对准了边防军营:

行营面面设刁斗,帐门深深万人守。
将军贵重不据鞍,夜夜发兵防隘口。
自言虏畏不敢犯,射麋捕鹿来行酒。
更阑酒醒山月落,彩缣百段支女乐。
谁知营中血战人,无钱得合金疮药!

与《苦寒行》中以京城高官和边防将士作比不同,这首

《军中乐》则是将军中高级将领与普通士卒进行对比，以高级将领浑浑噩噩之“乐”来凸显普通士卒血战沙场朝不保夕之“苦”。

边防军中主将沉溺于享乐，白天捕猎行酒，晚上醉心女乐。他们没有人身安全之虞，因为他们的大帐自有万人把守，四面刁斗（铜制军用器具，白天用以烧饭，夜晚用以打更），而且一副阵容强大、戒备森严、不畏边虏的气势。可是事实上呢？作为主将，自恃身份娇贵，不肯披甲上马，只是派一批又一批士兵前去防守关口要隘，于是自以为万事无忧，可以放心行乐了。与将军沉迷声色相反的是，兵士苦战受伤，却连基本的疗伤的金疮药都买不起！这样的反差是何等令人愤慨！这样的情景看上去令人难以置信，但实则是南宋军队的真实状况。辛弃疾曾在他的《美芹十论》直言不讳地揭露过这一现实：“营幕之间，饱暖有不充，而主将歌舞无休时；锋镝之下，肝脑不敢保，而主将雍容于帐中。”这也和唐代边塞诗中揭露的“战士军前半死生，美人帐下犹歌舞”（高适《燕歌行》）遥相呼应。南宋王朝边境强敌环伺，可是军队却如此腐朽，诗人在犀利的批判中更流露出对南宋王朝命运的深切担忧。

第十九讲

爱国英雄文天祥
与南宋遗民文人

文天祥小传

文天祥（1236—1283），字宋瑞，又字履善，号文山，吉州（今属江西）人，南宋抗元英雄，爱国诗人。理宗宝祐四年（1256）状元及第，官至右丞相，封信国公。元兵入侵后，奉诏勤王，后又组织义军坚持抗元，终因寡不敌众在五坡岭（在今广东海丰北）战败被俘，宋亡后文天祥拒不降元被杀害，临刑前作《正气歌》以明志。

文天祥《过零丁洋》

辛苦遭逢起一经，干戈落落四周星。
山河破碎风抛絮，身世飘摇雨打萍。
惶恐滩头说惶恐，零丁洋里叹零丁。
人生自古谁无死，留取丹心照汗青。

这是文天祥途经零丁洋时创作的诗篇。“零丁洋”即伶仃洋，为珠江的入海口与南海相接的一片喇叭形海域。这片海域在军事上十分重要，一直是中国南大门的一道重要防线。1276年初，元军攻克南宋都城临安，宋恭帝被俘。五月，陈宜中、陆秀夫、文天祥等大臣拥立宋端宗，继续抵抗元军。在元军的凶猛攻势下，宋军节节败退。文天祥率领宋军进行了多次的殊死搏斗，1278 年底，文天祥率军在广东海丰北五坡岭被元军偷袭，因寡不敌众而兵败被俘，随后被押往厓山。这一路漂洋过海，行经珠江口的伶仃洋，到达厓山后，元将张弘范想让文天祥写一封书信招降死守厓山的宋军主帅张世杰。文天祥拒不从命，并将此前在经过伶仃洋时所作的《过零丁洋》一诗写下来表明志向。

生死关头，文天祥回忆生平，感慨万千。诗的开头两句，是文天祥对自己一生的高度概括。文天祥早有经国之志，所以勤奋读书，并在二十岁时一举高中状元。“辛苦遭逢”是说当年的自己艰苦学习，“起一经”是说终于因为对经书的熟练掌握而被起用，所谓“起”就是考中进士、踏入仕途的意思。

一般人状元及第，往往春风得意，凭借着自己的身份、才干和地位，可以有一番大的作为。但文天祥恰恰遇到了一个战争不断、风云四起的时代，他的一生也充满了动荡和不安。可以说，“辛苦遭逢起一经”既是对他前半生苦学入仕的高度概括，同时也暗示着文天祥入仕后坎坷波折的遭遇。南宋末年，政治腐败，北方兴起的元朝对大宋江山虎视眈眈。诗的第二句就是描述战争爆发后的政治局势，1275 年，元军逼近南宋都城临安，国势危急，文天祥应诏起兵勤王，到 1278 年兵败被俘，正好过了四个年头。这一句看上去描写了一个客观事实，其实暗寓着对时局的批评。正因为南宋当政者一会儿主战，一会儿主和，没有长久的主见，贻误战机，最终导致了局面的被动，国家也陷入了国土破碎、风雨飘摇的危急状况。像文天祥一般的宋朝人，大多因为战乱而不得不如浮萍一般漂泊四方，动荡不定。

惶恐滩是赣江中的一处水流湍急的险滩。1277 年，文天祥在江西兵败后，在元军的追赶下，正是沿惶恐滩头一路撤退。而“零丁洋里叹零丁”一句正是文天祥面对茫茫大海时孤独无依的心情写照。诗人在这里巧妙地借用了“惶恐”“零丁”两个地名来描述自己的心情，非常贴切。江西兵败时，文天祥部下死伤极多，军队元气大伤，而且他的妻妾儿女都被元军掳去，生死未卜，难怪他的心里会充满着无法用语言来形容的惶恐。

文天祥其实已经意识到了死亡的临近，因为宋王朝气数已尽，已无力抵抗元军，迟早都要覆灭，身为宋臣，唯有以身殉国而已。但面对死亡，尤其是面对因为国家大义而必须牺牲的结局，文天祥义无反顾，毫不退缩。他特别用了一个词“汗青”，汗青就是史书的意思。在纸张没有发明之前，人们要先用火慢慢将青色的竹片烤干，蒸发掉水分，然后才能制成可以书写的竹简，烘烤时青竹冒出水珠如同流汗，故称“汗青”。后来“汗青”一词就被借用为史册、史书的意思。文天祥坚持舍生取义的人生信念，他坚信自己的名字会永远地刻在中国的历史上，照耀千古。

1283年，拒不就范的文天祥英勇就义于大都（今北京）。文天祥在监狱中曾写下了留名青史的《正气歌》，他列举了历史上大量宁死不屈之士，以他们的风骨与壮举作为鞭策自己的力量，也表白自己虽然历经悲惨磨难却依然不改初衷的信念，浩然正气充溢于文字之间。

文天祥像

据说文天祥遇难后有人从他衣袋中找到了一篇自赞文，其中有“读圣贤书，所学何事？而今而后，庶几无愧”数句。其中流露的情感与《过零丁洋》《正气歌》一样，正是他选择大义而无愧于自己、无愧于国家、无愧于天地的良心。

在文天祥牺牲之后一百多年，也就是公元1398年，一位小男孩在杭州诞生——这就是于谦。于谦小小年纪就已胸怀大志，他最为崇拜的偶像便是文天祥，在他的书桌旁一直悬挂着文天祥画像，数十年如一日，追慕之心从未改变。于谦最终也成为像文天祥一样的忠义之士。文天祥已然成为彪炳历史的英雄符号，影响了包括于谦在内的无数人。

虞美人·听雨

1=C

借正调定弦 1 2 4 5 6 1 2

蒋捷 词

宋明 曲并指

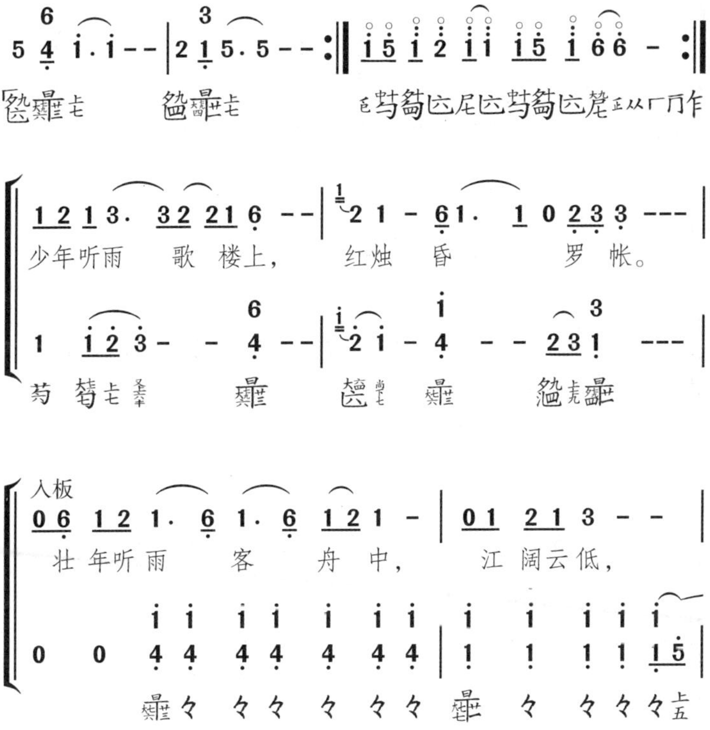

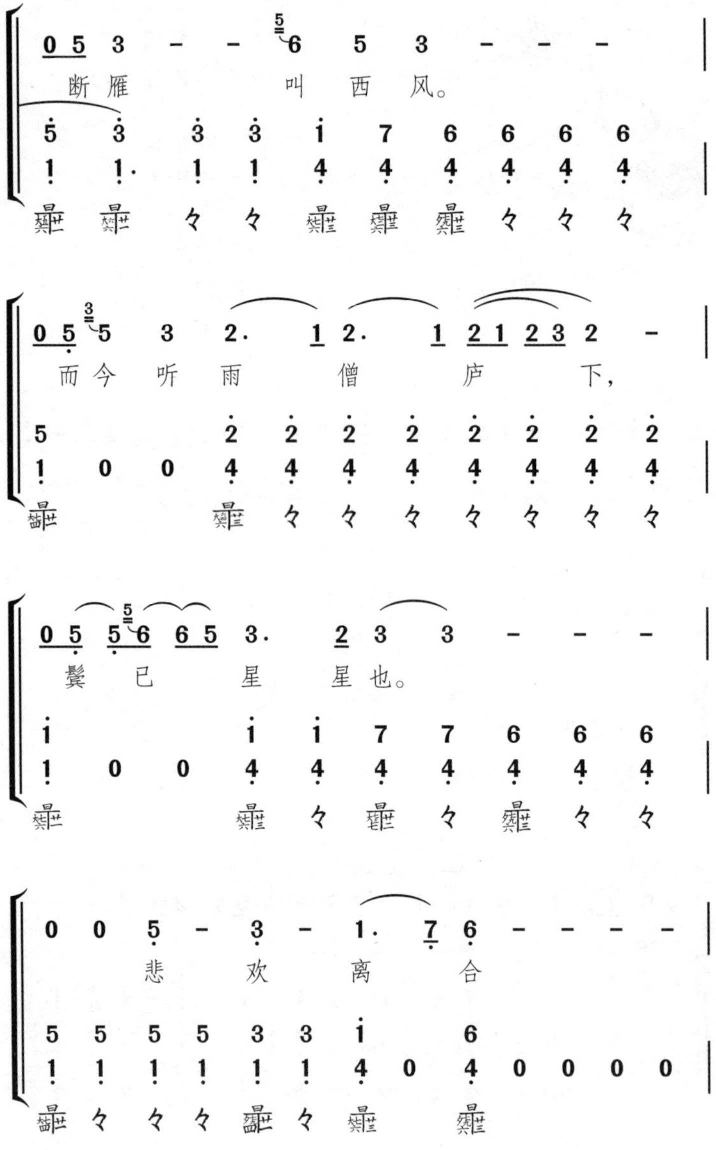
断雁 叫 西 风。
而今 听 雨 僧 庐 下，
鬓 已 星 星 也。
悲 欢 离 合

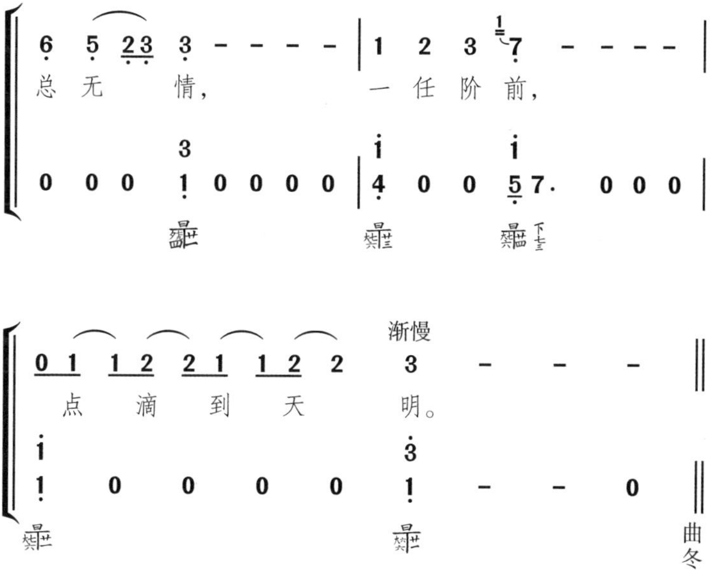

（壬寅秋分即兴，实际以录音为准）

南宋遗民文人及其亡国哀音

宋理宗端平元年（1234），金王朝为元太宗（窝阔台）所灭。

宋末帝祥兴二年（1279），元军大败宋军于厓山，陆秀夫背负着八岁的小皇帝赵昺毅然纵身跃入大海，在厓山背水一战的南宋军民约十来万人也相继投海殉国，南宋王朝至此灭亡。

四年后（1283），誓死不肯投降的文天祥被元世祖忽必烈赐死。

宋末诗篇充满了国破家亡的沉痛，词坛也愁云笼罩，感慨遥深，其中的代表人物是“宋末四大家”：周密、王沂孙、张炎、蒋捷。

四大家中，周密宋亡不仕，以气节称；王沂孙天不假年；张炎早年富贵，晚年却流荡无归，作“亡国之音哀以思”的词。在后世读者心目中，四大家中词名最著者当属蒋捷。

蒋捷字胜欲，阳羡（今江苏宜兴）人。就在南宋灭亡前五年，也即宋度宗咸淳十年（1274），蒋捷高中进士，可是此时的南宋王朝已是摇摇欲坠。五年后，蒙古铁骑踏平了大宋，蒋捷也沦为了奔波流浪的南宋遗民文人中的一员。晚年的蒋捷，主要隐居在太湖中的竹山，并且自号“竹山”。元成宗大德年间，曾有人力荐蒋捷入朝为官，可是被蒋捷坚决拒绝。他曾经自嘲说：“这二十多年来，我一贫如洗，甚至没有一个可以让我高枕而卧的安稳的家，没有地方种竹子，但是我仍然愿意以竹为名。”（《少年游》）作为一位遗民词人，或许竹子那种宁折不弯的气节，才是蒋捷真正向往的人生境界。

“宋末四大家”的词都有一个共同特点：寄托深远，黍离麦秀之悲溢于言表。如周密《瑶华》一词咏扬州琼花，清人陈廷焯在《白雨斋词话》中评道：“不是咏琼花，只是一片感叹，无可说处，借题一发泄耳。”其实，词中“江南江北”“消几番、花落花开，老了玉关豪杰”“一骑红尘”等语，不须着意挖掘，亡国寄托之意已明。何况“扬州琼花，天下只一本……德祐乙亥，北师至，花遂不荣”（蒋正子《山房随笔》），据说蒙元入侵后，扬州的琼花都不再盛开，赵棠国炎写了一首绝句凭吊：“名擅无双气色雄，忍将一死报东风。他年我若修花史，合传琼妃烈女中。”这首诗所咏琼花和周密词中的琼花，所承载的都是作者难以言喻的亡国幽恨。

再如王沂孙，其《齐天乐·蝉》（其二）一词中多处用典，“一襟余恨宫魂断”用齐后怨王而死、尸变为蝉的故事；“铜仙铅泪似洗，叹移盘去远，难贮零露”则用魏明帝拆迁汉代铜人承露盘的故事来喻指南宋国宝被劫洗的悲愤。那声声“凄楚”的寒蝉在如此动荡的乱世之中，“病翼惊秋，枯形阅世”，颤颤巍巍还能熬过几个“斜阳”呢？飘零的寒蝉多像家国无存、零落漂泊，不知今日何日、明日何从的遗民们啊！学者直云此词乃“家国之恨”，寄寓了深沉的黍离之悲。

张炎本是承平贵胄公子，入元以后却沦为无家可归的天涯游子。他的《解连环·孤雁》有“写不成书，只寄得、相思一点”的句子，因而被称为“张孤雁”。这首词成为他入元以后孤独飘零心境的典型反映，他自己又何尝不是一只“怅离群万里，恍然惊散”的孤雁呢？当年汉代的苏武被匈奴囚禁于北海，“残毡拥雪”，尚且能借鸿雁传递书信，从而返回故国；如今的自己，却只能自怜“旅愁荏苒”，山河迥异，再也没有曾经温暖的家了。

作为由宋入元的遗民词人，“宋末四大家”往往通过写景咏物，含蓄委婉地寄托亡国的愁与恨，而辛（弃疾）派词人后劲则以刘克庄、刘辰翁为代表。刘辰翁曾在其《须溪词》中说道：“余自乙亥上元诵李易安《永遇乐》，为之涕下。今三年矣，每闻此词，辄不自堪，遂依其声，又托之易安自喻，虽辞情不及，而悲苦过之。”南渡词人李清照寄托家仇国恨的《永遇乐》（落日镕金）词，一百多年后在爱国词人刘辰翁这里再度引起回响。

总之，“宋亡以后，词坛上是一片苦调哀音，连刘辰翁词也是字字悲咽。惟有……文天祥，以他那视死如归的崇高气魄、激越雄壮的歌喉，高昂地唱出了民族的尊严和志气”①。

① 袁行霈．中国文学史：第3卷［M］．北京：高等教育出版社，2003：201.

蒋捷《一剪梅》、汪元量《湖州歌九十八首》（其六）

1. 蒋捷《一剪梅》

由宋入元，不少士人为了生存不得不改弦易辙，成为元朝的官员。蒋捷才名卓著，一直坚守气节，不肯入仕元朝。青年时代风流儒雅的蒋捷入元后便长期漂泊江湖，隐逸山野，在清贫潦倒中度过了一生。有时候他为了填饱肚子，不得不低声下气地询问邻居老农："我读书识字，随身带着毛笔，您老人家要我帮忙抄写《牛经》吗?"老头不理他，只是摇摇手——兵荒马乱的日子，糊口都不容易，谁还会请一个书生去抄书呢?（《贺新郎·兵后寓吴》）

世事变幻如浮云苍狗，流落江湖的蒋捷总是会将他对人生的悲凉感悟浸透在词笔中，如蒋捷乘船经过江苏吴江时有感而作的《一剪梅·舟过吴江》：

一片春愁待酒浇，江上舟摇，楼上帘招。秋娘渡与泰娘桥，风又飘飘，雨又萧萧。

何日归家洗客袍?银字笙调，心字香烧。流光容易把人抛，红了樱桃，绿了芭蕉。

词一开始的这三句就让我们感受到一种激烈的矛盾——

词人心情与周围环境的矛盾。词人独自漂泊在吴江上，沉浸在一片浓郁的“春愁”之中，他很想借酒浇愁，暂时忘掉缠绕心头的苦闷。可周围的环境却与词人的心境那么格格不入：“江上舟摇，楼上帘招。”春光灿烂明媚，吴江上船来船往，一派繁华热闹的景象，江边高扬的酒帘仿佛在召唤着词人靠岸小憩。可以想象，岸边鳞次栉比的酒楼里一定是红袖飘飘、酒香浓郁的，对于漂泊无依的游子来说，那是多么富有吸引力的地方！

江南依然是春风十里，芬芳醉人，词人多么想畅饮几盅美酒排遣满腹的愁绪。可是流浪的词人身不由己，当船行经秋娘渡与泰娘桥的时候，他只感受到连绵风雨的萧瑟与凄凉：“秋娘渡与泰娘桥，风又飘飘，雨又萧萧。”

秋娘渡与泰娘桥是两个地名，可是在蒋捷的词里，又不仅仅是两个普通的地名。白居易的《琵琶行》里曾经写过：“曲罢曾教善才服，妆成每被秋娘妒。”秋娘代指美女或者歌女。北宋词人周邦彦也写过“唯有旧家秋娘，声价如故”（《瑞龙吟·大石》）的句子。泰娘也是唐朝的一位歌女，刘禹锡专门写过一首《泰娘歌》。泰娘原本是民间歌女，才艺闻名京城，被尚书左丞韦执谊纳为己有，韦执谊死后，又归于蕲州刺史张公子，后来流落民间。此后泰娘也成了歌女的泛称。

以秋娘与泰娘为地名，可见风情旖旎了，秋娘渡、泰娘桥也成了词中常见的意象，如陈以庄《水龙吟·记钱塘之恨》："向秋娘渡口，泰娘桥畔，依稀是、相逢处。"

"一片春愁待酒浇，江上舟摇，楼上帘招。秋娘渡与泰娘桥，风又飘飘，雨又萧萧。"词的上片塑造了一个忧伤而落寞的词人形象，勾勒出一派繁华浪漫的江南美景，也渲染出一种风飘飘雨潇潇的凄美意境。

春风十里的江南，留不住词人浪迹天涯的那一叶扁舟。这是为什么呢？

换头一句就揭示了答案："何日归家洗客袍？"原来词人归心似箭，却不知什么时候才能回家洗去满身的风尘，结束这漫长而孤独的漂泊啊！什么时候才能点燃心形的香，安然地奏一回镶着银字的笙？早已厌倦了漂泊的孤独和艰辛，温暖的家才是词人此刻最热切的渴望。可是一个又一个春天从身边无声地溜走，家，却一直还在遥不可及的远方。

"何日归家洗客袍？银字笙调，心字香烧。流光容易把人抛，红了樱桃，绿了芭蕉。"词人只能眼睁睁地看着季节流逝，樱桃红了，芭蕉绿了，春天走了，季节变了，流浪的人也憔悴了、衰老了……

"流光容易把人抛，红了樱桃，绿了芭蕉。"看上去，似乎平平淡淡，可其中蕴含的痛楚却如此深沉。或许这样的感慨，太容易引起人们的共鸣，所以此词一出，立即传唱天下，尤其是最后几句，可谓余音绕梁，韵味无穷，蒋捷还因此获得了“樱桃进士”的美称。

太平盛世中的时光流逝尚且让人有无可奈何之感，更何况是身处异乡、经历家国巨变之后万念俱灰的敏感词人呢！樱桃红了，芭蕉绿了，这本来只是自然风物的季节变化而已，年年如此，无足讶异，可是在遗民词人看来，却意味着被时光巨轮碾压粉碎的悲剧命运。

2. 汪元量《湖州歌九十八首》(其六)

汪元量是临安钱塘人，本是供奉内廷的琴师，元军灭宋以后，他同众多宫人一起被掳掠到北方，因此饱尝国破家亡、背井离乡的痛苦。钱锺书在《宋诗选注》中说：“在宋代遗民叙述亡国的诗歌里，以他的《湖州歌》九十八首和俞德邻的《京口遣怀》一百韵算规模最大，但是他写得具体生动，远在俞德邻之上。从全部作品看来，他也是学江湖派的，虽然有时借用黄庭坚、陈师道的成句。”试看其《湖州歌九十八首》(其六)：

北望燕云不尽头，大江东去水悠悠。
夕阳一片寒鸦外，目断东西四百州。

宋恭帝德祐二年（1276），元军包围南宋都城临安，幼帝和太皇太后谢氏、太后全氏投降。元军统帅伯颜为了表现自己的“宽仁”，从临安移兵湖州，再派人到临安向谢氏催索投降手诏，随后将宋室君臣宫人押解北行，诗人亦在其中。故而汪元量以《湖州歌》为诗题写下了这组诗，记录了其间的所见所感，这组诗被誉为“亦宋亡之诗史也”（李钰《湖山类稿跋》）。

其中第六首中提到的“燕云”泛指燕云十六州。五代时石敬瑭将燕云十六州割让给契丹以寻求援助，此后中原政权数次北伐，欲予收复，均以失败告终。其时燕云已是元朝的属地，在北迁的漫漫旅途中，诗人遥望燕云，内心一定是充满了痛苦、迷茫、无助等种种情绪的，而这些情绪太过强烈、太过复杂，甚而至于难以用语言准确形容，因而诗人只能发出一句长叹——“大江东去水悠悠”。这里的大江东去既是比喻诗人无边无际的愁绪，又饱含着国运消亡不可逆转的亡国之痛。

“大江东去水悠悠”，这样的句子看似平淡，但联想到三百多年前南唐后主李煜投降被虏北上后写的亡国之词，就不难理解诗人用“大江东去”形容无边愁绪了。李煜“自是人生长恨水长东”“问君能有几多愁，恰似一江春水向东流”等句子，“以水必然长东，以喻人之必然长恨，沉痛已极”（唐圭璋《屈原与李后主》）。故国不堪回首，愁如大江东流，人生再也回不到过去……

正是因为这种浓烈的愁与恨难以言传，诗人只能宕开一笔，目光追随一去不复返的大江直看向夕阳西下的天之尽头。“夕阳”并非仅仅是一天的结束，更象征着一个时代、一个王朝的落幕。夕阳残照，本已让人愁绪满怀，更那堪一片寒鸦倍增凄切。“夕阳一片寒鸦外”化用了隋炀帝的“寒鸦飞数点，流水绕孤村”和秦观的“斜阳外，寒鸦万点，流水绕孤村”（《满庭芳》），继续渲染着令人黯然销魂的凄凉情绪。

末句“目断东西四百州”是对首句“北望燕云不尽头”的呼应。诗人向东西遥望，那是故国所在，如今却已渐行渐远，直至完全消失在视线之中；诗人再向北方眺望，那是异族统治区域，漫漫长路，就像自己的命运那样茫然不可预测。

四句诗，每一句都是写诗人所“望”的方向和所见的风景，每一次“望”都是一次痛彻心扉的情绪撞击。从他看不见的来时的路、回不到的过去，到他依然看不清的茫茫前路以及充满未知与恐惧的未来。他的亡国之痛如“大江东去水悠悠”，汹涌恣肆，不可断绝；故国与诗人的命运好似“夕阳一片寒鸦外”，即将沉入茫茫无尽头的永远的黑暗与荒凉之中……

诗话、词话与宋代文学理论批评

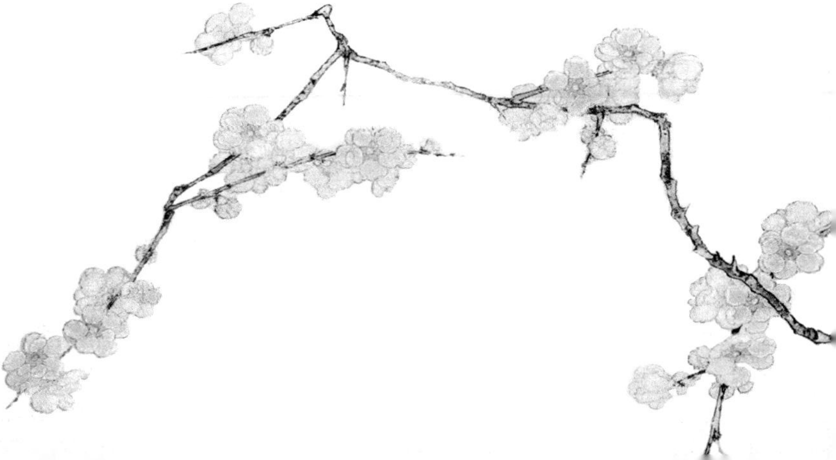

严羽小传

严羽（1195？—1240？），字仪卿，一字丹丘，号沧浪逋客，邵武（今属福建）人。一生隐居不仕。精于诗论，反映了宋代“以禅喻诗”的风气，反对江西诗派议论化、散文化的弊病；亦有诗才，多忧国伤时之作。有诗集《沧浪吟卷》及理论著作《沧浪诗话》传世。

欧阳修《六一诗话》

北宋熙宁三年（1070），欧阳修致仕心意已决，八月当他转任蔡州的时候，特意经过颍州，并在此逗留了一个多月，他宣告：这就是我养老的地方了。他还为自己取了一个新的号“六一居士”。

有人问他：“为什么叫‘六一’呢?”

欧阳修回答：“我家藏书一万卷，集录三代以来金石遗文一千卷，有琴一张，有棋一局，常置酒一壶。”

人家追问：“这才五个一啊?”

欧阳修笑答：“还有我这一个白胡子老头，在这五样东西间不断变老，不就是六个一了吗?”

熙宁四年（1071）六月，六十五岁的欧阳修以太子少师正式致仕，随后到达颍州，真正在颍州西湖畔安顿下了他的身心。九月，苏轼、苏辙兄弟专程来颍州看望恩师，又在这里陪伴他度过了二十多天畅游西湖、畅谈世事与文学的美好时光。这也是欧阳修与弟子苏轼、苏辙兄弟的最后一次相聚。第二年，也就是熙宁五年（1072）闰七月，六十六岁的欧阳修在颍州去世。

欧阳修在文学史上的地位与成就毋庸多言，然而需要补充的是，他在退休后，“无心插柳柳成荫”地开创了一种新的、在文学史上极其重要的诗歌评论样式——诗话。欧阳修晚号“六一居士”，因此他创作的诗话被后人冠名为《六一诗话》。

说他是“无心插柳”，因为他创作这部诗话的初衷不过是“集以资闲谈也”，也就是记录一些趣闻逸事，为文人墨客茶余饭后提供一些谈资而已。欧阳修晚年之所以有这样闲适的心态，是因为他在生命的最后一段时光回顾一生，自许最重要的工作已经基本完成，一力倡导的文学革新运动取得成功且后继有人，宋代文学的发展方向已然奠定。而晚年的欧阳修身体每况愈下，且有严重的眼疾，在整理旧作的时候，怀着轻松的心态将一生中写诗、和诗、读诗、论诗的点滴感受记录下来，倒也是一件颇为有趣且有意义的事。于是就有了《六一诗话》的诞生。

说是“柳成荫”，是因为连欧阳修自己都没有想到，他原本怀着“以资闲谈”的轻松心态开创的“诗话”这一文学评论体式，居然引发了时人及后人的积极模仿和超越。很快，司马光效仿其体创作《续诗话》，刘攽作《中山诗话》，陈师道作《后山诗话》，魏泰作《临汉隐居诗话》，周紫芝作《竹坡诗话》，吕本中作《紫微诗话》等。以“诗话”为名的文学批评著作相继面世，蔚然成风。到了南宋，诗话、词话更是层出不穷，严羽的《沧浪诗话》成为最有影响力的诗话著作之一，其理论成就也最为引人关注。

我们不妨先看《六一诗话》中的一则：

> 梅圣俞尝于范希文席上赋《河豚鱼诗》云：“春洲生荻芽，春岸飞杨花。河豚当是时，贵不数鱼虾。”河豚常出于春暮，群游水上，食絮而肥。南人多与荻芽为羹，云最美。故知诗者谓只破题两句，已道尽河豚好处。圣俞平生苦于吟咏，以闲远古淡为意，故其构思极艰。此诗作于樽俎之间，笔力雄赡，顷刻而成，遂为绝唱。

这则诗话先讲了一个故事，再引出了一首诗，还顺带介绍了一道美食，最后提炼出一个诗歌创作的观点。

这个故事本身就颇有趣味。《六一诗话》里故事写得比较简单，只写了范仲淹请梅尧臣吃饭。范仲淹和梅尧臣都是欧阳修的至交好友，显然，欧阳修并不在这次宴席中，但发生的故事他是非常了解的。这个故事大约发生在景祐五年(1038)，范仲淹当时担任饶州（江西鄱阳）知州，梅尧臣从建德县（今属杭州）任上卸任，两地相距不算太远，范仲淹便极力邀请梅尧臣趁此机会来饶州小聚。梅尧臣欣然赴约，并且在范仲淹的宴席上看到了南方人酷爱的高级菜肴——河豚，可见范仲淹是以最高规格来接待好朋友的。

梅尧臣本人并不爱吃河豚，甚至听说河豚有毒还不敢吃，对南方人“拼死吃河豚”的“精神”大不以为然，而且据说他终究还是没吃，白白“辜负”了范仲淹款待他的一番美意，倒“便宜”了那些作陪的客人，大饱了一顿口福。

《六一诗话》里先简单提了一下范仲淹请梅圣俞吃河豚的故事以后，接着重点介绍了梅圣俞这次面对美味河豚有感而发写下的河豚诗。原诗比较长，欧阳修只摘了前四句，意图说明梅圣俞的诗写得如何如何好。这四句诗既写了河豚的生活习性，又点明了河豚味美的原因：暮春是河豚最肥美的时候，据说此时河豚结队洄游，以飘落水中的柳絮为食。南方人烹调河豚常用鲜嫩的芦荻新芽作为配料，认为这样熬出来的羹汤最为鲜美。这样精心烹制的河豚一端上桌，平时那些昂贵的鱼虾一下子就相形见绌了。

欧阳修这段文字既介绍了河豚作为一道珍稀美食的特点，说不定他也想顺带调侃一下两位好朋友：范仲淹招待梅尧臣那是诚心诚意的，梅尧臣在这样的世间至味面前居然不为所动那也真是不多见的。不过梅尧臣虽然不吃，范仲淹的心意他还是心领了的。何况，河豚虽然没吃，但催生了这样一首经典的河豚诗，范仲淹这顿客请得太值了。

最后，欧阳修通过这个故事、这道美食和这首诗提出了一个由来已久的诗学议题：什么样的诗才是好诗？梅尧臣这样的诗坛大家，平时追求的是精雕细琢，“苦于吟咏”，“构思极艰”，诗风也一贯崇尚“闲远古淡”，可是在这次闹腾腾的宴席上即兴写的一首诗却成了“绝唱”，这说明了什么呢？

这说明好诗应出自真情实感、真实见闻，内容足够充实和丰富，灵感也就足够丰沛活泼，写出来的诗自然上乘。至于诗人是苦吟还是即席挥洒，倒不是最重要的了。

当然，欧阳修夸梅尧臣此诗“作于樽俎之间，笔力雄赡，顷刻而成，遂为绝唱”，与梅尧臣平时的苦吟、闲淡风格形成了一种鲜明反差，也是欧阳修对好朋友才华、笔力的大力推崇和发自内心的赞叹。

《六一诗话》关于梅尧臣河豚诗的这则记载比较典型地反映了诗话早期的内容特色：讲述诗歌背后的故事，反映作者的基本诗学观点。这样的文字显然不是那种令人敬而远之的高头讲章似的理论文章，而更具生动活泼的随笔性质，“以资闲谈”，讲究趣味性、可读性。

欧阳修的《六一诗话》标志着中国诗学史上诗话之体的

正式形成，而自此以后，诗话创作在宋朝迅速形成一股热潮，成为最重要的诗歌评论文体之一，这也体现了宋人对诗歌理论总结、反思和革新的自觉意识。当然，宋代文化的繁荣、城市经济的发展、印刷出版业的发达也为诗话传播提供了良好的客观条件。

论诗三十首（其十一）

借正调定弦 1＝C

1 2 4 5 6 1 2

元好问　词

宋　明　曲并指

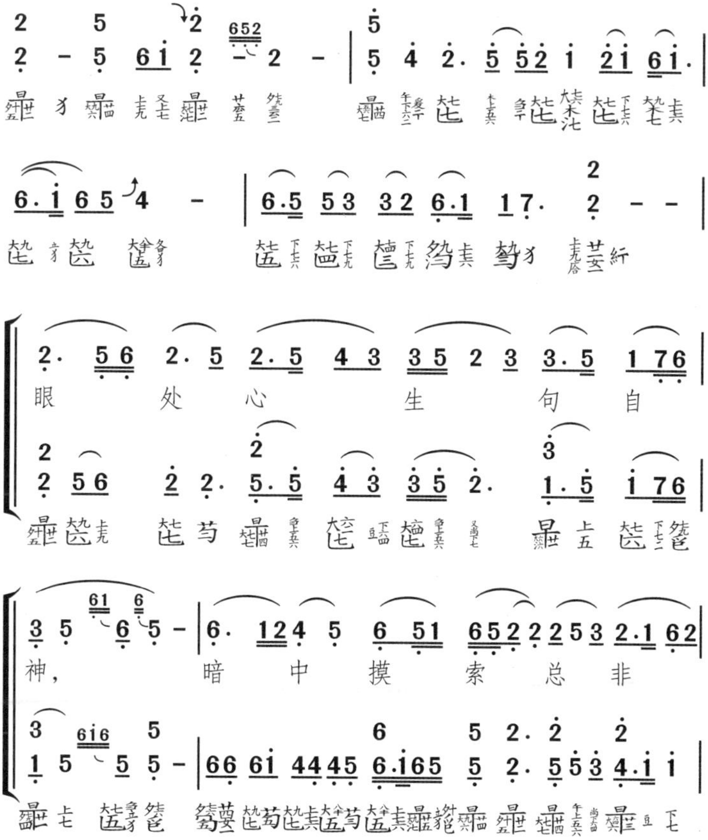

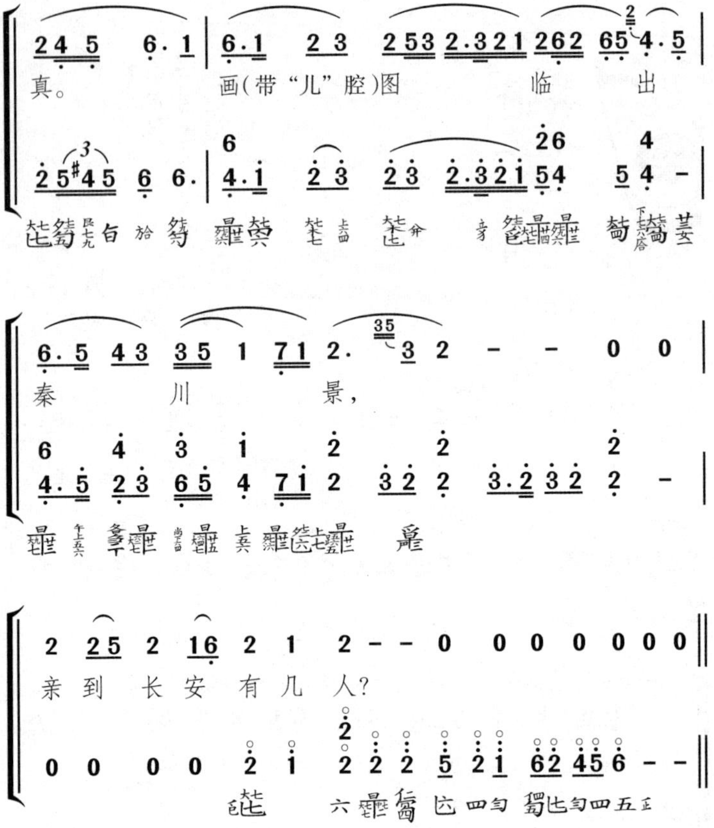

曲冬

（壬寅仲秋即兴，实际以录音为准）

诗话、词话的兴起

诗话是宋代新兴的文学批评样式，有学者认为，诗话的发育期大致可以分为四个阶段：先秦是胚胎期，散见于孔子、孟子言论中关于《诗》的只言片语等可以视为古典诗论的滥觞；汉魏六朝为发育期，代表性作品有钟嵘《诗品》等；隋唐五代为成型期，孟棨《本事诗》等已具宋人诗话的基本模式；北宋为分娩期，欧阳修《六一诗话》是诗话正式诞生的标志。①

自从欧阳修开创诗话这一论诗文体之后，中国的诗学论著大致沿着两种体式继续前行：一种以欧阳修《六一诗话》为宗，朝“论诗及事”的方向发展，讲故事为主，风格比较自由活泼，这一派诗话被视为是中国诗话之正宗。

另一种本于钟嵘《诗品》，故称是钟派诗话，主要朝着“论诗及辞”的方向演进，以诗论为主，风格比较严谨。南宋严羽的《沧浪诗话》基本属于这一派，是比较严肃的理论著作。两宋之交叶梦得的《石林诗话》则被认为是“论诗及事”向“论诗及辞”方向演进转变的过渡性作品。② 当然，亦有兼容两派的综合型著作，体现出更为包容、开放的

① 蔡镇楚. 中国诗话史：修订本［M］. 长沙：湖南文艺出版社，2001：21-22.

② 蔡镇楚. 中国诗话史：修订本［M］. 长沙：湖南文艺社出版社，2001：27-28.

创作风格。

总体而言，宋代诗学存在学江西诗派还是学晚唐诗风的选择，宋代诗话著作也反映了对这两派的批评与反思。南宋严羽的《沧浪诗话》反对宋代以文字为诗、以才学为诗、以议论为诗的风气，“旨在廓清江西诗派末流的残余影响，同时对新起的晚唐诗风给予当头棒喝，但是与同时代其他诗学家不同，他不仅否定了宋代主流诗风，而且重新思考诗歌本体问题，标举新的诗歌典范，破立结合，因此能够对后代产生深远的影响”①。

在宋代以禅喻诗的普遍风气下，《沧浪诗话》尤其标举了诗歌创作论的“妙悟”说，认为“禅道惟在妙悟，诗道亦在妙悟”，诗歌的创作应该是触物兴感的艺术思维活动，与学问没有直接关系。例如他认为在唐代诗人中，孟浩然的学问虽然远远比不上韩愈，但其诗歌艺术水准却超过了韩愈，这是为什么呢？“一味妙悟而已”。而韩愈却因为学问滞涩了其心灵的敏锐。在严羽心目中，从谢灵运到盛唐的诗人们，之所以能取得那么高的艺术成就，是因为诗人们的“透彻之悟”。中唐以后逐渐讲究以学问为诗，以议论为诗，这种风气在宋代更是成为诗坛主流，这无疑已经远远偏离了诗歌艺术的当行本色。

---

① 周兴陆. 中国分体文学学史：诗学卷：中［M］. 太原：山西教育出版社，2013：490.

显然，严羽标举盛唐诗人，是对宋代诗坛主流风气的一种有力扭转。

与创作论之“妙悟”说相应的，严羽推出了他对诗歌本质的思考，提出了“别材”“别趣”和“兴趣”说。严羽认为诗歌的源泉绝不是从故纸堆里翻出来的，而是从真实而丰富的生活经历中挖掘出来的，这和陆游领悟到的“汝果欲学诗，工夫在诗外”（《示子遹》）相似。如果真的想写好诗，光在技巧格律、典故学问方面下功夫是不够的，还应该在诗歌之外多下功夫。“诗外”是指什么呢？当然主要是指积累丰富的人生经验，开阔视野，增加阅历，勤于思考了。“在宋代‘尚意’诗歌风气炽盛而弊病滋生时，严羽提出‘别材’‘别趣’和‘兴趣’说，标举盛唐诗美，实际上就是要重新接续‘缘情’诗学的绪脉，来端正诗歌发展的方向。”①

简单来说，诗歌不是用来讲道理、炫耀学问的，而是用来抒发感情的，且感情的抒发应该含蓄蕴藉，营造出言有尽而意无穷的韵味，这样的诗歌才更具备感动人心的力量。

当严羽在南宋反对宋诗风气、标举盛唐诗歌的同时，北方金末的大文豪元好问也在推动诗歌风气的改革，他的《论诗三十首》绝句较为系统地阐明了其基本诗学观点，他也主张恢复汉魏晋唐诗歌传统，但作为北方诗人，他显然更推崇

---

① 周兴陆. 中国分体文学学史：诗学卷：中［M］. 太原：山西教育出版社，2013：497.

慷慨多气、雄奇壮美的诗风。

在诗论与诗话繁荣的大环境下，词作为宋代“一代之文学”，词话著作也很快形成风气并取得较高成就。北宋词话尚处于萌芽时期，且往往掺杂在诗话等其他文献中，由于词体本身的发展限制，在理论上也显得较为粗糙。南宋词话的发展和丰富不仅仅体现为数量的增加，更体现为出现了专门的词学理论著作，形成了较完整的词学体系。北宋能称得上词话的仅有杨绘的《时贤本事曲子集》一部，南宋的词话著作则有杨湜的《古今词话》、鲖阳居士《复雅歌词》、王灼《碧鸡漫志》、吴曾《能改斋漫录》、胡仔《苕溪渔隐词话》、张侃《拙轩词话》、魏庆之《魏庆之词话》、黄升《中兴词话》、周密《浩然斋词话》、张炎《词源》、沈义父《乐府指迷》共 11 部。①《碧鸡漫志》《乐府指迷》《词源》这三部词学著作堪称南宋词论的三座高峰。其总体趋势则是推尊词体、推动词学理论向雅化方向发展。

梁启超认为《时贤本事曲子集》是“最古之宋词总集”，同时又是“最古之词话”，因为多有散佚，已不能窥其全貌。但从其名可考知词话的主要内容是搜集与“本事”相关的词作，并“纪北宋中叶词林掌故”（唐圭璋《词话丛编》），这和欧阳修创作《六一诗话》的动机相类似。它的目的并不在于对词的创作技巧、艺术风格、渊源流派等进行

① 据唐圭璋《词话丛编》及张葆全《中国古代诗话词话辞典》。

理论观照，而是对作者作词的背景、动机、成因等进行“实录”。从现存几则“词话”来看，《时贤本事曲子集》虽具“最古”之开拓性，但是“它的批评意识还没有明显地呈现，还缺乏对词的创作主体和艺术文本进行理论形态的分析研究”①。

从时间上而言，王灼《碧鸡漫志》当是宋代第一部系统的论词专著，其经典地位不言而喻。《碧鸡漫志》共五卷，卷一论乐，卷二论词，其他三卷论词调。除了在音律论和词调论方面的贡献外，王灼论词的审美标准强调“性情”“自然”“中正”“雅”，亦是基于中国传统哲学和诗学的理论标准。

南宋末年张炎的《词源》上卷为音律论，下卷为创作论。张炎认为“词以协音为先”，即文学与音乐的高度和谐是词的第一美学要素。这也是南宋词坛文人结社酬唱、相与切磋精研作词技巧在理论上的一个折射。不过，张炎最主要的理论贡献在于他的“骚雅”“雅正”理论：“词欲雅而正，志之所之，一为情所役，则失其雅正之音。”词本以“言情”为标榜，张炎却偏说词应该是“志之所之”。当然，他没有无视词几百年来以“情”为主要轨迹的发展历程，出于为其“雅正”理论服务的目的，他只承认“声出莺吭燕舌

① 颜翔林. 宋代词话的美学研究［M］. 长沙：湖南师范大学出版社，2003：38.

之间，稍近乎情可也”，同时要求词应不为风月所役，“屏去浮艳，乐而不淫”，达到“汉、魏乐府之遗意”。张炎的“骚雅”论其实就是要使词摆脱言情的牢笼，上承香草美人、以男女喻君臣的屈骚传统，达到由言情向言志的回归。这一观念可从他对姜夔词的推崇中得到证明：

> 白石《疏影》《暗香》《扬州慢》《一萼红》《琵琶仙》《探春》《八归》《淡黄柳》等曲，不惟清空，且又骚雅，读之使人神观飞越。

张炎所列的姜夔这些“骚雅”之词，也正是前人评价的多有比兴寄托之意、黍离麦秀之悲的作品，从中可见词学理论向诗学批评努力靠近的轨迹。

严羽《沧浪诗话》（节选）、张炎《词源》（节选）

1. 严羽《沧浪诗话》（节选）

> 夫诗有别材，非关书也；诗有别趣，非关理也。然非多读书、多穷理，则不能极其至，所谓不涉理路、不落言筌者，上也。诗者，吟咏情性也。盛唐诸人惟在兴趣，羚羊挂角，无迹可求。故其妙处，透彻玲珑，不可凑泊，如空中之音，相中之色，水中之月，镜中之象，言有尽而意无穷。

这则诗话中连续推出了严羽诗学思想中的几个核心范畴“别材”“别趣”“兴趣”。此处的“别”是针对学问而言，所谓“别材”就是书本学问之外的诗才，“别趣”就是学问和议论之外的诗歌的神韵与意趣。显然，严羽关于诗歌本质的理论是直接驳斥宋诗的基本特质，而倡导盛唐诗风的。

那么，在严羽看来，盛唐诗人呈现出来的“兴趣”究竟有何魅力呢？他用了八个字来回答这个问题：“羚羊挂角，无迹可求。”羚羊晚上睡觉的时候会将羊角挂于树上，脚不着地，以避祸患。这当然只是一种传说，并没有谁见过将角挂在树上睡觉的羚羊，严羽只是用这个比喻来说明唐诗的

“兴趣”在于“无迹可求”，不会留下刻意斧凿、勉强拼凑的痕迹，这样才能达到作者与作品之间、作者与读者之间心领神会的境界。

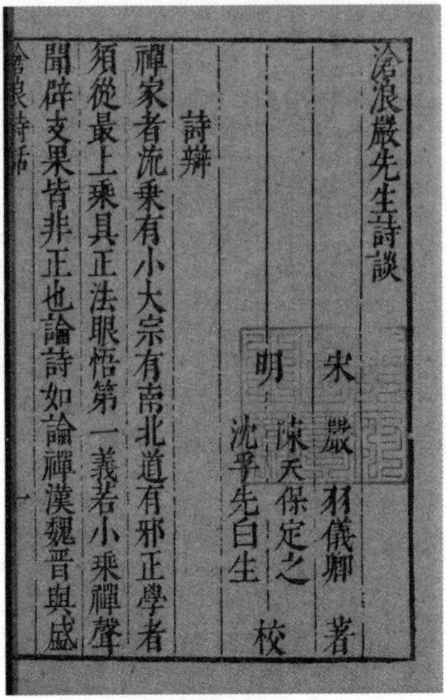
滄浪嚴先生詩談
宋 嚴 羽儀卿 著
明 陳天保定之 沈孚先白生 校
詩辯
禪家者流乘有小大宗有南北道有邪正學者須從最上乘具正法眼悟第一義若小乘禪聲聞辟支果皆非正也論詩如論禪漢魏晉與盛
滄浪詩話 一

《沧浪诗话》书影

当然严羽倡导意在言外的“兴趣”，推崇盛唐诗歌的风神韵致，并非就一定反对读书穷理，他深知学识一定是诗才的“源头活水”之一，“读书破万卷”才能“下笔如有神”，他反对的只是以诗理为终极目标的诗学追求，“诗理不是浮在意兴之上，成为读者感受的障碍，而应该成为诗人感悟生活、传情达意的内质。文辞典实应该是传达意兴的通道，不能故作奇僻生涩，不应该为读者的会意设置陷阱”①。

2. 张炎《词源》（节选）

张炎的《词源》以音律论为其词论的根基，这与南宋中后期词坛的大风气相关。例如张炎曾以其父张枢为例说明音律的重要性：

① 周兴陆. 中国分体文学学史：诗学卷：中［M］. 太原：山西教育出版社：496-497.

先人晓畅音律，有《寄闲集》，旁缀音谱，刊行于世。每作一词，必使歌者按之，稍有不协，随即改正。曾赋《瑞鹤仙》一词云……此词按之歌谱，声字皆协，惟“扑”字稍不协，遂改为“守”字，乃协。始知雅词协音，虽一字亦不放过，信乎协音之不易也。又作《惜花春起早》云“锁窗深”，“深”字音不协，改为“幽”字，又不协，改为“明”字，歌之始协。此三字皆平声，胡为如是？盖五音有唇齿喉舌鼻，所以有轻清重浊之分，故平声字可谓上入者此也。听者不知宛转迁就之声，以为合律，不详一定不易之谱，则曰失律。矧歌者岂特忘其律，抑且忘其声字矣。述词之人，若只依旧本之不可歌者，一字填一字，而不知以讹传讹，徒费思索。当以可歌者为工，虽有小疵，亦庶几耳。

张枢有词集《寄闲集》传世，这则词话以《瑞鹤仙》《惜花春起早》两调为例，记录了张枢在填词时在用字的协律与否方面表现出了精益求精的严谨态度：每作一词，必然要让歌手按谱演唱，一旦发现有任何不和谐的地方立即改正，“虽一字亦不放过”。

张枢与周密等人为结社词友，周密师从杨缵，杨缵是当时享有盛名的音律家，他的《作词五要》云“第一要择腔”

"第二要择律""第三要填词按谱""第四要随律押韵""第五要立新意"。其中前"四要"都是强调音律，最后"一要"才提及文学创作。对音律的考究是南宋的一大风气，张炎耳濡目染，受到这一风气的深刻影响，他将词论的理论基点放在音律上也是自然之理了：填词不仅要分平仄，还需要分五音、分轻清重浊；不仅填词要按谱，创作完成之后还要交付歌者演唱，"当以可歌者为工"。由此亦可见南宋中后期词坛对音律的严格规定与极致追求。

图书在版编目（CIP）数据

唱出来的文学史. 宋卷 / 成娟阳, 杨雨主编 ; 杨雨著. -- 长沙 : 湖南教育出版社, 2025. 6
ISBN 978-7-5754-0106-7

Ⅰ. ①唱… Ⅱ. ①成… ②杨… Ⅲ. ①中国文学-古代文学史-宋代-通俗读物 Ⅳ. ①I209. 2-49

中国国家版本馆 CIP 数据核字(2024)第 072221 号

书　　名	唱出来的文学史　宋卷 CHANG CHULAI DE WENXUESHI SONG JUAN
作　　者	杨　雨
作曲编指	宋　明
弹奏演唱	宋　明
策　　划	初虎林　黄善灵　汪文达
责任编辑	黄善灵
责任校对	杨玖武
装帧设计	阙　铭　叶　醇
出版发行	湖南教育出版社(长沙市韶山北路 443 号)
网　　址	www.hneph.com
电子邮箱	hnjycbs@ sina.com
微 信 号	湖南教育出版社
客　　服	电话 0731 - 85486979
经　　销	湖南省新华书店
印　　刷	湖南省众鑫印务有限公司
开　　本	890 mm×1240 mm　32 开
印　　张	16. 25
字　　数	325 000
版　　次	2025 年 6 月第 1 版
印　　次	2025 年 6 月第 1 次印刷
书　　号	ISBN 978-7-5754-0106-7
定　　价	76.00 元